高等院校应用心理学专业课程规划

OCCUPATIONAL
HEALTH PSYCHOLOGY

职业健康心理学

李英武 _主编

北京师范大学出版集团
BEIJING NORMAL UNIVERSITY PUBLISHING GROUP
北京师范大学出版社

图书在版编目（CIP）数据

职业健康心理学 / 李英武主编. —北京：北京师范大学出版社，2018.3（2025.7重印）

（工业与组织心理学丛书）

ISBN 978-7-303-22650-4

Ⅰ. ①职… Ⅱ. ①李… Ⅲ. ①职业-应用心理学 Ⅳ. ①C913.2 ②B84

中国版本图书馆CIP数据核字（2017）第182853号

ZHIYE JIANKANG XINLIXUE

出版发行：北京师范大学出版社 www.bnupg.com
北京市西城区新街口外大街 12-3 号
邮政编码：100088

印　　刷：北京虎彩文化传播有限公司
经　　销：全国新华书店
开　　本：787 mm × 1092 mm　1/16
印　　张：19.5
字　　数：390 千字
版　　次：2018 年 3 月第 1 版
印　　次：2025 年 7 月第 2 次印刷
定　　价：68.00 元

策划编辑：何　琳　　责任编辑：王星星　邸玉玲
美术编辑：李向昕　　装帧设计：金基渊
责任校对：陈　民　　责任印制：马　洁

前言
PREFACE

随着经济的快速发展，生活节奏明显加快，心理应激因素日益增加，焦虑症、抑郁症等常见精神障碍及心理行为问题逐年增多。有关报告显示，每年有近230万人死于职业事故和职业病，此外还有2.7亿人受工伤。组织职业活动中，安全事故的诱因通常可归为内因与外因两大类。内因是指劳动者的技术、心理活动等方面出现了与作业要求不协调的情况；外因是指设备状况、预防措施、防护用品以及劳动环境的条件等不符合安全生产的要求。国际劳工组织（International Labour Organization，ILO）年度事故统计数据表明，职场发生的事故中，70%～75%是由于个体的职场操作行为发生错误或违章作业，其中相当一部分职场事故与个体当时的心理状态（如紧张、焦虑、记忆提取失误、注意焦点选择等心理因素）紧密相关。因此，当组织管理者和专业技术人员在分析和研究事故发生的内因条件时，必须调查事故发生时人们的心理活动，即借助心理学的理论和研究成果来指导安全管理工作。国际著名职业健康心理学家卢察克（Luczak）早在20世纪90年代初就曾指出，传统的工作和组织设计方法以技术为中心，慎重考虑经济效益。个体需要主动调节自己以适应工作环境，但是这不符合“良好工作”的要求，“良好工作”设计应该把人放在设计过程的中心，工作和组织设计应该是创建健康安全的工作环境，构建良好的代谢机制，代谢掉工作环境中积聚的心理、社会和情绪毒素，在个体高效工作的同时保持健康安全，达成组织更长远的目标。世界卫生组织提出的《2013—2020年精神卫生综合行动计划》也号召各国政府、组织机构高度重视心理健康问题，并提出没有心理健康就没有健康。

2016年12月，国家卫生和计划生育委员会、中共中央宣传部等22个部门联合印发了《关于加强心理健康服务的指导意见》(以下简称《意见》)。《意见》明确指出，到2020年，全民心理健康意识明显提高，重点人群心理健康问题得到关注和及时疏导，社会心理服务体系初步建成。到2030年，全民心理健康素养普遍提升，常见精神障碍防治和心理行为问题识别、干预水平显著提高，心理相关疾病发生的上升势头得到缓解。《意见》要求普遍开展职业人群心理健康服务。针对职业人群工作压力大、职业倦怠比例高的现状，《意见》要求各机关、企事业和其他用人单位制订并实施员工心理援助计划，为员工提供健康宣传、心理评估、教育培训、咨询辅导等服务，为处于特定时期、岗位，经历特殊事件的员工提供心理疏导和援助。

探讨职业健康问题，首先应该关注职业领域的工作事故。当下国内很多组织管理者，特别是国企高层管理者设定组织工作目标时，关注的焦点就是"别出事"，出了"工作事故"一切成绩直接归零甚至有被问责的风险。其实，工作事故是职业健康心理学的一个重要结果变量，它与员工的安全与健康有着密切的关系。同时，它对组织的投入产出比有着重要的影响。然而，尽管职业安全问题在经济和社会层面都具有显著的影响力，但是学者们对职场安全问题的关注还远远不够。早期的安全科学研究一般都认为工作事故的主要原因是生理疲劳和操作不当，但是伯特(Burt，2015)在最新出版的《职场安全相关因素测量》中指出，心理因素对职场安全行为有着重要的影响。

那么，如何从企业和员工的和谐发展角度树立正确的心理管理理念？如何向规模庞大、需求多元的员工提供全覆盖的心理管理服务？如何将心理管理融入企业运行的全过程，进而证明心理管理的价值？如何使员工避免或消除由职场中的种种压力造成的心理应激、心理危机或心理障碍，以积极的、正常的心理状态去适应当前的工作环境？上述问题其实正是职业健康心理学领域研究的核心问题。

职业健康心理学是通过分析个体差异与工作环境的交互影响规律，探讨如何创建安全和健康的工作环境，科学使用组织干预与个体干预，减少员工的职场事故，进一步提升员工职业安全与健康水平的综合性学科。职业安全与健康心理指这样一种状态：在职业内外部环境中，个体可以规避相应的安全风险，适应职场障碍和困难，心理暂时失调时能以适当的行为予以克服。这种安定、适应的状态就是心理健康的状态。职场安全与健康心理学是一门新兴学科，主要关注个体在自己所从事的工作过程中具有的正常的智力、积极的情绪、适度的情感、和谐的人际关系、良好的人格品质、坚强的意志和成熟的心理行为等。

本书由中国人民大学心理学系李英武副教授策划并执笔，于宙、韩笑、彭坤霞丽、魏敏媛、叶丹、宋元雄、向利鑫、陈伟楠、杨明、赵志琦、莫国灿等应用心理学专业的同学参与编写其中的部分章节，最后由李英武老师进行统稿和修订，最终定稿。

本书的编写得到很多支持，孙健敏教授和胡平教授对本书框架给予了指导，香港岭南大学萧爱铃教授提供了重要素材和资料。此外，我们参阅了大量国内优秀的职业安全心理学、职业健康心理学的教材、专著，收集整理了近20年来国内外职场安全与健康心理学的研究成果，力图从理论和实践两个视角，全面阐述职场安全、职业健康心理学的最新成果。本书主要供全日制高等院校应用心理学、职业安全、职业健康心理学、组织行为学、人力资源管理学、公共管理学、管理学相关专业的学生和教师使用。同时，也可以作为应用心理学研究生课程研修班和应用心理学专业硕士的专业课或选修课程教材。本书提供了众多案例，可以为公司高层管理者、党政工会部门制订公司员工职业安全和心理健康评价与发展提供指导。

万物初生，其形必丑，编写一本好教材需要大量的基础研究和耗时巨大的基础文献梳理工作，作为国内较早以“职业健康心理学”命名的教材，编者深感压力巨大，很多章节虽力求完整，文字表述清晰简洁，但编者能力有限，还有很多待完善之处，望读者、专家同行、专业教师、实践管理者多多反馈。

李英武

北京海淀西颐北馆

2018年2月28日

目 录
CONTENTS

第一章

职业安全

学习目标

1. 了解什么是职业安全和职业安全行为。
2. 理解并熟练掌握事故致因理论。
3. 结合相关研究，掌握影响职业安全行为的因素。

章节导引

新华社北京2017年1月19日电 国家卫生和计划生育委员会等22个部门近日共同印发我国首个针对加强心理健康服务的宏观指导性文件，提出要加强职业人群、老年人、妇女、儿童、残疾人等重点人群的心理健康服务。

《关于加强心理健康服务的指导意见》提出，坚持预防为主、以人为本，党政领导、共同参与，立足国情、循序渐进，分类指导、规范发展的原则，要求到2020年，各领域、各行业普遍开展心理健康教育及心理健康促进工作，全民心理健康意识明显提高；到2030年，符合国情的心理健康服务体系基本健全，全民心理健康素养普遍提升。

针对职业人群工作压力大、职业倦怠比例高的现状，《意见》要求各机关、企事业和其他用人单位制订并实施员工心理援助计划，为员工提供健康宣传、心理评估、教育培训、咨询辅导等服务，为处于特定时期、岗位，经历特殊事件的员工，提供心理疏导和援助。

相关调查显示，老年人，孕产期及遭受性侵、家暴的妇女，留守儿童，残疾人是心理健康服务的重点对象。《意见》要求各级政府及有关部门通过培训专兼职社会工作者和心理工作者等途径，为重点人群提供心理辅导、情绪疏解、纠纷调解等多种形式的心理健康服务。

《意见》强调，各级政府要切实加强对心理健康服务工作的组织领导，相关部门要切实落实责任，推动心理健康服务科学、规范、有序发展。

第一节 职业安全概述

随着人们对自身生命权和健康权要求的不断提高，职业健康问题也日益受到社会各界的关注。在世界范围内，很多国家和政府部门均将规划的重点由经济性规制转向保障劳动者和消费者的安全、健康、卫生等的社会性制度中来。

一、国内外职业安全现状

在经济全球化的背景下，为了吸引更多的海外投资，许多国家尤其是发展中国家纷纷降低了劳工标准，放松了对生产安全与健康的规制，这就是所谓全球性的“竞争到底线的竞赛”。2014年国际劳工组织公布的数据显示，全球每年发生职业性事故高达12亿起，其中有1.5亿人遭受不同程度的职业伤害。而我国劳动力和庞大的制造市场规模吸引了大量的跨国公司将劳动密集型制造业和产业链中的制造环节转移到中国来，这使得我国在职业安全与健康方面面临着严峻的挑战。

改革开放以来，我国国民经济一直保持高速增长，但在经济快速增长的背后隐藏着巨大的社会成本，其中就包括越来越严重的职业安全与健康问题。据粗略估计，我国每年因安全事故造成的直接经济损失在1000亿元以上，间接经济损失达2000多亿元，约占GDP的2.5%。

以建筑业为例，2000年以来，我国建筑业死亡人数逐年上升，到2007年和2008年，建筑业死亡人数达2722人和2640人。2015年8月12日，位于天津市滨海新区天津港的瑞海国际物流有限公司危险品仓库发生火灾爆炸事故（见图1-1），造成165人遇难（其中参与救援处置的公安消防人员110人，事故企业、周边企业员工和周边居民55人），8人失踪（其中天津港消防人员5人，周边企业员工、天津港消防人员家属3人），798人受伤（伤情重及较重的伤员58人、轻伤员740人）。

图1-1 "8·12"天津港危险品仓库火灾爆炸事故

有专家指出，在我国，存在职业危害因素的企业广泛分布于全国各地。总体接触这些职业危害因素的人群超过两亿（张兰，陈敏，蔡文娟，2011）。从行业上来讲，从煤炭、冶金、化工、建筑等传统行业，到计算机、汽车制造、医药、生物工程等新兴产业以及第三产业等30多个行业都存在职业危害。职业危害已成为影响我国部分劳动者健康并导致他们过早失去劳动能力甚至生命的主要因素。

职业安全，无论过去还是现在，都是我们应该关注的话题。从传统职业卫生角度来看，职业安全指职业人群安全健康保障要素的总和，它也是某个阶段、某种社会经济条件下从业人员安全卫生状况的反映。而现代职业安全，从管理角度讲，它要求就业岗位（作业场所）的开创和存续，其现场环境和劳动条件必须符合现行法律法规和有关标准的规定，以满足从业者在生产劳动过程中的身体健康和生命安全的最低要求。

二、职业安全的概念

从心理学视角来看，职业安全是个体在工作过程中，有效分配注意资源，按照标准化的规程规避不安全行为以减少人因失误，在出现危险和事故时能够进行有效的行为反应和监控，并在应激事件后能有效调控心理，确保个体安全与职业良好运作的状态。人是安全生产中最活跃的因素，在伤亡事故中，人的因素占特殊的位置，人是事故中的受害者，同时往往又是肇事者。从国内外事故致因的统计分析中可以看到，不安全行为和人因失误占有很大比重，根据我国总工会统计，80%以上的事故是由于违章指挥、违章作业和设备隐患没能及时发现和消除等人为因素造成的。因此，人因失误或不安全行为是导致伤亡事故的主要原因，减少人因失误和消除不安全行为问题已成为预防事故的关键环节，对预防及减少事故发生具有重要意义。

第二节 事故致因理论及事故模型

人的行为是复杂的，职业安全行为亦是如此。员工的职业安全不仅取决于该工作场所的环境特征，还与员工的个体差异有关。员工自身的认知能力、人格、技能、安全工作态度、情绪等心理因素均会影响其在职业安全绩效上的表现。

资料链接

2016年，法国空难调查人员发布了关于2015年德国之翼航空公司空难事故的报告，建议全球航空部门制定新的规定，要求医生在得知飞行员可能存在威胁公共安全的心理问题时，向当局发出警告。德国之翼客机于2015年3月24日在法国南部坠毁，机上150人全部遇难。先前调查显示，副驾驶安德烈亚斯·卢比茨患有精神疾病。法国民航安全调查分析局在报告中说，卢比茨接受过抑郁症治疗，空难之前数周内，曾经咨询过几十名医生。然而，这些医生并没有向当局报告卢比茨的心理健康问题。空难发生前两周，一名医生还建议卢比茨进入一家精神病医院接受治疗。民航安全调查分析局负责这场空难调查的阿诺·德雅尔丹说："专家们发现（他那时表现出来的症状）可能和精神病发作一样。"但这一情况并没有被告知德国之翼。调查报告指出，由于卢比茨没有把医生诊断结果告诉任何人，当局或者他的雇主无法采取任何行动禁止他继续飞行。

回顾现有的国内外文献可见，有关职业安全的研究浩如烟海，但其中最重要的理论就是事故致因理论（Accident Causation Theory）。该理论基于大量典型事故，对事故原因进行了大量定性和定量分析，为事故的预测、预防和改进安全管理工作提供了理论支持。

随着科学技术和生产方式的发展，事故发生的原因也在不断变化，学者从各个角度对事故原因进行了探讨，总结出很多有代表性的事故致因理论和事故模型。通过比较各派理论和模型，可以发现学者们已达成一个共识，即个体心理与行为因素占较大比重。

一、事故因果连锁理论

（一）海因里希因果连锁理论

海因里希（Heinrich）最早提出了事故的因果连锁理论。1931年，美国安全工程师海因里希统计灾害事件时发现，55万件机械事故中，死亡、重伤事故1666件，轻伤事故48334件，其余则为无伤害事故。海因里希从上述统计数据得出一个重要结论，即在机械事故中，死亡或重伤、轻伤与无伤害事故的比例为1：29：300，国际上把这一法则叫作事故法则。这个法则说明，在机械生产过程中，每发生的330起意外事件中有300件未产生人员伤害，29件造成人员轻伤，1件导致重伤或死亡（Heinrich，1931）。

此后，海因里希进一步阐明导致伤亡事故的各种因素以及这些因素与伤害之间的关系。海因里希理论的核心思想是：伤亡事故的发生不是一个孤立的事件，而是一系列原因事件相继发生的结果，即伤害与各原因之间具有连锁关系。

海因里希提出的事故因果连锁过程包括如下5种因素。

第一，遗传及社会环境（M）。遗传及社会环境是造成人因事故的原因之一。遗传因素可能使人具有鲁莽、固执、粗心等对于安全来说不利的性格；社会环境可能妨碍人的安全素质培养，助长不良性格的发展。这种因素是因果链上最基本的因素。

第二，人的缺点（P）。由于遗传和社会环境因素所造成的人的缺点，是使人产生不安全行为或造成物的不安全状态的原因。这些缺点既包括如鲁莽、固执、易过激、神经质、轻率等性格上的先天缺陷，也包括如缺乏安全生产知识和技能等的后天不足。

第三，人的不安全行为或物的不安全状态（H）。两者是造成事故的直接原因。海因里希认为，人的不安全行为是造成事故的主要原因。

第四，事故（D）。事故是一种由于物体、物质或放射线等对人体发生作用，使人员受到或可能受到伤害的、出乎意料的、失去控制的事件。

第五，伤害（A）。直接由事故产生的人身伤害。

上述事故因果连锁关系，可以用5块多米诺骨牌来形象地加以描述。如果第一块骨牌倒下（即第一个原因出现），则发生连锁反应，后面的骨牌相继被碰倒（相继发生），如图1-2所示。

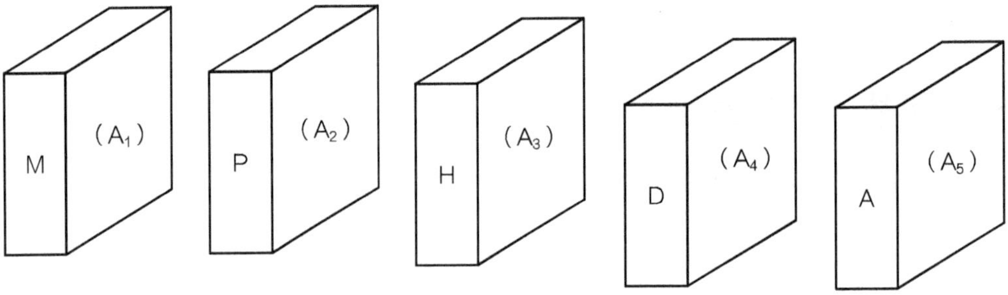

图1-2 海因里希伤亡事故五因素

海因里希借助多米诺骨牌形象地描述了事故的因果连锁关系，即事故的发生是一串事件按一定顺序互为因果、依次发生的结果。一块倒下将使后面的连锁倒下。这5块骨牌依次代表如下内容：M——人体本身，遗传因素；P——按人的意志进行的动作，指人为过失，人的缺陷；H——人的不安全行为和不安全状态引起的危险；D——发生事故；A——受到伤害。企业安全工作的中心就是要移去中间的骨牌，即防止人的不安全行为和物的不安全状态，从而中断事故的进程，避免伤害的发生。当然，通过改善社会环境使人具有良好的安全意识，通过加强培训使人具有较好的安全技能，或者加强应急抢救措施，也能在不同程度上移去事故连锁中的某一骨牌或者增强骨牌的稳定性，使事故得到预防和控制（Heinrich，1931）。

刘国愈和雷玲（2013）基于海因里希理论对250名煤矿从业人员进行了实证研究，他们采用多元回归分析方法对个体心理因素中的世界观、人生观、价值观与安全观4个因子进行了路径分析。他们发现，个体人生观对安全观的影响最大，人生观最基本的体现就是对生命的尊重，没有了生命一切都无从谈起；回归系数显示了世界观、人生观、价值观与安全观的相互联系，在控制其他变量的情况下，自变量每提升一个单位值，都对因变量有相应的系数单位值的影响，正确的安全思想直接影响个体的安全行为及物的安全状态。据此，刘国愈和雷玲提出，组织应树立正确的安全观，这对个体的安全行为有很强的指导意义。

（二）博德事故因果连锁理论

博德（Bird）在海因里希事故因果连锁理论的基础上，提出了与现代安全观点更加吻合的事故因果连锁理论。博德的事故因果连锁过程有5个因素，见图1-3。

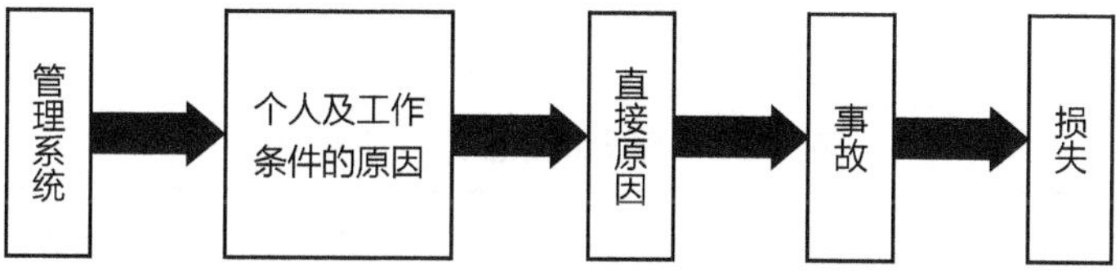

图1-3 博德的事故因果链

1. 管理系统

对于大多数企业来说，完全依靠工程技术措施预防事故既不经济也不现实，只有通过完善安全管理工作，才能防止事故的发生。

2. 个人及工作条件的原因

这方面的原因是管理缺陷造成的。个人原因包括缺乏安全知识或技能、行为动机不正确、生理或心理有问题等；工作条件原因包括安全操作规程不健全，设备、材料不合适，存在温度、湿度、粉尘、气体、噪声、照明、工作场地状况等有害作业的环境因素。

3. 直接原因

人的不安全行为或物的不安全状态是事故的直接原因，是安全管理中必须重点加以追究的。但是，直接原因只是一种表面现象，是深层次原因的表征。

4. 事故

博德使用“incident”而不使用“accident”，不排除偶然发生的事故或者人为过错造成的事故。这里的事故被认为是人或物体与超过其承受阈值的能量接触，或人与妨碍正常生理活动的物质的接触。因此，防止事故就是防止接触，可以通过对装置、材料、工艺等的改进来防止能量的释放，或者操作者提高识别和回避危险的能力，佩戴个人防护用具等来防止接触。

5. 损失

人员伤害和财物损坏统称为损失。人员伤害包括工伤、职业病、精神创伤等。

欧阳帆（2007）基于博德的事故因果连锁理论，参照博德理论对事故的分析方法，分析了内河水上交通事故发生的原因，发现因管理而造成的人、船舶、环境的缺陷可能是内河水上交通事故的重要原因，进一步验证了博德理论在事故分析方面的重大意义。

（三）亚当斯事故因果连锁理论

亚当斯（Adams）提出了一种与博德事故因果连锁理论类似的因果连锁模型，见表1-1。

表1-1　亚当斯事故因果连锁模型

管理体系	管理失误		现场失误	事故	伤害或损坏
目标、组织、机能	领导在下述方面决策失误或未做决策：目标、规范、责任、职级、考核、权限授予	安技人员在下述方面管理失误或疏忽：行为、责任、权限范围、规则、指导、主动性、积极性、业务活动	不安全行为、不安全状态	伤亡事故、损坏事故、无伤害事故	对人、对物

该理论中的事故和损失因素与博德理论相似。这里把个体的不安全行为和物的不安全状态称作现场失误，其目的在于提醒人们注意不安全行为和不安全状态的性质。亚当斯理论的核心在于对现场失误的背后原因进行深入的研究。操作者的不安全行为及生产作业中的不安全状态等现场失误，是由企业领导和安技人员的管理失误造成的。管理人员在管理工作中的差错或疏忽，企业领导人的决策失误，对企业经营管理及安全工作具有决定性的影响。管理失误又由企业管理体系中的问题所导致，这些问题包括如何有组织地进行管理工作、确定怎样的管理目标、如何计划、如何实施等。管理体系反映了作为决策中心的领导人的信念、目标及规范，它决定各级管理人员安排工作的轻重缓急、工作基准及指导方针等重大问题。

赵立祥和刘婷婷（2009）对因果连锁理论进行综合评述时指出，亚当斯的因果连锁理论对分析煤矿事故的发生以及煤矿事故的预防有较好的借鉴作用，然而该理论对人的因素、工作条件和环境的因素较少涉及，运用于工厂安全管理具有一定的局限性。

二、人因失误事故模型

这类模型都有一个基本的观点，即人因失误会导致事故，人因失误的发生是由于人对外界刺激（信息）的反应失误造成的。这些模型中都可以看到行为主义心理学的影子。

（一）威格里斯沃思模型

威格里斯沃思在1972年提出，人因失误构成了所有类型事故的基础。他把人因失误定义为（人）错误地或不适当地响应一个外界刺激。他认为，在生产操作过程中，各种各样的信息不断地作用于操作者的感官，给操作者以“刺激”。若操作者能对刺激做出正确的反应，事故就不会发生；反之，如果错误或不恰当地对一个刺激做出反应（人因失误），就有可能出现危险。危险是否会带来伤害事故，则取决于一些随机因素。

威格里斯沃思的事故模型可以用图1-4中的流程关系来表示。该模型描绘出了人因失误导致事故的一般模型。从这种事故模型出发防止伤亡事故，首先要熟悉并掌握来自系统及外界的各种刺激，能够正确辨识系统存在的各种危险因素。例如，声、光、温度、压力、颜色、烟雾等都意味着什么，什么样的信息表示系统正常，什么样的信息表示系统不正常，系统发生过什么事故，什么原因造成的，事故前有哪些征兆等。这就要求行为者有熟练的危险因素辨识能力，特别是对行为者无刺激或刺激力很弱的危险因素，要使其刺激作用加强，使其能够为行为者所辨识。其次是熟练掌握对各种刺激做出正确反应的方法，防止失误发生。因为事故从发现苗头到发生，直至结束，时间往往很短，如果没有熟练，直至形成条件反射的反应能力，那么事故来不及控制就已经发生了。这就要求行为者具备很强的事故紧急处理能力。

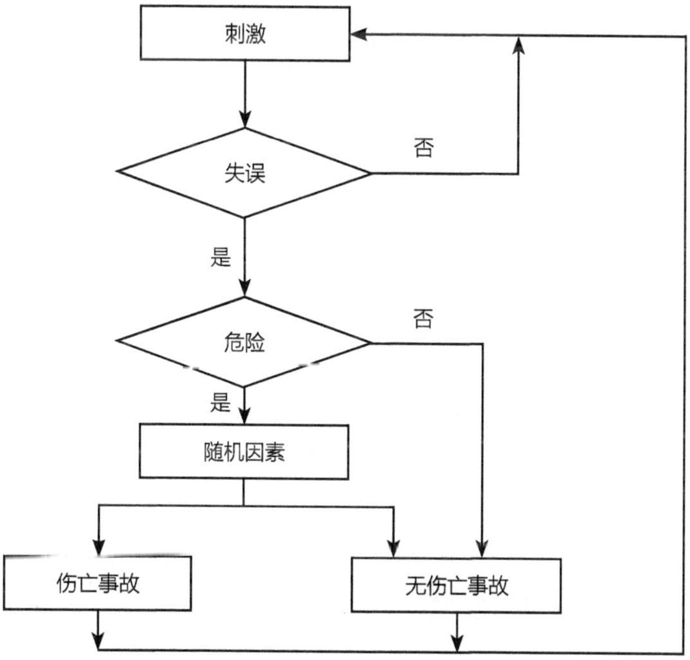

图1-4　威格里斯沃思事故模型

（二）瑟利模型

瑟利模型（Surry Model）是在1969年由美国人瑟利提出的，是一个典型的根据人的认知过程分析事故致因的理论。该模型把人、机和环境作为一个系统，把事故的发生过程分为危险出现和危险释放两个阶段。这两个阶段各自包括一组类似人处理信息的过程，即感觉、认识和行为响应。在危险出现阶段，如果每个环节的处理都正确，危险就能被消除或得到控制；反之，就会使操作者直接面临危险。在危险释放阶段，如果人处理信息过程中的各个环节都是正确的，虽然面临着已经显现出来的危险，但仍然可以避免危险的释放，不会带来伤害或损害；反之，如果处理不当，危险就会转化成伤害或损害。具体见图1-5。

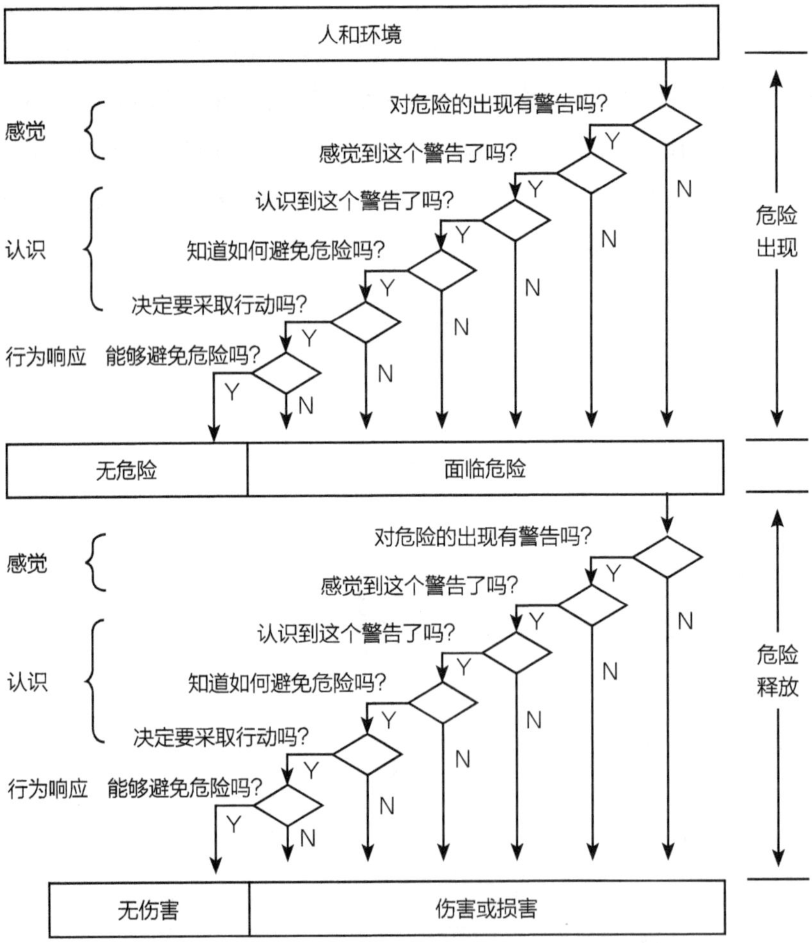

图1-5　瑟利模型

两个阶段具有类似的信息处理过程，每个过程均可被分解成六个方面的问题。下面以危险出现阶段为例，分别介绍这六个方面问题的含义。

第一个问题：对危险的出现有警告吗？这里警告的意思是指工作环境中是否存在安全运行状态和危险状态之间可被感觉到的差异。如果危险没有带来可被感知的差异，则会使人直接面临该危险。实际生产中，危险即使存在，也不一定直接显现出来。这一问题给我们的启示就是要让不明显的危险状态充分显示出来，这往往要采用一定的技术手段和方法来实现。

第二个问题：感觉到这个警告了吗?这个问题有两个方面的含义：一是人的感觉能力如何，如果人的感觉能力差，或者注意力在别处，那么即使有足够明显的警告信号，也可能未被察觉；二是环境对警告信号的“干扰”如何，如果干扰严重，则可能妨碍对危险信息的察觉和接受。根据这个问题得到的启示是：感觉能力存在个体差异，提高感觉能力要依靠经验和训练，同时训练也可以提高操作者抗干扰的能力；在干扰严重的场合，要采用能避开干扰的警告方式（如在噪声大的场所使用光信号或与噪声频率差别较大的声信号）或加大警告信号的强度。

第三个问题：认识到这个警告了吗？这个问题问的是操作者在感觉到警告之后，是否理解了警告所包含的意义，即操作者将警告信息与自己头脑中已有的知识进行对比，从而识别危险的存在。

第四个问题：知道如何避免危险吗？问的是操作者是否具备避免危险的行为响应的知识和技能。为了使这种知识和技能变得完善和系统，从而更有利于采取正确的行动，操作者应该接受相应的训练。

第五个问题：决定要采取行动吗？表面上看，这个问题毋庸置疑，既然有危险，当然要采取行动。但在实际情况下，人的行动是受各种动机中的主导动机驱使的，采取行动回避风险的“避险”动机往往与“趋利”动机（如省时、省力、多挣钱、享乐等）交织在一起。当趋利动机成为主导动机时，尽管认识到危险的存在，并且也知道如何避免危险，但操作者仍然会“心存侥幸”而不采取避险行动。

第六个问题：能够避免危险吗？问的是操作者在做出采取行动的决定后，是否能迅速、敏捷、正确地做出行动上的反应。

上述六个问题中，前两个问题都是与人对信息的感觉有关的，中间三个问题是与人的认识有关的，最后一个问题是与人的行为响应有关的。这六个问题涵盖了人的信息处理全过程并且反映了在此过程中有很多发生失误进而导致事故的机会。

瑟利模型适用于描述危险局面出现得较慢，如不及时改正则有可能发生事故的情况，对于描述发展迅速的事故，也有一定的参考价值。慈小玉和吴金洪（2012）

根据瑟利模型和地铁火灾事故中人的行为特性，建立了地铁火灾的瑟利模型。从系统的观点来看，地铁运营安全系统也是一个“人—机—环境”构成的整体。影响安全运行的“人”包括外来乘客和内部工作人员以及为保障安全运营所组成的管理组织；“机”是指地铁运输设备，包括固定设备和移动设备；“环境”包括内部作业环境以及外部社会及自然环境。

三、动态变化理论

由于世界在不断运动变化，工业生产过程也在不断变化之中。针对客观世界的变化，安全工作也要随之改进，以不断适应变化了的情况。如果管理者不能或没有及时地适应变化，将发生管理失误；操作者不能或没有及时地适应变化，将发生操作失误。外界条件的变化也会导致机械、设备等的故障，进而导致事故的发生。

（一）扰动起源事故理论

劳伦斯（Lawrence）曾在1974年对伤亡事故提出几个假设。他假设事故是包含着产生不希望伤害的一组相继发生的事件；进一步假设这些事件发生在某些活动的进程中，并伴随人员伤害和物质损失以外的其他结果。在深入研究这两个假设时，自然会得出另外的假设。例如，认为“事件”是导致事故的因素，每个事件的含义应该清楚，以便调查者能正确地描述每个事件。

本纳（Benner）提出了解释事故的综合概念和术语，同时发现了把分支事件链和事故过程链结合起来而用图表显示的方法。他指出，事故过程包含着一组相继发生的事件。事件是指生产活动中某种发生了的事物，一次瞬间的或重大的情况变化，一次已经避免了或已经导致了另一事件发生的偶然事件。因此，可以把生产活动看作一组自觉地或不自觉地指向某种预期的或不测的结果的相继出现的事件，它包含生产系统元素间的相互作用和变化着的外界的影响。这些相继事件组成的生产活动是在一种自动调节的动态平衡中进行的，在事件的稳定运动中向预期的结果方向发展。从调查事故的目的出发，可以把一个事件看成某种发生了的事物，看成一次瞬间的或重大的情况变化，看成一次已避免了的或导致另一次事件发生的偶然事件。

事件的发生势必由相关的人或物所造成。我们将相关的人或物统称为“行为者”，其举止活动则称为“行为”。这样，事件即可用术语“行为者”和“行为”来描述。行为者可以指任何有生命的载体，如司机、车工、厂长或者任何非生命的物质，如机械、洪水、车轮。行为可以是发生的任何事，如运动、故障、观察或决策。行为者和行为必须用正确的或定量词汇描述，而不能用定性的词汇。事件必须按单独的行为者和行为来描述，以便把过程分解为几部分来阐述。

任何事故处于萌芽状态时就有某种扰动（活动），此为起源事件。事故形成过程是一组自觉或不自觉的，指向某种预期的或不测结果的相继出现的事件链。这种进程包括外界条件及其变化的影响。相继事件过程是在一种自动调节的动态平衡中进行的。如果行为者行为得当，即可维持能量稳定而不偏离，从而实现安全生产；如果行为者的行为不当或发生故障，则会对上述平衡产生扰动，就会破坏和结束自动动态平衡而开始事故的进程，导致伤害或损坏。这种伤害或损坏又会依次引起其他变化或能量释放。于是，可以把事故看成由相继的事件过程中的扰动开始，最后以伤害或损坏而告终，可以称为事故的“P理论”，又称“扰动论”（Perturbation）。

（二）变化—失误理论

变化—失误理论是由约翰逊在对管理疏忽和危险树的研究中提出的。约翰逊认为，事故是由意外的能量释放引起的，这种能量释放是由于管理者或操作者没有适应生产过程中物或人的因素的变化，产生了计划错误或人为失误，从而导致不安全行为或不安全状态，破坏了对能量的屏蔽或控制，导致了事故，由事故造成生产过程中人员伤亡或财产损失。按照变化的观点，变化可引起人的失误和物的故障，因此，变化被看作一种潜在的事故致因，应该被尽早地发现并采取相应的措施。作为安全管理人员，应该对下述的一些变化给予足够的重视，图1-6为约翰逊的变化—失误理论示意图。

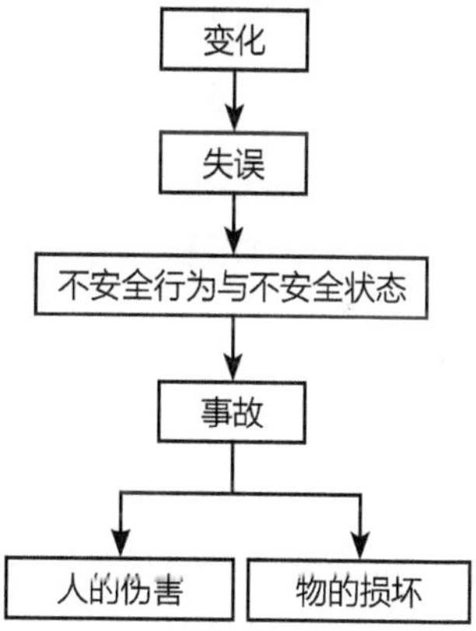

图1-6　约翰逊的变化—失误理论

1. 企业外部社会环境的变化

企业外部社会环境，特别是国家政治或经济方针、政策的变化，对企业的经营理念、管理体制及员工心理等有较大影响，必然也会对安全管理造成影响。例如，从对中华人民共和国成立以后全国工业伤害事故发生状况的分析可以发现，在“大跃进”和“文化大革命”两次大的社会变化时期，企业内部秩序被打乱，伤害事故均大幅度增多。

2. 企业内部的宏观变化和微观变化

宏观变化是指企业总体上的变化，如领导人的变更、经营目标的调整、职工大范围的调整和录用、生产计划的较大改变等。微观变化是指一些具体事物的改变，如供应商的变化，机器设备的工艺调整、维护等。

3. 计划内与计划外的变化

对于有计划进行的变化，应事先进行安全分析并采取安全措施；对于不是计划内的变化，一是要及时发现变化，二是要根据发现的变化采取正确的措施。

4. 实际的变化和潜在的变化

通过检查和观测可以发现实际存在着的变化，而潜在的变化却不易发现，往往需要靠经验和分析研究才能发现。

5. 时间的变化

随着时间的流逝，人对危险的戒备会逐渐放松，设备、装置性能会逐渐劣化，这些变化与其他方面的变化相互作用，引起新的变化。

6. 技术上的变化

技术上的变化指采用新工艺、新技术或开始新工程、新项目时发生的变化，人们由于不熟悉而易失误。

7. 人员的变化

这里主要指员工心理、生理上的变化。人的变化往往不易掌握，影响因素也较复杂，需要认真观察和分析。

8. 劳动组织的变化

当劳动组织发生变化时，可能引起组织过程的混乱，如项目交接不好，造成工作不衔接或配合不良，进而导致操作失误和不安全行为的发生。

9. 操作规程的变化

新规程替换旧规程以后，往往要有一个逐渐适应和习惯的过程。

周博潇和朱红青（2006）对该模型研究分析并应用于煤矿企业时指出，它能够对各类事故的致灾原因从微观上做出解释。对于煤矿企业，由于井下开采环境条件复杂多变、各类致灾因素众多，在采掘过程中与设计不同的新情况、新问题经常出现，这就要求在进行管理决策时，针对这种新的变化，提出具有针对性的技术要求。另外，在进行事故调查分析时，可运用该理论的思想，识别事故发生前与正常劳动组织不同的变化，这种变化往往就是事故致灾的原因。当某一生产过程或者操作失去控制时会发生变化，变化包括预期有计划的和意外的变化。大多数事故原因都与变化有关。所以说，变化会导致事故发生，但变化也可用来创造一些安全条件。变化可被用作一种判断事件因果的方法，因此，应该把变化当作一种评价事故发生可能性的依据来加以研究。在改进生产过程和建设新厂矿或新的工艺流程时，应把估计到的危险排除在系统之外，有计划地避免和减少因变化而出现事故的可能性。

第三节
个体因素对职业安全行为的影响

职业安全行为指员工在工作过程中所表现出来的与职业安全相关的行为。这种行为不仅依赖于组织中的环境氛围、管理培训，还取决于个体自身的态度、经验和心理特征，这些因素互相影响，共同作用。职业安全行为的影响因素见图1-7。

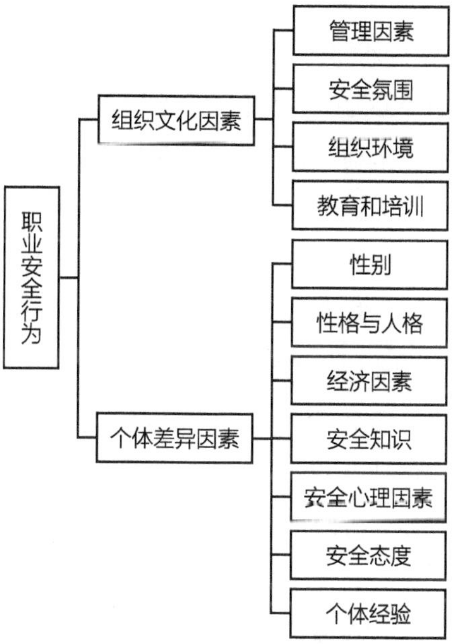

图1-7 职业安全行为的影响因素

事故致因理论认为，可预防的工业事故多数是由于人的不安全行为或物的不安全状态引起的，人的不安全行为是事故发生的直接原因。然而，不安全行为是能引发事故的人的行为差错，是人的一种主观行为，它的产生不但受很多外界因素的影响，而且不同人群有其不同的行为特征，由思想、情感、动机所支配，是内在心理活动的外在表现，即行为与内在因素不可分割。

一、人格因素

尽管人的性格很复杂，但一旦形成，人们便会以一种较为稳定的态度和行为方式去对待和认识周围的事物。国外一些研究表明，事故的发生率和员工的性格有非常密切的关系，无论操作人员的技术多么好，如果没有良好的性格特征也常常会发生事故。莫斯科大学的社会学家对司机性格与安全驾车的研究表明，稳定的性格是安全驾车的重要保障。因此，企业通过安全教育、工作实践等途径培养员工认真负责、注重安全的态度将对安全生产带来巨大的好处。

霍根（Hogan）和福斯特（Foster）定义了职业安全绩效问题的六个维度并结合

大五人格量表开发了相关的以人格为基础的安全量表。这六个维度分别为依从性、自信、情绪稳定性、警惕性、仔细和可训练性。研究表明，在这几个维度上得分偏高的个体相对于得分较低的个体经历了更少的职业危险和伤害。这几个维度又分别体现在安全行为的不同方面：依从性体现在个体对规则的遵守，能够按照安全规范操作，因此更能够避免由于员工自身随意操作而产生的危险行为；自信体现在员工在压力下的平稳状态，高度自信的人在高压状态下能够表现出更加安全的职业行为；情绪稳定性体现了个体对情绪（尤其是愤怒情绪）的控制，情绪稳定性高有利于员工保持冷静，因此能够表现出较高的职业安全行为；警惕性指的是员工在工作状态中能够始终保持警惕，及时发现危险状况，有效预防职业危险行为；仔细指员工在工作中操作小心认真，避免因为马虎等出现危险；可训练性指个体的学习能力，在接受安全培训以后能够有效而规范地进行操作的一种能力。从这个研究可以看出，不同的人格特征对应着职业安全行为的不同方面，一些特征也许可以通过培训得到提升，但另一些却不能。因此，人力资源在招聘员工时要充分考虑员工的人格特征，尽量做到性格与工作岗位的匹配。

华莱士和沃丹洛维奇（Wallace & Vodanovich，2003）发现了尽责性和认知失调对职业健康的影响。尽责性越高、认知失调越低的个体职业安全性越高，两因素之间存在着交互作用。有研究者（Kotzé & Steyn，2013）从员工的认知能力、人格和工作的舒适度方面探讨了尽责性和认知失调与职业安全的关系，结果发现这些因素都对职业安全行为有着不同的影响。

二、安全知识

安全知识是安全操作的前提条件，也是预防事故发生的必备知识。拉式姆逊（Rasmussen）把生产过程中人的行为划分为反射、规则和知识三个层次，其中知识层次的行为是最高层次的行为。操作者受已有的知识、概念所左右，可能做出错误的推论或对事故原因考虑不足而导致失误。掌握必要的安全知识对安全的操作行为具有指导意义。刘移民等人指出，文化程度低、年轻、工龄较短的职工安全知识较欠缺。由于知识和经验的限制，年轻工人和新工人不安全行为出现次数较多，比任何年龄组的职业伤害率都高。安全知识得分降低，个人安全行为得分也会随之降低，即安全知识掌握欠缺的职工倾向于采取不安全的操作行为。缺乏安全生产知识是不安全行为产生的重要原因。企业应该加强教育和训练，提高员工知识水平和操作技能，避免不安全行为的发生。

一项关于护理高职生安全知识知晓情况与安全行为的研究表明，不同知晓情况的护理高职生的职业安全与健康行为的得分差异有统计学意义（$p<0.01$），知晓率高

的学生能够更好地采取防护行为，且多元分析结果显示，知晓情况是影响医护生行为的次重要因素。对职业安全与健康比较了解的学生能知觉到职业危害的易感性和严重性，因此在实践中能更好地评估存在或潜在的职业危害因素，并采取积极有效的防护措施。研究也发现，参加过专题讲座的学生行为水平较高，差异有统计学意义（$p<0.01$）。另一项关于农民工安全知识的研究也发现了类似的结论，农民工对有关安全知识的了解程度对其安全行为有显著影响。其中对国家职业保护相关法律法规和一些安全卫生警示标识较为了解的农民工具有辨识风险的能力，也具有防止不安全行为的能力。反之，对有关安全知识了解较少的农民工，其职业安全受到较大威胁。

三、情绪因素

人的行为是心理活动通过环境的外在表现，心理与行为不可分割。不安全行为产生的原因，从主观上讲，人的心理因素占据了重要位置。迈蒂等人（Maiti et al., 2009）的研究表明，事故组中情绪不稳定的职工比非事故组多。应激是情绪的一种表现形态，在紧急情况下能够采取措施化险为夷，对预防事故发生具有重要意义。

四、安全态度

态度是影响员工行为的重要因素之一，安全态度对人的安全行为具有指导性和动力性的影响，它支配着人们在企业生产活动中对待安全问题做出何种反应及如何做出反应。在人的因素中，认识过程的心理原因、事故发生前的心理状态、不遵守操作规程的心理及个性心理等心理因素占很大比重。胥遥山等人（2014）的研究借鉴双过程理论，通过三个研究探索了不同类型的内隐加工过程（安全注意偏向、内隐安全态度和内隐安全动机）对安全行为的影响。结果发现，首先，高安全绩效的员工更倾向于将注意资源分配在与安全相关的信息上，并且安全注意偏向通过员工对安全的知觉（知觉到的安全气氛）对安全行为产生积极影响；其次，在控制外显安全态度的基础上，内隐安全态度能够显著预测员工的安全行为且内隐和外显安全态度对安全行为的影响受自我控制的调节；最后，在控制外显安全动机的基础上，内隐安全动机能够显著预测员工的安全行为。由此可见，不同类型的自动化安全认知对工作场所安全行为均具有显著的预测作用，即除了前述人因失误和人的不安全行为等外显心理因素外，内隐心理因素对职业安全与健康也起着至关重要的作用，在设置职业安全与健康培训时应综合考虑外显与内隐的心理因素。

此外，其他研究也表明，安全心理因素对个人安全行为的影响较大，安全心理状态越积极，个体操作行为越安全，工作中麻痹大意对发生的小事故漫不经心是职业事故的危险因素。60%以上的职工认为，厌烦、悲观、急躁、盲目乐观等情绪会影响安全生产。持积极安全态度的职工，工作认真负责，严格遵守操作规程；持消极态度者，则忽视安全工作，甚至为了提高效率，冒险蛮干。因此，不同的安全态度决定着人的安全行为和工作方式。忽视安全、对工作不认真负责、认为安全操作会影响工作效率的职工发生事故的危险性大。安全态度与员工的需要及其满意程度、价值观念、安全知识、工作经验、技术水平及群体的影响等因素有关。一项关于护理高职生的研究表明，护理高职生对职业安全与健康的态度与其行为水平呈正相关（$p<0.01$），多元分析显示，态度是影响他们行为的重要因素。有关学者认为，在健康行为转变过程中，知（知识和学习）是基础，信（信念和态度）是动力，行（包括产生促进健康行为，消除危害健康行为的改变过程）是目标。当个体从不同的信息来源中接受了有关健康知识，建立起积极、正确的信念与态度后，就有可能主动地形成有益的健康行为，改变危险行为，最终达到增进健康的目的。另外一项以农民工群体作为研究对象的调查发现，农民工对待安全生产态度的不同对其安全行为有显著影响。其中安全态度因素为农民工主观意愿的体现，在具备风险识别能力后，如果农民工主观意愿没有重视不安全行为的发生，那么就难以避免工伤风险。这也是造成农民工高职业伤害的主要内在因素。

基本概念

1. 职业安全
2. 事故致因理论
3. 职业安全行为

本章要点

要点一：职业安全和职业安全行为

从定义上来看，职业安全指职业人群安全健康保障要素的总和。它也是某个阶段、某种社会经济条件下从业人员安全卫生状况的反映。而现代职业安全，从管理角度讲，它要求就业岗位（作业场所）的开创和存续，其现场环境和劳动条件必须符合现行法律法规和有关标准的规定，以满足从业者在生产劳动过程中的身体健康和生命安全的最低要求。

职业安全行为指员工在工作过程中所表现出来的与职业安全相关的行为。

要点二：事故致因理论

事故致因理论是解释事故发生的重要理论，形成了比较完善的理论体系，不同的学者从事故产生的不同方面和角度入手，分别解释了事故发生的原因，主要有事故因果连锁理论、人因失误事故模型和动态变化理论。

要点三：个体因素对职业安全行为的影响

职业安全行为指员工在工作过程中所表现出来的与职业安全相关的行为。这种行为不仅仅依赖于组织中的环境氛围、管理培训，还取决于个体自身的态度、经验和心理特征，这些因素互相影响，共同作用。

思考题

1. 什么是职业安全与职业安全行为？
2. 事故致因理论的核心内容是什么？不同模型之间的相同点和不同点有哪些？
3. 职业安全行为的影响因素有哪些？

推荐阅读

Cadieux, J., Roy, M., & Desmarais, L.(2006). A preliminary validation of a new measure of occupational health and safety. *Journal of Safety Research*, 37(4): 413–419.

Clarke, S., Probst, T. M., Guldenmund, F., & Passmore, J. (2015). *The Wiley Blackwell Handbook of the Psychology of Occupational Safety and Workplace Health*. John Wiley & Sons, Ltd.

第二章

职场安全行为管理

学习目标

1. 了解职业安全健康管理体系的基本内容。
2. 了解国外职业安全与健康培训的发展现状。
3. 了解我国职业安全与健康培训的发展现状。

章节导引

目前，发达国家的传统职业危害因素及所致的职业病已退居次要地位，职业病主要集中在工作压力、精神疾病、肌肉骨骼劳损、呼吸性疾病、接触性皮炎、心血管疾病以及职业性癌症等方面。发达国家经过多年的发展，安全生产状况进入稳定发展时期，安全生产工作的重点转向了预防职业危害和职业病方面。研究数据显示，职业事故造成的10万从业人员死亡率的世界平均数为14.0，发达国家的平均数最低，为5.3。有的国家甚至下降到1.0以下，如英国2010年度为0.5，加拿大2009年度为0.7。2000年以来，英国每年事故死亡人数保持在250人以下，并逐年下降；美国保持在6000人以下；澳大利亚保持在300人以下；日本保持在1800人以下，并逐年小幅下降。

第一节 职业安全健康管理体系

我国正处于经济社会快速发展、各项社会矛盾突出的阶段，职业安全与健康隐患积存已久，是我国生产力进一步发展以及建设以人为本社会的一大阻碍。因此，借鉴发达国家在职业安全与健康问题上的先进经验，完善我国的安全生产管理体系，推行具有针对性的职业安全与健康培训对我国当前的经济建设至关重要。本章将简要介绍职业安全与健康问题产生的背景、发达国家的应对经验并分析我国目前职业安全与健康培训机制的现状。

职业安全健康管理体系（Occupational Safety Health Management System，OSHMS）是一种科学、先进、动态的现代安全生产管理模式，是一种为提升自己的社会关注度，降低组织损失所建立的自律性的职业安全健康与环境保护的管理制度，以及与此相关的完善的配套体系。职业安全健康管理体系的标准自1995年从西方发达国家引进我国以来，受到了国内安全生产领域相关部门和各层次人士的高度关注与积极响应，尤其在我国加入WTO和《中华人民共和国安全生产法》颁布实施后，给我国职业安全健康管理工作带来了新的发展机遇和挑战。

一、职业安全与健康管理体系产生的背景

OSHMS、ISO9000和ISO14000等标准化管理体系一起被称为后工业化时代的管理方法，构成了现代企业管理制度的核心内容之一。

1972年，英国工作安全与卫生委员会发布了《国家职业安全健康概况》（罗本斯报告），标志着由行业部门的单项安全与卫生立法向涵盖所有行业与员工的框架立法的转变，也是职业安全健康方法更加系统性发展的开端。这种模式的转变具体体现在1974年英国颁布的《职业安全卫生法案》以及其他工业化国家的法律中。在国际层面，国际劳工组织《职业安全卫生公约》及其建议书强调了在国家与企业层面开展职业安全健康的过程中三方参与的极端重要性。近年来，职业安全健康体系模式（现在被称为“职业安全健康管理体系方法”）的应用，吸引了企业、政府和国际组织的持续关注，并作为

发展战略，以协调职业安全健康与商业需要之间的关系，确保员工更有效地参与到预防措施的实施过程中。

20世纪80年代以来，一些发达国家率先开展了实施职业安全健康管理体系的活动。1996年，英国颁布了BS8800《职业安全卫生管理体系指南》国家标准；美国工业卫生协会制定了关于《职业安全卫生管理体系》的指导性文件；1997年，澳大利亚和新西兰提出了《职业安全卫生管理体系原则、体系和支持技术通用指南》草案；日本工业安全卫生协会（JISHA）提出了《职业安全卫生管理体系导则》；挪威船级社（DNV）制定了《职业安全卫生管理体系认证标准》；1999年，英国标准协会（BSI）、挪威船级社等13个组织提出了职业安全卫生评价系列（OHSAS）标准，即OHSAS18001《职业安全健康管理体系——规范》、OHSAS18002《职业安全健康管理体系——OHSAS18001实施指南》。

二、职业安全健康管理体系的应用

职业安全健康管理体系的应用主要依据相关的职业安全健康准则、标准和绩效。在通过有效管理工作场所危害和风险进行事故预防方面，职业安全健康管理体系提供了一套评估和改善绩效的方法，它能够适应企业业务的各种变化，并符合法律规定。

职业安全健康管理体系以创立于20世纪50年代的“计划—执行—检查—整改”（PDCA）的戴明循环原则为基础，是一个具有逻辑性的工具箱，使用起来非常灵活，可以根据企业的规模和性质组织开展，以满足小企业生产单个产品过程的简单需求（其中的危害和风险很容易辨识），也可以被运用到存在多种危险因素的行业，如采矿、核电、化学品制造、建筑业。

建立职业安全健康管理体系方法可以保证企业以高效和协调一致的方式实施预防和保护措施；制定有关安全政策；做出承诺；考虑所有工作场所的危害因素及其风险。在体系运行过程中，实行管理人员和员工全员参与，并各自承担责任。

三、职业安全健康管理体系的适用范围

OSHMS是企业全面管理体系的一个组成部分，包括制定、实施、实现、评审和保持职业安全健康方针所需的机构、规划、活动、职责、制度、程序、过程和资源。首先要以实施企业职业安全健康方针为目的，其次要保证这一方针得以有效实施。它不

仅与企业的全面管理职能实现有机的结合，而且也是一个动态的、自我调整和完善的管理系统，涉及企业职业安全健康的一切活动。它要求把企业职业安全健康管理中的计划、组织、实施和检查、监控等活动，集中、归纳、分解和转化为相应的文件化目标、程序和作业文件，使体系功能不断加强，持续改进，达到预防和控制工伤事故、职业病及其他损失的目的。

OSHMS的基本思想是实现体系持续改进，通过周而复始地进行“计划、实施、监测、评审”活动，使体系功能不断加强。它要求企业在实施职业安全健康管理体系时始终保持持续改进意识，对体系进行不断修正和完善。

OSHMS适用于任何类型和规模的用人单位，如制造业、加工业、交通运输业等，具有广泛的适用性。它用于任何企业和部门在特定的生产活动现场进行的任何活动。OSHMS标准是针对现场的职业安全健康，而不是针对产品安全和服务安全，是一套适用于进行审核的职业安全健康管理体系标准（焦大化，2002）。

凡具有下列愿望的用人单位均可实施OSHMS系列标准：①实施、保持并改进职业安全健康管理体系；②确信自己符合所声明的职业安全健康管理方针；③向外界展示上述符合性；④寻求外部组织对其职业安全健康管理体系的认证和注册；⑤对符合标准的情况进行自我鉴定和声明。

第二节 职业安全与健康培训

职业安全与健康培训效果如何，既受外部因素的影响，也受内部因素的制约。外部因素一般包括法律法规、经济发展水平和科学技术发展水平。内部因素一般包括管理人员的水平、员工的素质水平、企业的前景和战略、企业的发展阶段、企业的行业特点。

从个体差异角度看，个体的心理因素对人、对职业安全与健康也具有极其重要的影响，厘清各种心理因素的影响还可以针对具体问题设置具有特定性的职业安全与健康培训，从而提高职业安全与健康培训的效度。

人因失误是指人的行为结果偏离了规定的目标或超出了可接受的范围，从而产生了不良影响。大多数人的失误是非意向性的，即由疏忽动作造成的；有些失误是意向性的，即操作者以不正确的计划、方案去解决问题，而相信其是正确的。根据行为主义理论，可将人因失误分为遗漏型和执行型两种。里森（Reason，1990）则以失误心理学为基础，将人因失误分为疏忽、过失和错误三种；在考虑人对系统失效的贡献时，里森又将失误分为激发失误和潜在失误两种。

不安全行为是指能引发事故的人的行为差错，是指员工在生产过程中，违反劳动纪律、操作规程和方法等具有危险性的行为所产生的不良后果。在人机系统中，人的操作或行为超越或违反系统所允许的范围时就会发生人的行为差错。或者说，人的不安全行为是指那些曾经引起过事故或可能引起事故的人的行为，它们是造成事故的直接原因。不安全行为包括两个方面：一是肇发事故（积伤）概率较大的行为；二在事故（积伤）过程中不利于减少灾害损失的行为。不安全行为主要分为有意的不安全行为和无意的不安全行为两大类，有意的不安全行为是指有目的、有意图、明知故犯的不安全行为；无意的不安全行为则是指那些非故意的或无意识的不安全行为，个体一旦意识到其存在就会及时加以纠正（周刚，程卫民，诸葛福民，等，2008）。

虽然也有学者对人因失误和人不安全行为做了区分，但目前大多数学者或理论仍模糊地将两者视为同一个概念，因此这里也不加以区分。在职业安全与健康培训中值得注意的是，针对人因失误和人不安全行为的心理调控方法主要包括情绪调节、身心松弛法、倾诉、转移注意力和自我激励等方法，同时组织还可以进行一定的心理疏导或提供倾听途径，对人因失误和人不安全行为高发的员工，尤其要加强职业安全与健康培训。程卫民等人（2009）编制的由152条指标条目组成的人不安全行为测试综合量表能从整体上较为精确地反映出人不安全行为的实际状况，可以在实践中用于安全与健康培训前期的筛查和调研工作。

人的因素在企业安全中扮演着关键的角色，行为领域的安全研究者们尝试从不同角度探索影响职业安全与健康的因素。传统研究主要探索意识可及并且愿意报告的心理内容与心理过程对安全行为和安全结果的影响。但并非所有影响因素都在人们的意识和控制水平上运转。社会心理学中的双过程理论认为，除了个体意识可及的外显认知，自动化认知又被称为内隐认知，在影响人们实际行为的过程中起到不可忽视的巨大作用。因此，仅通过内省方法了解行为背后的加工过程不能完整地解释工作场所安全行为发生的机制。

据统计，目前发达国家中，在职培训方面的投入占国内生产总值的比例高达2.5%。例如，美国摩托罗拉公司每年用于员工培训的开支超过10亿美元，通用电气公司每年投入3亿～4亿美元用于企业员工的“6西格玛”培训计划[①]（蒋畅和，赵云胜，2012）。这足以反映发达国家对职业安全与健康问题的重视，因而他们也积累了丰富的制度经验。本节将简要介绍几个具有代表性的国家和国际组织的职业安全与健康培训模式，为我国相关的制度建设提供思路和借鉴。

一、国际劳工组织模式

（一）硬件设施

国际劳工组织国际培训中心位于意大利都灵（见图2-1）。培训中心的校园小巧玲珑，功能齐全，环境优美，配备了21所楼阁式公寓以及功能齐全的培训设施，具体包括30间教室、6间会议室、视频会议室、新技术培训实验室、多媒体设计和生产车间、计算机和网络化的图书阅览室。以上教室均配置了音像、计算机和国际互联网设备，会议室则配置了5种语言的同声传译设备，还有200个座位的电影院，也配置了同声传译设备。

图2-1 位于意大利都灵的国际劳工组织国际培训中心

培训中心除内部设施外，还与都灵市及周边城市的工业和企业保持密切的联系，充分利用企业的设施和环境，为学员提供参观、考察和学习的机会。

（二）机构设置和管理体制

都灵培训中心实行主任负责制，其组织机构分培训部门和行政部门两部分。培训部是业务主管部门，负责组织各种培训活动，开展培训项目设计和评估，提供培训支持服务和咨询，开展教材研究与开发，为中心及其他联合国机构出版多种语言的培训教材。培训部的具体培训活动主要通过5个项目部门协调实施，即地区项目部门、技术项目部门、培训支持项目部门、联合国系统培训项目部门（联合国职员学院）和个人奖金项目部门。

① 编者注：西格玛（σ）在统计学上指标准差，用来表示数据的分散程度。6西格玛（6σ）即6倍标准差。在质量上表示每百万个产品的不良品率（ppm）小于3.4，但是6西格玛（6σ）管理不仅指产品质量，而是一整套系统的企业管理理论和实践方法。

行政部主要负责人事、财务以及后勤管理等工作。培训中心在后勤服务方面的目标是确保学员生活舒适，业余活动丰富多彩，具体服务包括接待室24小时提供生活必需的信息、住宿、自助餐厅、兑换货币、现代通信、医疗服务、旅行社游览和文化娱乐活动等。

（三）培训项目

国际培训中心的培训项目繁多，包括企业发展项目、社会保障与安全培训项目、就业和技能开展培训项目、发展管理项目、国际劳工标准和人权培训项目、工会活动培训项目和远程培训项目等。

1. 社会保障项目

社会保障项目由三部分组成：一是正规的社会保险方案；二是拓宽社会保护范围，与国际劳工组织正在开展的“反对社会排斥与贫困的战略和途径”的全球项目紧密合作；三是以职业安全卫生为重点的工人保护领域。该项目的主要培训课程有：①养老金计划；②社会保障资金筹措；③社会保障行政原理；④社会健康保险；⑤非正规部门的社会保护扩展；⑥微型健康保险计划的推进员培训；⑦社会保障工具——微型金融机构；⑧微型健康保险计划的原理；⑨各国职业安全原理体系的比较分析；⑩职业安全卫生管理体系；⑪职业安全卫生监察体系。

2. 安全培训项目

都灵培训中心将安全培训纳入社会保护的培训项目，其主要培训内容有培训学员在职业安全卫生体系方面制定和管理的能力、在企业中开展和实施有效的职业安全卫生管理体系的能力、进行安全卫生监察方面的能力。职业安全卫生培训的学员包括从事职业安全卫生管理的政府官员、工会人员和企业方面的有关人员。培训活动还包括到欧盟实地考察国家职业安全卫生体系、管理机制、监察方法。

3. 就业和技能开展培训项目

该项目的培训包括：公平的就业政策；劳动力市场信息的收集、分析和颁发；毕业生就业指导；培训政策分析以及培训投资的评估。该项目开设的主要课程有：劳动力市场信息、性别和就业、培训政策分析、培训机构管理、职业教育与培训效果评估。

（四）培训实施

1. 培训应具备的条件

培训应具备以下三个条件：①培训教师在其所从事的安全和工作范围内，具有较高的技术水平和实践经验，接受过心理学、教学方法和教学技术方面的培训；②实施前的资料准备，包括准备各种管理表格和培训所需的学习资料；③培训设施的准备（包括设备、工具、材料等）。

2．实施步骤

培训的步骤为：①给每个学员确定学号；②利用车间的平面布置，将学员分配到各自的学习站，按计划安排依次轮换；③培训教师帮助学员了解有关培训的工作情况；④学员按培训大纲要求学习单元知识；⑤教师有计划地指导和巡视辅导；⑥学员如实填写培训进度表。

（五）培训特色

都灵培训中心的培训课程分正规课程和“定制”课程两种形式。正规课程是某一类培训中的一般内容；而“定制”课程是根据各个国家和机构的具体培训需要而设计的课程。时间也是根据培训单位的需要而设计和实施的。国际劳工组织在中国的培训课程大多数是“定制”课程。

二、美国的职业安全与健康培训

1970年，美国颁布实施了《职业安全健康法》，这是世界上第一个以职业安全健康命名的法案，它不仅为美国的职业安全健康法规体系奠定了基础，而且为政府、行业协会、企业等相关单位的职业安全健康培训提供了法律保障和工作指导。美国政府部门和行业协会所组织的职业安全健康培训具有鲜明的特点，其培训内容兼顾通用性和专业性，培训方式灵活实用，管理过程严谨规范，培训效果认可度较高。

（一）美国职业安全与健康培训法规体系

美国并未对职业安全培训工作进行单独立法，而是将其纳入职业安全健康法规的管辖范围，建立了以《职业安全健康法》为指导和基础，以职业安全与健康管理局（Occupational Safety and Health Administration，OSHA）系列标准为核心内容，由各州或地区结合自身情况进行调整、完善，再由行业协会进一步补充、细化的单主线、多层次的法规体系，其组成结构如图2-2所示。

1．《职业安全健康法》

《职业安全健康法》明确规定了国家及各州相关部门和人员在职业安全与健康培训中的职责，如劳工部部长、卫生与公共服务部部长及其他联邦机构人员商讨后，不仅要实施培训计划来培养各自部门的工作人员和执法人员，还要负责建立企业雇主与雇员培训计划的运行和监督机制。

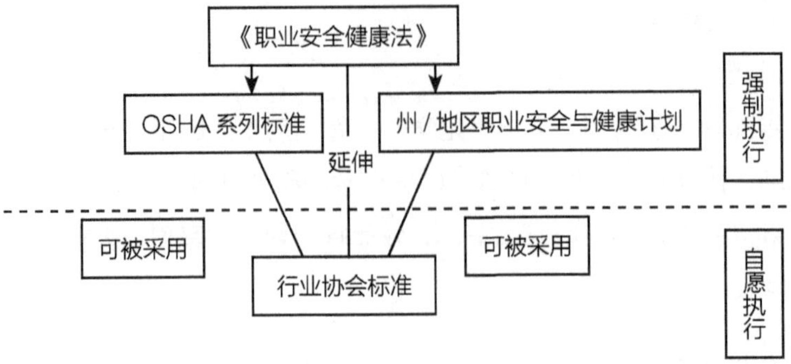

图2-2 美国职业安全健康培训法规体系

（资料来源：苏国胜，李欣，王洪雨，等. 中美职业安全培训法规及工作现状对比. 中国安全科学学报，2014，24（8）：125-131.）

2. OSHA系列标准

基于《职业安全健康法》，OSHA制定并颁布了系列标准，涵盖一般工业、建筑、农业、海事等领域，其中的专业内容已细化为专项标准，如可燃液体、受限空间作业、个人防护用品等安全健康标准。同时，OSHA系统梳理了标准中涉及职业安全健康培训的相关内容和要求，并总结了培训组织实施的流程和步骤，编制了《职业安全与健康管理局系列标准中的培训要求与培训指南》，用来指导雇主对雇员开展培训。

3. 地方法规

由于美国是联邦制国家，各州或地区可根据自身情况直接采用OSHA系列标准，或颁布执行适用于本州或地区范围内的、严于OSHA系列标准的、经过OSHA批准的职业安全健康计划。因此，州或地区职业安全健康的培训内容及要求等，与联邦政府OSHA系列标准一致，甚至会更加具体和严格。

4. 行业协会标准

美国的各行业协会对于职业安全健康及相关培训都有具体的要求，如代表石油和天然气相关企业的美国石油协会（American Petroleum Institute，API），既有独立命名的职业安全培训标准，如下水急救人员培训标准等，也有安全标准中包含的培训内容，如承包商和业主安全计划实施等。行业协会标准如果没有被国家、州或地区采用，就不具有强制性，企业可自行选择是否执行。

（二）美国职业安全健康培训体系

美国职业安全健康法规所要求的培训主要由OSHA、职业安全与健康研究所（National Institute for Occupational Safety and Health，NIOSH）和各行业协会来实施。

1. OSHA培训

作为联邦政府管理机构，OSHA的主要职责是制定和执行职业安全健康的法规标准，提供相关信息咨询、培训教育和资助项目等。在教育培训方面，OSHA设置了教育培训理事会（DTE），负责开发、指导、维护和管理全国范围内由OSHA提供的培训计划、课程、教材与相关咨询等。OSHA的培训组织机构及培训项目见图2-3。

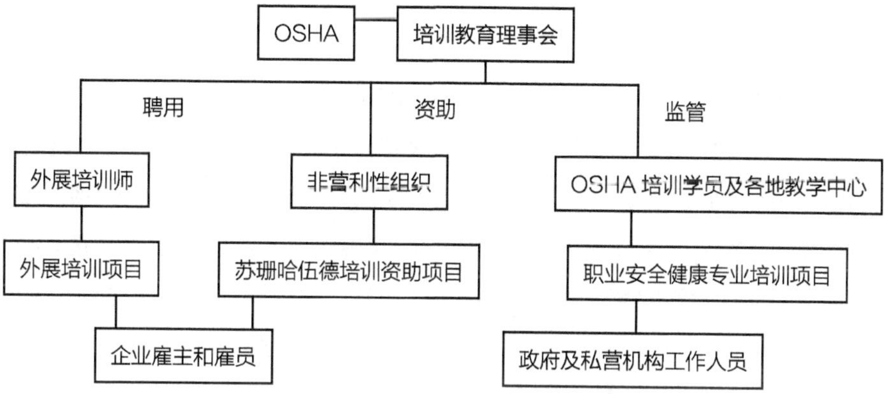

图2-3　OSHA的培训组织机构及培训项目

（资料来源：苏国胜，李欣，王洪雨，等. 中美职业安全培训法规及工作现状对比. 中国安全科学学报，2014，24（8）：125-131.）

（1）培训项目

一是外展培训项目（Outreach Training Program），外展培训项目是OSHA为企业雇主和雇员提供的职业安全与健康专项培训，内容涵盖作业场所危害的识别、消减、避免和预防，以及如何提交诉状、雇员的权利和雇主的职责等。虽然企业可自由选择是否采用该培训项目，但是一旦选择就必须遵守OSHA制定的《外展培训项目要求》。为了规范外展培训项目的管理，确保培训质量，要求中明确规定了培训主题、方式、时间、教材以及培训班规模、师资、学员验证反馈等具体内容。

外展培训项目的实施工作由经过OSHA培训、考核和授权的外展培训师承担。而外展培训师通常是来自咨询公司等私营机构职业安全与健康领域的专职培训人员，这些人员每4年需要接受一次OSHA组织的继续教育。外展培训项目课程分为10学时和30学时，前者适合入厂新员工，后者适合具有一定安全职责的监管人员和作业人员。鉴于收到了良好的培训效果，部分州或地区颁布了相关法规强制执行外展培训项目。很多企业也将OSHA外展培训项目与企业的安全健康整体培训计划相融合。

二是苏珊哈伍德培训，苏珊哈伍德培训资助计划自1978年以来已培训了大约180万名工人。OSHA通过该计划为非营利组织提供资金以发展职业安全和健康培训材料和培训计划。苏珊哈伍德培训资助计划的重点是提供工人和雇主的培训和教育，以帮助他们识别、避免和预防工作场所存在的安全和健康隐患，并告知雇员和雇主应拥有的权利及所应承担的责任。目标受众包括潜在雇员、受教育程度较低的人员和高危险行业的工人。该计划基金主要来源于国会的拨款，以竞争的形式向非营利组织提供。基金每年划拨一次，每次划拨的基金方向都不尽相同，主要集中在组织能力建设、特定主题培训及培训材料的开发等方面。

三是OSHA培训学院项目（OTI），OSHA培训学院负责在所在地为联邦及各州的职业安全健康检查人员、各州咨询人员、政府其他机构的工作人员和私营机构的相关人员提供职业安全健康专业培训。此类培训采用网上学习与传统课堂相结合的混合式学习模式，课程内容以OSHA标准为主，如起重安全、脚手架安全、船厂作业安全等。另外，OSHA培训学院还在全国范围内设置了多个经过OSHA授权的教学中心（OTI Education Centers），代表OSHA为政府及私营机构的监察人员和工作人员提供职业安全健康培训。培训课程包括OSHA标准、外展培训项目培训师的培训及继续教育等。

（2）培训特点

OSHA培训体系是自上而下、全方位地覆盖到职业卫生服务的人群，兼顾了劳动者和企业的利益，对于调动企业积极主动地参与职业卫生活动起到了很大作用。完善的职业卫生服务网络的建设亦使得培训服务非常便利，即可通过互联网寻找所需的资源，也可以通过社区服务得到帮助。同时，通过政府补贴非政府组织、学校及其他中间服务机构展开服务的形式，一方面提供了全面性和多样化的培训服务，另一方面也起到了促进职业卫生学科的发展的作用。

2. NIOSH培训

NIOSH是美国卫生与公共服务部所辖疾病控制与预防中心的一部分，负责开展职业安全与健康领域的科学研究，并提供专业培训。在培训方面，NIOSH于20世纪70年代建立了分布于美国十多所大学的教育与研究中心。NIOSH的培训项目及实施机构设置如图2-4所示。

（1）培训项目

一是学位教育项目。基于科研资源及研究方向，ERCs可为专业研究人员和从业者提供工业卫生、职业健康护理、职业病学、职业安全及其他职业安全与健康领域的跨学科学位教育和科研能力培训，以满足人员在学历及科研方面的需求。

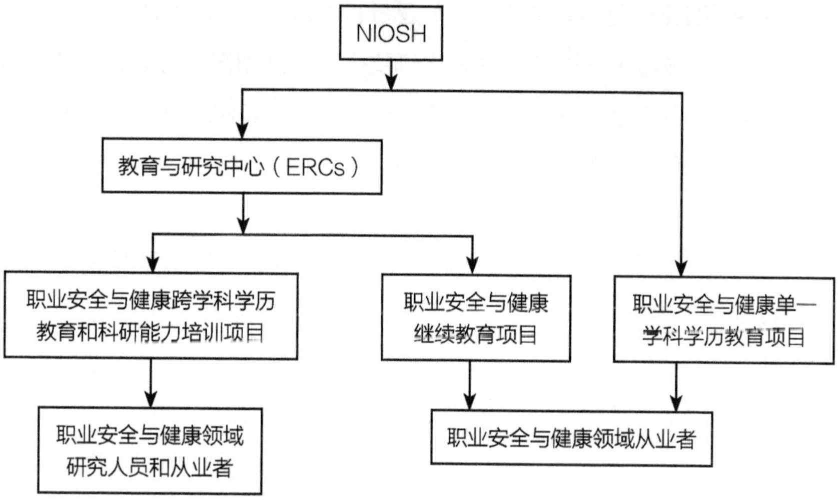

图2-4 NIOSH培训项目及实施机构

（资料来源：苏国胜，李欣，王洪雨，等．中美职业安全培训法规及工作现状对比．中国安全科学学报，2014，24（8）：125-131.）

二是继续教育项目。位于不同地域的ERCs还可开展不同主题的职业安全与健康继续教育项目，为安全专业人员、工业卫生学者以及其他职业安全与健康从业人员提供相关课程，如应用工业毒理学、呼吸防护、可燃粉尘实用等。有的继续教育课程已被美国注册安全专家委员会（BCSP）认可，获得了一定的继续教育分数点，从而确保安全专家在5年周期内再次认证、保持从业资质。

三是培训项目资助。培训项目资助（Training Project Grants，TPGs）是NIOSH为行业内从业人员提供的本科和研究生学位教育。与跨学科的学位教育和科研能力培训不同，该项目主要是开展职业安全与健康领域单一学科的学位教育。TPGs可以在各地的ERCs实施，也可通过其他专业协会开展，如面向全美消防员和各类救援人员的应急响应培训项目资助是通过国际消防员协会（IAFF）来实施的。

（2）培训特点

凭借突出的科研能力和完善的学科建设，NIOSH培训的显著特点是课程专业性强，知识系统化，培训内容侧重于专业提升和学历教育，培训对象是职业安全健康领域的研究人员或从业人员。另外，NIOSH通过与大学、专业协会等合作，进一步拓展了培训范围，并且将最新研究成果与工业实践相结合，有效确保了培训质量，在行业内获得了较高的认可度。

3. 行业协会培训

对于美国的各个行业协会，组织实施专业培训是其重要工作内容之一。由于行业协会众多，以下以石化行业最具影响力的美国石油协会（API）为例。

API是美国唯一能够全面覆盖石油天然气整个产业链的行业协会，目前拥有550多家会员单位，包括炼油企业、制造商、管道运输公司以及其他服务公司。API-U是API的下属机构，负责提供行业范围内的专业培训。

（1）培训项目

API-U可以在美国各地举办石油天然气的专项培训，课程主题是API编制的各类标准。在职业安全与健康培训领域，API-U可提供石油天然气及相关行业内关于职业安全、健康和环保专业的70多门网上学习课程，如挂牌上锁、用火作业安全、电气安全、个人防护用品、应急救援等。同时，API-U还可根据具体需求来定制或开发相关主题的公开课程或企业现场课程。API工作安全是API-U开发的作业安全培训项目，该项目主要由两部分组成，一是服务站式承包商安全资格培训，主要面向承包商人员开展行业安全规程培训，并组织标准化考试；二是面向陆上勘探与生产人员的安全培训及考试，内容以近期作业现场发现的安全问题和行业安全规程为主。

（2）培训特点

API在石油和天然气行业拥有强大的技术储备及专家库资源，可为行业内的相关单位或人员提供系统化的专业培训。职业安全健康的培训内容与其他专业知识紧密结合，共同构成了API课程，课程内容不仅包含法规标准等理论知识，而且侧重作业人员的实践技能，课程形式主要以网上学习和企业定制为主。

三、其他发达国家的职业安全与健康培训

（一）德国

1. 立法与管理体系

德国政府每年在保险安全方面的投入较大，达60亿马克（德国货币），其中10亿马克用于事故预防、人员培训和安全科学技术研究，50亿马克用来支持工伤人员重新恢复工作。

德国安全生产方面的法律法规比较完善，而且这些法律条文比较具体，易于操作，在完备法制体制基础上，又建立了一套比较完善的社会保险制度。在德国，每个企业都加入某一联合会。同时，企业在雇佣职工后，要为其办理工伤保险，否则发生工伤事故后，雇主将承担该职工的一切医疗费用和其他费用。德国实行的是社会市场经济体制，即在全社会建立普遍的社会保障体系。平均每个德国人每年要从其工资中支付10000马克的社会保险基金，同时其雇主也要支付等额的社会保险基金。

在德国的经济管理体制中，政府制定法律和宏观经济政策，企业由行业联合会管理。几乎每个企业都属于每个工业联合会，每个企业每年必须向联合会交纳一定的会费，这些会费一部分维持联合会的办公等开支，另一部分支付工人的伤害赔偿金。对于风险大、作业工种和环境比较危险的企业，或安全方面管理较差、工伤事故发生频率较高的企业，其交纳的会费远高于其他企业。德国的工伤事故赔偿额度大，工人因企业的原因导致死亡的，最高可获得100万马克的赔偿金。这种压力迫使企业比较注意安全管理、安全装备和工人的安全培训。

2. 培训阶段

在德国的教育体制中，职业教育是一个非常重要的方面。从小学毕业后，学生即根据个人爱好，在家长协助下，自己决定今后的就业方向。如果选择从事技术工作，就进入职业技术学校学习。在职业学校学习期间，在学习操作技能、操作工艺和知识的同时，还系统学习本领域的安全注意事项。德国职业教育设施齐全，学生的实践教学内容丰富，与理论知识学习结合得比较好。学生实践课程基本上是在实际工作环境中进行的，因此，学生毕业后，除掌握了操作技能外，还掌握了进行该项工艺流程的安全技术措施和防护手段。

职工在雇佣阶段的培训要求有专门的法律规定，雇主必须对职工进行专门培训。培训既可以在企业内部进行，也可以送到专门的培训机构进行。由于德国对企业安全方面的要求，作业人员的安全职责规定非常具体，便于操作，所以安全培训针对性极强。每个企业都有自己的培训规划，目前，德国的企业家认识到，必须不断对员工进行安全培训，才能使企业始终处于一种安全生产的平稳状态。

3. “双元制”培训的实施

第一，由职业学校组织实施安全理论教学，学校根据培训要求制订计划、课程表等，由教师传授理论知识。

第二，由企业组织实施实习教学，企业依据培训规章和培训大纲制订培训计划，由培训教师传授技能，培训教学分为安全基础培训、专业培训、专长培训3个阶段。

第三，教学大纲和培训规章要协调一致。

第四，考试要历经3次：一是入学后3个月的考试，考试合格后方可继续就学；二是中期考试，入学后一年半左右进行；三是结业考试，也是最重要的考试，由行业协会组织实施。

第五，结业考试合格的学生颁发结业考试证书，由培训企业颁发培训证书，由职业学校颁发学校证书，3个证书组成了“职业安全培训证书系统”（杨振宏，潘成林，惠雄鹏，等，2009）。

（二）日本

日本的职业安全教育培训方法分为3个层次：一是企业自主培训教育，对象是企业新工人和转岗工人，职业安全教育是人们走上工作岗位的第一课，并贯穿于以后生产、科技（开发）活动的始终；二是院校安全知识普及教育，对象是在校学生和国外有关人士；三是政府认可资格的社团组织、中介机构等社会服务机构的培训教育，对象是企业管理干部和执业资格制度管理人员，如健康管理人员、安全培训教育人员等。实行执业资格证书制度管理规定的人员，必须通过执业资格培训考核，取得政府部门颁发的执业资格证书后方可持证上岗。日本企业中的安全教育，在提高效率、产品质量和环境质量的同时，以现代化安全道德规范和安全科技来教育和培训职工，企业非常注重职业安全培训技巧，增强培训效果，对员工的培训普及程度高，所采用的方法和培训内容非常贴近生产实际。

日本十分重视国民的大众安全文化教育，很早以前就开始了对中小学生的安全教育，强调学生要养成注意安全的态度和习惯，大学更是如此。例如，东京大学，校部、学部和系部分别设有安全或防灾委员会，编写了很多安全教育资料和教材来保证学生的安全教育；在实践中通过大众媒体进行安全教育，通过课堂教学、社会公众的专门演练等形式，有针对性地进行公众的安全技能教育，如公众灭火演练、全民交通安全教育等。进行公共安全文化建设，不仅是社会公众生活安全的需要，同时通过大众安全文化建设，提高全民的整体安全素质，对安全生产也将产生积极的作用（盛丽萍，李振明，2010）。

（三）法国

法国建立了国家公共安全管理委员会，总负责人是劳工部部长，成员包括安全监督管理方面的专家和其他部门的负责人。省、区、城镇也要求建立相应的机构，安全管理委员会的职责是维护职工的权益，监督企业安全培训工作，处理事故赔偿工作。企业必须设立安全委员会，安全委员会是董事会的一个下设机构，董事会必须是安全委员会成员，安全委员会的成员必须有当地政府的监察员和医生，其资格证书是由企业所在地政府的劳动安全部门颁发的。

法国的安全培训工作由劳工部负责，劳工部门有权随时过问企业的安全工作，对企业的安全行使监督、控制和管理权，可以对企业的安全工作提出建议，包括安全监督、管理和培训方面的建议。法国规定，300人以上企业的所有员工必须进行培训。培训可到专门的培训机构，也可以由企业和培训机构联合组织；安全监察人员则必须由专门机构进行培训。法国共有1200名安全监察人员，安全监察人员和企业专业人员均必须获得劳工部门颁发的资格证书，这是其任职的必备条件之一（张勇，2002）。

表2-1总结了主要发达国家和国际组织的职业安全健康培训模式。

表2-1 主要发达国家和国际组织的职业安全健康培训模式

国家或组织	培训模式及特色
国际劳工组织	国际劳工组织国际培训中心实行主任负责制，国际培训中心的培训项目繁多，培训课程分正规课程和“定制”课程两种形式。正规课程是某一类培训中的一般内容，而“定制”课程是根据各个国家和机构的具体培训需要而设计的课程，培训时间也是根据培训单位的需要而设计和实施的
美国	美国《矿山法》第115条和《联邦法典》“矿产资源卷”第48部分，规定了矿山工作人员必须接受健康和安全培训，国家要为制订的矿山安全与健康计划提供培训基金，采矿企业负责制订矿山工作人员的培训计划并安排培训
德国	德国的安全培训分成两个阶段：第一阶段是学生阶段；第二阶段是员工雇佣以后。德国建立了一套从学历教育到就业后的终生培训教育体系。德国在安全方面对企业制定了一套严格细致的法律规定，安全培训工作由企业所属的行业联合会组织
日本	日本在很早以前就对中小学生进行安全教育，强调学生养成注意安全的态度和习惯。在大学里更是如此。例如，东京大学，校部、学部和系部都分别设有安全或防灾委员会，编写了很多安全教育资料。职业安全教育是人们走上工作岗位的第一课，并贯穿以后生产、科技（开发）活动的始终
法国	法国的安全培训工作由劳工部负责，劳工部门有权随时过问企业的安全工作，可以对企业的安全工作提出建议，包括安全监督、管理和培训方面的建议。法国规定，300人以上企业的所有员工必须进行培训，培训可到专门的培训机构，也可以由企业和培训机构联合组织

（资料来源：蒋畅和，赵云胜．职业安全培训与教育存在问题及控制对策研究．工业安全与环保，2012，38（3）：41-44.）

第三节 我国职业安全与健康培训

一、职业安全与健康的法规体系

（一）我国立法现状

我国将职业安全和职业健康分体运行、分别管理，并且在职业安全培训法规方面以单独立法为主，形成了以安全生产法、国务院决议、行政法规等为依据和基础，国家安全生产监督管理总局或行业主管部门规章为主要内容，地方法规和行业标准为补充的多主线、多层次的法规体系，如图2-5所示。

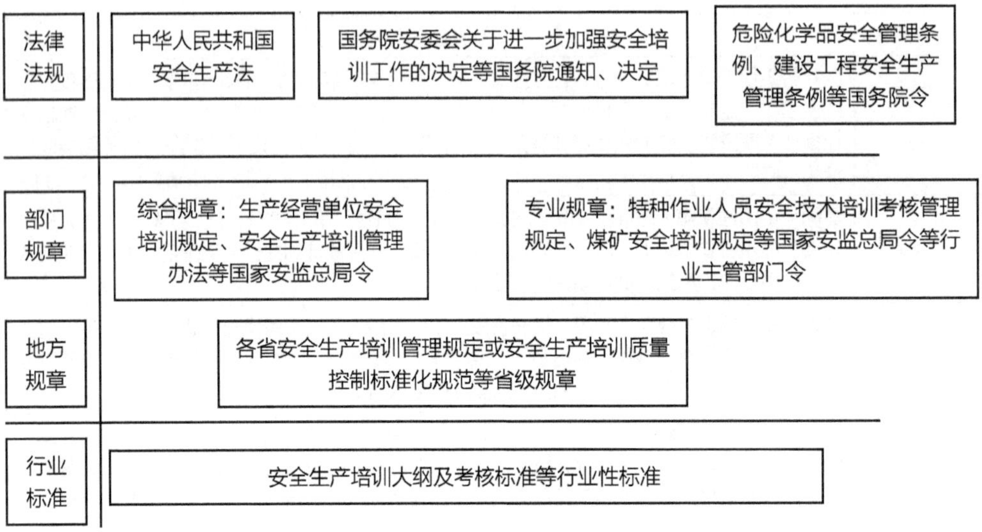

图2-5　我国职业安全培训法规体系

（资料来源：苏国胜，李欣，王洪雨，等. 中美职业安全培训法规及工作现状对比. 中国安全科学学报，2014，24（8）：125-131.）

1. 国家法规与部门规章

我国职业安全培训的有关法规与规章重点对煤矿、非煤矿企业和危险物品生产、经营、储存等高危行业企业的主要负责人、安全管理人员和特种作业人员（即“3项岗位”人员）的培训、考核、持证和复审等做出了要求，同时还明确了新上岗的临时工、合同工等其他从业人员的岗前培训内容和学时，以及特种设备作业人员、各级政府安全生产监管人员和安全培训机构培训师的培训要求。在培训的组织实施方面，近年来，我国政府相关部门出台、修订了多项职业安全培训法规及标准，来强化培训工作，如鼓励生产经营单位开展自主安全培训，进一步扩大其培训范围，并取消了专业安全培训机构资质等级的要求等。

2. 地方规章及行业标准

在法律法规和部门规章基础上，地方政府结合自身情况，颁布实施了地方性规章和细则，提出更高的要求或将实施过程具体化，以规范相关单位和人员的培训工作。安全培训方面的行业标准主要以各类培训大纲和考核标准为主，旨在明确某些专业或岗位的培训范围、要求、内容、课时等细节，以及考核要点和考核方法等环节，为相关工作提供指导。

（二）中美职业安全与健康法规对比

美国职业安全与健康立法进程较早，两者间的对比可以为我国提供丰富的立法经验。中美职业安全健康制度具有明显的差异，主要表现为体例结构（法律名称）、适用范围、监管方式、监管机制、教育培训制度和法律责任方面的区别，具体如表2-2所示。

表2-2　中美职业安全与健康法规对比

对比项目	中国《安全生产法》	美国《职业安全健康法》
体例结构	大陆法系	法典体系
适用范围	在中华人民共和国领域内从事生产经营；活动的单位，仅限于生产安全领域	普遍适用于美国外大陆架土地法规定的领域范围内的工作场所
监管方式	集中于行政监管，缺少制衡	设立OSHA标准；医疗监管；对OSHA权力的分散与制衡
监管机制	专门的政府职能部门监管	在监管体制上体现3个层次：联邦、州、企业
教育培训制度	对员工培训与教育规定较为具体	教育和培训雇主和雇员
法律责任	对负有安全生产监督管理职责的部门及工作人员、生产经营单位及主要负责人等较为详细	对雇主的处罚规定较为详细

（资料来源：任国友．中美职业安全健康法对比．中国安全科学学报，2009，19（7）：46-51.）

1．监管方式对比

美国《职业安全健康法》颁布后，成立了3个永久性的机构，其中之一是职业安全与OSHA，隶属于美国劳工部。OSHA在监管方式上体现在3个方面。一是设立OSHA标准。根据《职业安全健康法》，美国国会本身并不颁布职业安全和健康标准，它把这种权力交由OSHA行使，这样做的目的是建立一个灵活的框架，在这种架构下，OSHA可以发挥它信息集道广泛和信息来源丰富的优势，颁布既能反映技术专家意见又能反映政策专家意见的标准。二是医疗监管。OSHA要求对暴露在职业危险之中的雇员进行医疗检查，除了法规所要求的一般性卫生标准外，一些特定的条款也必须执行。三是对OSHA权力的分散与制衡。美国的职业安全和卫生体系中，还有一个重要的机构，就是职业安全和卫生复议委员会，当受到OSHA执法的企业不服时，可以向该委员会提出复议。这对于OSHA来说是个权力制衡。对比美国，中国的监管方式相对集中在行政监管上，设立的职业安全健康标准较为宽泛，缺少有效的制衡手段。当前，我国工会劳动保护监督的手段与方式还很“软”，亟须加强。

2. 教育培训制度对比

美国《职业安全健康法》第21节制度“培训和雇员教育”规定，卫生、教育与福利部长，在同部长及其他有关联邦部和机构磋商后，应直接实施、授权或签订合同，实施教育计划，并根据教育计划建立并监督执行计划以教育和培训雇主和雇员。我国《安全生产法》对员工培训与教育的规定较为具体，但缺少宏观调控措施。例如，《安全生产法》第23条规定，生产经营单位的特种作业人员必须按照国家有关规定经专门的安全作业培训，取得特种作业操作资格证书，方可上岗，但事实上不持证上岗的情况却屡屡出现。

二、我国职业安全与健康培训现状

（一）培训项目

依据法律法规，我国职业安全与健康培训工作主要由各级安全生产监督管理部门、行业主管部门、政府部门的委托单位、培训机构以及生产经营单位等来组织实施。

（二）企业职业安全与健康培训模式

国内企业职业安全与健康培训是通过一定的科学方法，促使员工在安全知识、安全技能、预防能力、安全态度等方面得到提高，杨振宏等人（2009）对我国企业安全培训模式进行了调研，归纳出了如下七种培训模式，其实施步骤和评述见表2-3。

第一，“系统”模式培训主要是通过一系列符合逻辑的步骤，有计划地进行安全培训。

第二，“过渡”模式主要是描述企业安全战略和学习的双环路。

第三，“组合”模式是将安全培训目标与组织需要有机结合。

第四，“发展”模式的主要特点是可为组织安全发展提出建议。

第五，“顾问”模式强调了评估对安全培训的重要性。

第六，“所罗门”模式对安全培训需求进行界定，在培训环节中进行评估。

第七，“螺旋”模式是在不同环境时期、不同阶段，对不同对象、不同培训目标实施螺旋上升的安全与健康培训战略。

表2-3　我国企业职业安全与健康培训模式

模式	实施步骤	评述
“系统”模式	确定安全健康培训需求，制定培训目标与计划，实施培训计划，对计划的实施进行评估、审核	优点：解决培训过程中的实际操作问题 不足：缺乏战略高度，没有反映出培训实施过程中各方面之间的关系

续表

模式	实施步骤	评述
“过渡”模式	内环路：计划、目标、实施、评价 外环路：使命、价值、非系统性、探索、实现、远景	优点：在系统型模式基础上，将安全组织培训与企业安全战略相适应 不足：在双环路中，外环路尚待完善
“组合”模式	安全健康培训目标、培训计划、培训实施	优点：将安全培训与组织的发展联系起来，并为组织发展提出建议 不足：对安全组织可持续发展的标准过高，培训人员难以控制
“发展”模式	制定安全健康培训政策、培训需求、参与学习、制定培训规划（包括经费预算等集体培训事宜）、培训收益、培训目标（以此为组织提出可持续发展的建议）	优点：将安全培训与组织的发展联系起来，并为组织发展提出建议 不足：对安全组织可持续发展的标准过高，培训人员难以控制
“顾问”模式	对安全健康培训方案、培训课程设计、实施、后期跟进、新培训项目等进行评估，对意向洽谈进行反馈	优点：将评估引入培训过程 不足：培训管理者的独立性与自由较大，难以将培训融入企业战略
“所罗门”模式	安全目标、项目签约（进行评估）、部门商业计划、独立的主要责任区、公认的行为准则、行为评审、提高行为效率、完全或超越完成个人或企业部门目标	优点：注重工人或企业部门目标的实现 不足：企业战略与培训之间的关联尚需进一步融洽
“螺旋”模式	根据不同阶段的组织发展战略目标以及个人的生涯发展规划目标，制定不同的职业安全培训阶段目标，使培训的组织和方案设计更具弹性，满足不同时期组织多样性的发展目标。在完成了一个阶段的培训任务后，进行相应的交流与反馈，基于新的组织环境和目标，不断更新与完善整个培训过程	优点：具有较强的适应力，适合学习型组织培训 不足：有待在实施中完善

（资料来源：杨振宏，潘成林，惠雄鹏，等. 国内外企业安全培训调查及模式的探讨. 中国安全科学学报，2009，19（5）：61-66.）

（三）培训存在的问题

我国的职业安全与健康培训虽然已经有了明显发展和进步，但仍然存在很多亟待解决的问题。

1. 国家层面问题

（1）培训工作缺乏法律依据

虽说全国各地的劳动安全卫生培训机构已具备一定的规模，仅原劳动系统就有80多个培训中心，但尚未完全正常开展工作，原因之一是开展培训工作的法律依据不足。多年来，各个层次都强调了劳动安全卫生培训工作的重要性，但由于从法律上没有制定强制性的任职资格培训规定，培训对象不明确，一定程度上可以说培训工作无法可依，致使培训工作未能有效地开展，培训中心在伤亡事故及职业病预防中的作用也未能充分发挥。

（2）缺少切合实际的培训大纲

缺少开展培训工作的法律依据，影响了制定出针对培训对象的有针对性的培训大纲，造成了某些培训工作无大纲可循，培训内容因教员而异，随机性强，很难保证培训质量。

（3）培训教材不能满足培训需要

由于缺少切合实际的培训大纲，培训教材的编写自然是无纲可循，必然造成不适用性和不完整性的后果，有些培训教材仍有待开发。现有的教材，有些陈旧落后，不适应新技术发展的需要，也有一些教材，应知应会的内容不明确、不突出，理论性过强，受训人员很难吸收，实用性较差，在实际工作中很难应用。

（4）有效的培训机制没有建立起来

所谓培训机制，即对培训机构的资格审定、任务分配、质量监督的一整套管理体制，使各层次的培训机构有序、正常开展工作。地方、部门培训机构与国家培训机构要建立起有机的联系，形成纲举目张的网络和态势，充分发挥各方的优势，依照法规规定，按照培训大纲的要求，在统一的质量保障体系的认可下，充分而有效地开展职业安全卫生培训工作。

当前还尚未建好这样一个机制，导致培训机构遍地开花，无统一管理，谁都可以办班，办班内容随意性大，因主讲者而异，甚至出现以办班为名，主办单位为赚钱，参加人员为观光的不良现象。

2. 企业层面问题

（1）职业健康安全培训的重要性被忽视

部分企业对职业健康安全培训没有引起足够的重视，认为这种培训对企业的实际经济效益影响甚微，于是没有采取培训或培训流于形式，这是导致我国企业不断发生安全事故的主要原因。

（2）职业健康安全培训管理松散，缺乏法制性

目前，我国企业的职业健康安全培训采取自愿的原则，有条件、意识强的企业对职业健康安全培训做得较好，其他企业则差强人意。企业职业健康安全培训在整体管理上很松散，缺乏法制性，没有强制约束力。

（3）培训内容及方式缺乏科学性、规范性、创新性

企业的职业健康安全培训没有紧跟不断变化的企业安全形势，在培训内容及方式上缺乏科学性、规范性，不能有针对性地解决企业当前最紧迫的安全问题，这是企业职业健康安全培训最需解决的难题（项博实，2013）。

（四）对我国未来培训的发展建议

鉴于本章对发达国家和国际组织职业安全与健康培训的简要介绍，以及对我国培训法治及实施现状的描述和现有问题分析，我国职业安全与健康培训未来应在以下几个方面有所创新和发展。

1. 加强和完善培训法规建设

职业安全与健康培训是一种强制性培训。国外通常在劳动安全卫生法里就规定了有关岗位的人员，如企业的安全委员会成员、安全主任、特种作业人员等，必须经过职业安全与健康方面的培训，合格并获得证书者方可任职。为了保证这一条法规的实施，作为国家监察的内容之一，就是查核这些从事职业安全健康的人员是否持证（培训合格证）上岗。

德法两国安全方面的法律法规体系完善，安全标准明确、严格；同时，建立了政府、企业、工会在安全方面的制约机制，他们都非常重视职业安全与健康，企业也很重视安全健康培训，因而形成了良好的安全健康培训外部支持环境，这正是我国目前比较缺乏的。因此，我国必须加强职业安全健康方面的立法工作，加强安全监督工作，使全社会形成一个重视安全健康的环境与氛围，为安全健康培训体系的建立提供良好的外部条件。

2. 建立独立、统一的安全生产监管执法机构

许多发达国家都有独立统一的安全生产监管执法机构，如美国的职业安全与健康监察局（OSHA）。凡是涉及全美境内的所有工人的职业安全和健康问题，都由OSHA管理。作为一个独立、统一的生产监管执法机构，OSHA将全美境内所有的工作场所安全都覆盖和管理起来，避免了管理漏洞和空白。

3. 建立良好的培训机制

政府主管部门授权某机构作为培训网中的“纲”，依法负责职业安全卫生培训工作的实施。“纲”机构的职责是：①依据强制性培训法规，组织制定针对不同对象的教学（培训）基本要求和培训大纲；②依据大纲，设计培训课程；③建立培训机构开展具体培训课程的资格标准；④审核申请举办具体培训课程的培训机构资格，包括师资、设施以及讲义，审核并非一次性，需要定期审核；⑤组建试题库，抓住考核环节，保证培训质量；⑥给培训合格的学员提供证书。

建立上述培训机制，体现了国家鼓励单位甚至个体申请承担培训任务（但必须经过审核），国家中心（“纲”单位）在政府部门的领导和监督下，对培训机构进行监督，确保培训机构的培训是按培训大纲进行的，保证培训质量。

通过这种方式，可以有效地把目前全国各地的培训机构有机地协调起来，按照法

规的要求，在国家的统一监督下，充分发挥培训作用，推动整个职业安全卫生体系的发展（杨书宏，2001）。

4. 加强公共安全教育

心理学家马斯洛曾说过，人对安全的需要甚至比对爱或被爱的需要更加迫切，所以在他的需要层次理论中，安全需要是仅次于生理需要的第二基础的需要。当代职业安全健康教育发达的国家和地区也都十分重视国民的公共安全文化教育，加强公众安全文化建设，积极倡导珍惜人生、关爱生命的大安全观。例如，日本将安全知识和技能纳入普通教育内容，重视实践环节中安全素质与技能的培训，使学生具备良好的安全意识和一般安全技能，日本也特别重视企业安全文化建设，企业所有人员无一不受到安全文化的影响，这一点值得我国企业借鉴。

5. 结合虚拟现实技术

近年来，一些国家和行业尝试将虚拟现实技术运用到职业安全与健康培训中，如煤炭行业，充分利用了虚拟现实技术的现实模拟性，使得培训具有更高的现实效度（Squelch, 2001; Sacks, Perlman & Barak, 2013）。

基本概念

1. 职业安全健康管理体系
2. 职业安全健康法
3. 职业安全与健康培训模式

本章要点

要点一：职业安全与健康培训的影响因素

职业安全与健康培训效果如何，都既受外部因素的影响，也受内部因素的制约。外部因素一般包括法律法规、经济发展水平和科学技术发展水平。内部因素一般包括管理人员的水平、员工的素质水平、企业的前景和战略、企业的发展阶段、企业的行业特点。

要点二：国际劳工组织培训的特色

国际劳工组织国际培训中心实行主任负责制，国际培训中心的培训项目繁多，培训课程分正规课程和“定制”课程两种形式。正规课程是某一类培训中的一般内容，而“定制”课程是根据各个国家和机构的具体培训需要而设计的课程，培训时间也是根据培训单位的需要而设计和实施的。

要点三：我国职业安全与健康培训面临的问题

国家层面的问题有：①培训工作缺乏法律依据；②缺少切合实际的培训大纲；③培训教材不能满足培训需要；④有效的培训机制没有建立起来。

企业层面的问题有：①职业健康安全培训的重要性被忽视；②职业健康安全培训管理松散，缺乏法制性；③培训内容及方式缺乏科学性、规范性、创新性。

思考题

1. 试比较中美职业安全与健康培训实施的差异。
2. 我国的职业安全与健康培训存在的问题有哪些？
3. 哪些行业适合运用虚拟现实技术进行培训？

推荐阅读

杜江红，李永鑫．2004—2013年《职业健康心理学杂志》论文分析．中国心理卫生杂志，2014，28（8）：602-607.

莱卡，乌德蒙．职业健康心理学．傅文青，赵幸福，译．北京：中国轻工业出版社，2014.

第三章

职业健康心理学概述

学习目标

1. 了解职业健康心理学出现的背景。
2. 了解职业健康心理学的历史和现状。
3. 识记职业健康心理学的重要机构、学术期刊。
4. 掌握职业健康心理学的未来发展方向。

章节导引

近十几年来，面对全球经济和组织形态的变革，职业健康开始日益关注个体的心理因素，职业健康心理学（Occupational Health Psychology, OHP）应运而生并逐渐发展壮大。职业健康心理学是一个运用心理学的理论原则和研究方法，探讨创造安全健康的职业环境以及提升员工的工作品质的综合性学科。职业健康心理学的出现有助于解决长期困扰政府和企业的职业疾病与工作安全问题，为促进工作者和组织的健康成长做出了积极的贡献。

世界卫生组织的资料显示，全球每年三天以上失去劳动能力的非致死性工作意外有将近2.68亿例，与工作相关的伤害和死亡事件分别有1.6亿例和0.22亿例。国际劳工组织2000年的一项调查报告显示，近十年间，在英国、美国、德国、波兰和芬兰等国，随着科技的进步、全球化的趋势、组织的重组、公司政策的不稳定以及工作负荷过重等，员工在工作场所中出现了多种心理问题，导致10%的员工遭受着抑郁、焦虑、工作压力或倦怠的折磨。职业心理问题的直接后果是个人绩效的下降和组织成本的上升。英国政府调查发现，英国各行业每年因雇员出现与职业心理问题有关的疾病而导致七百万个工作日的流失。此外，职业心理问题也大幅度地提高了企业对员工健康医疗成本的支出，美国企业因此每年花费约400亿美元，导致的间接经济损失高达2000亿美元。这些现实中亟待解决的问题，极大地推动了职业健康心理学的出现和形成。

虽然从职业健康心理学这一词语的提出到现在不过20余年的时间，但这一领域的学术研究和实践应用在北美和欧洲都发展得非常迅速。目前，这一领域已经拥有了一支人数众多的研究者与实践者的队伍、专业的教育与培训机构、专业的学术组织、专业的学术期刊和定期召开的国际学术会议，已经成为心理学与公共卫生、职业卫生等领域中一支蓬勃发展的力量。

第一节 职业健康心理学研究简史

早在19世纪中叶，恩格斯在《英国工人阶级状况》一书中，就从多个方面描述了英国工人身体和心理上存在的健康问题。他相信这些问题的源头存在于工作组织中，并且与社会环境和物质环境相关联。无独有偶，著名社会学者费孝通先生在其成名著《江村经济：中国农民的生活》一书中也描述了传统中国农耕社会劳作习惯对人们健康的潜在影响，特别是农业劳作对人们社会关系的影响以及后续的心理效应。第二次世界大战后，随着人本主义思潮的兴起，从心理学角度对健康与工作关系本质的进一步研究出现在北欧和美国的学术刊物中。此时，多个学科的发展促成了职业健康心理学这个新学科的产生。

以北欧为代表的高福利国家，职业健康心理学的研究一直以来都处于比较领先的位置。这些国家推动职业健康心理学研究不遗余力，因为其社会体制和法律规章强调对个人健康的关注。而在美国，相当长的一段时间内，职业健康心理学只是作为工业卫生学的附属而出现，但是随着员工医疗支出日趋昂贵，大部分组织都开始关注员工健康对企业效益的影响（医疗保险费用的显著下降、离职率的降低和工作效率的提高）。在实践领域，特别是组织管理者观念的改变对职业健康心理学学科的形成与发展产生了重大影响，企业高层管理者愿意资助职业健康促进项目，有社会需求就有刺激动力，这样就吸引了大批组织心理学家开始介入职业健康心理学的研究。他们带来了先进的社会科学研究方法和统计手段，重视对心理现象的科学测量，同时还引入了对工作内容和工作组织大量先进的科学认识和理论，从而将整个学科的研究水平推上了一个新台阶。下面我们就回顾一下职业健康心理学的发展历程，提供一个比较详细的职业健康心理学发展背景。

一、欧洲职业健康心理学的发展

1951年，英国学者特里斯特和班豪斯（Trist & Bamforth，1951）的研究发现，忽视煤矿工人在工作设计中的心理感受会对安全产生负面影响。特里斯特（一位精神病学家）和班豪斯（一位有过18年经验的矿工）详尽地描述了长壁采煤法（Longwall Method of Coal-Getting）带来的心理影响。当矿工的工作从一个完整的、具备技能多样性的任务转变为一个机械化的、分裂的、高度依存于他人工作结果的工作任务时，矿工们表现出了一些以前没有过的心理症状，如强烈的焦虑、愤怒及抑郁。特里斯特和班豪斯总结道，如果不能使工人重新感受到工作任务的完整性和灵活性，工作任务本身的特性会限制这些机械效率的优化程度，甚至带来员工心理的副作用。这个研究的结果说明，如果工作内容不能满足员工的心理需要，那么相应的员工健康就会受到损害。

同时，北欧开始出现很多关于职业健康心理学的来自各个学科的交叉观点。比如，特里斯特和他来自伦敦的同事弗雷德·埃默里（Fred Emery）与挪威研究者艾纳·索斯鲁德（Einar Thorsrud，被认为是挪威的职业健康心理学的奠基人）合作，对员工授权的心理作用进行了系统的研究。他们提出的心理工作需求理论影响和激发了丹麦和瑞典的很多相关学者的后续研究和探索。社会学家斯韦勒·赖斯加德（Sverre Lysgard）关于工人集体意识的文章也具有广泛的影响，甚至在一定程度上影响了后来学者对组织文化和组织氛围的认识。在挪威，霍尔格·于辛（Holger Ursin）带领了一支独立的研究队伍，发表了很多与工作压力相关的心理生理机制的研究。在芬兰，对工作设计影响心理健康的研究具有长久的历史。例如，芬兰职业健康研究所（The Finnish Institute of Occupational Health）的心理学家在20世纪50年代拜访了特里斯特和他伦敦的同事并与他们共事，从而受到来自美国、德国和英国不同研究流派和研究方法的熏陶。1974年，芬欧汇川造纸厂雇用了第一个工业领域的职业健康心理学家，标志着职业健康心理学的作用获得了企业管理层的认可。在丹麦，研究者们也广泛研究了工作条件对员工心理的影响以及相关的干预方法。值得一提的是，职业健康心理学在丹麦被称为工作环境心理学（Work Environment Mental Psychology），由此可见其在研究中对环境因素的强调。

20世纪70年代末，罗伯特・卡拉塞克（Robert Karasek）的两篇文章给职业健康心理学带来了非常重要的影响。这些工作证明了把泰勒主义用在工作设计中是不可行的。其中第一篇文章是对工作需求、工作决策权和心理健康的研究（Karasek, 1979），第二篇是他研究这些因素对于心血管疾病的影响。其后，卡拉塞克还和特奥雷尔（Theorell）共同编撰了《健康的工作》一书。有趣的是，工作需求—控制理论（Job Demand-Control Theory）的历史重要性在对其进行求证的过程中并没有体现出来，而是在后来当大量研究开始关注可能影响员工身心健康的工作因素时才体现出来。在《健康的工作》一书出版后的十年里，研究不断发现那些影响员工身心健康的因素与那些和工作绩效相关的因素是一致的，从而印证了卡拉塞克在早期两篇文章中的观点（例如，Wall et al., 1990）。

回到之前提到的社会体制和价值观对职业健康心理学研究的影响，卡拉塞克和特奥雷尔的工作并不是空中楼阁，而是对北欧关于工作设计和健康研究传统的直接传承。在北欧国家，传统的工业组织心理学研究领域，如人事选拔、绩效评估等，都由于工人运动和强大的工会而受到批评，没有获得广泛的发展和应用，但是关于工作改革和工人幸福感的研究和实践却遍地开花。这种研究取向的直接结果就是很多从心理及心理生理学角度探讨工作—健康关系的先驱性研究，都出现在斯堪的纳维亚半岛国家，如瑞典和挪威。卡拉塞克和特奥雷尔曾经分别工作于瑞典的两个研究所，这两个研究所都对早期职业健康心理学的发展起到了重要的推动作用，其主要带头人包括斯德哥尔摩大学的心理学家贝蒂尔・加德尔（Bertil Gardell）和斯德哥尔摩-卡洛琳斯卡研究所（Karolinska Institute in Stockholm）的医生伦纳特・利瓦伊（Lennart Levi）。

加德尔被公认为欧洲工作和组织心理学（Work and Organizational Psychology）的奠基人，他自20世纪60年代起在斯德哥尔摩大学做教授，研究工作内容的革新。他详细地描述了工作如何导致员工的敌意和社会退缩行为，发表了大量关于技术、自主性、参与性和心理健康之间关系的研究论文，还发表了大量关于工作改革研究和社会变革研究的论文。在一系列实证研究中，他和其他瑞典的研究者在20世纪七八十年代发现并提出，缺乏对工作控制的、单调的、不完整的工作任务都会对员工健康带来负面的影响。员工参与和员工对工作控制程度的重要性在这些研究调查中体现得非常清楚。以这些研究为基础，阿伦森（Aronson）编写了一本阐述工作心理学中控制

（Control）和应对（Coping）的学术著作。加德尔的很多观点在他去世前后都得到了他的同事以及其他瑞典研究者的进一步发扬。玛丽安・弗兰肯（Marianne Franken）是其中之一，她是最先探索工作条件与疾病之间关系的心理生理机制的研究者之一。她和她的同事研究了与低控制感、单一活动、快节奏工作等多种环境条件相关联的神经内分泌学的变化（Frankenhaeuser & Johansson，1986），并得出了一些支持加德尔观点的结果。

与加德尔同时期，斯德哥尔摩的内科医生伦纳特・利瓦伊创建了自己的压力应激实验室，成为卡罗林斯卡研究所的一部分。他曾与蒙特利尔的汉斯・谢耶（Hans Selye）一起工作，最初的工作重点主要放在与压力相关的生理实验研究上。后来，他逐渐转向多学科交叉的研究手段，在20世纪60年代开始与心理学家和社会学家合作开展了大量的研究。他于奥布里・卡根（Aubrey Kagan）对工作条件及其与多种健康指标的联系的研究与上文提到的玛丽安・弗兰肯的研究相辉映。利瓦伊还研究了与压力条件相关的心理生理机制，他的发现使学者们认识到从心理社会层面研究工作环境对员工健康的影响十分重要。他还指出，对员工健康的测量和认识应该从系统论的角度出发，关注多个水平的指标和变量。在当时这些社会病理学观点尚未被医学界广泛接受的背景下提出这些认识和理论指向，是非常难能可贵的。利瓦伊于1981年建立了心理社会因素与健康研究所，这是一个与卡罗林斯卡研究所联合的独立政府机构，利瓦伊任第一任所长。

传承加德尔和利瓦伊研究传统的托雷斯・特奥雷尔曾是利瓦伊的一个年轻同事。他最早受的是临床心理病学训练，起初的兴趣主要集中在生活事件对心血管疾病发病率的影响上。他与卡拉塞克和卡罗林斯卡研究所的其他同事一起延续和发展了利瓦伊在工作压力和疾病关系领域的研究。1996年，利瓦伊退休，特奥雷尔接任了心理社会因素与健康研究所的所长职务。他研究工作的一个重要部分是与米歇尔・马尔莫（Michael Marmot）等人一起进行的关于工作条件和心血管疾病的纵向研究。马尔莫和特奥雷尔在职业健康心理学家中最先提出，心理社会工作环境的差异可能是社会不同阶层冠心病发病率存在差异的原因之一（Marmot & Theorell，1988）。近年来，欧洲在这个领域的研究仍然领先于美国，就是因为欧洲的社会政治环境更利于进行大范围的健康普查和健康干预，同时也与大部分欧洲职业健康心理学学者的临床研究背景有关。相比之下，目前美国这个领域的学者大部分来自工业和组织心理学的背景训练，生理指标往往不是他们优先关注的重点。这也就导致了欧美之间的研究侧重点不同，美国的职业心理学学者的研究普遍保持对临床医学的独立性，他们对行为和心理学指标更感兴趣。

在英国，至少3个独立的研究机构对职业健康心理学的早期发展做出了重要的贡献。诺丁汉大学的工作、健康和组织研究所自20世纪70年代初期就一直把职业健康心理学作为一个独立的学科开展研究。在汤姆·考克斯（Tom Cox）的带领下，该机构为本领域的研究发展做出了杰出的贡献，特别是其对于工作压力和工作场所暴力行为的研究。考克斯早期的研究重点多放在精神生理过程上，这个过程可能在各种环境因素对健康影响中起中介作用。他后来的研究以交易理论（Transactional Theory）为基础，强调在人们对环境做出反应的过程中认知过程和知觉过程的重要性。考克斯还和他的同事采用风险管理范式对组织进行干预，进一步把理论应用于工作场所的实际干预中。他们认同北欧学者对于设计、预防及系统水平而非个体水平分析的重视。工作、健康和组织研究所也是职业健康心理学领域研究生教育的先锋。1996年，它建立了世界上第一个完全致力于职业健康心理学研究的硕士研究生学位。由于考克斯对这个学科的突出贡献，他于2008年3月被授予职业健康心理学会的职业成就奖。

在英国以工作和组织心理学为主要研究课题的机构中，谢菲尔德大学的职业心理学研究所（The Institute for Work Psychology at Sheffield）是存在时间最长、最有声望的研究机构。它对职业健康心理学的主要贡献在于探讨工作、幸福感和绩效之间的关系。该机构比较突出的研究还有托比·沃尔（Toby Wall）对于工作再设计的本质和效果的研究，我们在以后的很多章节中都会引述他的研究发现。曼彻斯特大学的科学与技术研究所（University of Manchester Institute for Scienceand Technology，UMIST）的研究人员对职业健康心理学的研究也有很大的推动作用，但是他们最大的贡献是推动了大量相关期刊的发行，从而促进了职业健康心理学领域的进步，如《组织行为学杂志》（*Journal of Organizational Behavior*）。

20世纪七八十年代，欧洲还有很多相关研究机构为职业健康心理学的发展做出了贡献，但是很多都没有得到应有的重视，主要是由于这些研究大部分发表在非英文期刊上，不利于在国际上的交流和传播。尽管如此，其中的一部分研究者的影响力还是毋庸置疑的。例如，温弗里德·哈克（Winfried Hacker）和他在德国德累斯顿的同事们对工作条件和压力的心理生理机制所做的早期研究。

二、美国职业健康心理学的发展

在美国，职业疾病与伤害是非常严重的公众健康问题。据美国疾病控制与预防中心的统计，每年约330万雇员因职业伤害而接受治疗，500多名雇员死于职业伤害（张慧英，2006），职业健康心理学正是基于这样的背景产生的。有研究者认为，将心理学带入职业安全与健康领域的原因主要有3个：①作为职业健康问题与应激相关的心理失调的增多和确认；②对心理社会因素在职业安全与健康问题中所扮演角色的逐渐接受；③导致工作应激与健康和安全问题的工作组织近期出现的许多变革。应该说，人们对工作组织在雇员心理健康与成长中所扮演角色的认同对职业健康心理学的创立功不可没。

如果仅从人本关怀的角度出发，上述原因已经完全可以构成职业健康心理学形成的基石。然而，在美国，职业健康心理学的形成还有另外一个动因，就是对雇员健康护理的成本和效益分析（Cost-Benefit Analysis）。由职业伤害造成的影响可以用成本和效益来估算。例如，因为应激或工作组织中的其他风险因素造成的病假、雇员提出的赔偿、过早的死亡等都会给组织带来可以量化的成本损失。而通过职业健康心理学在工作组织（Work Organization）中的应用，这些成本就可以得到明显的降低。以美国萨克拉门托空军后勤中心为例，经过一年的职业健康干预，雇员赔偿的成本下降了3.91%，约289099美元；与工作相关的疾病和伤害咨询及医疗成本下降了12%，约150918美元；过早死亡率的降低为组织节约了540万美元，但是这种成本和效益分析有一个最基本的前提条件，即雇员的健康护理成本，包括疾病和劳动能力丧失赔偿在内，是由工作组织本身负担的。这一点也是职业健康心理学在欧洲发展缓慢的原因之一。因为与美国不同，这些成本在欧洲的许多国家是由政府建立的福利和健康服务中心或其他机构来负担的。

尽管20世纪与职业健康心理学相关的发展从员工的角度来看大部分是积极的，但在美国，与职业健康心理学相关的早期重要事件之一却与此相反。这就是泰勒（Taylor）的《科学管理原则》一书的出版，这本书在20世纪初期到中叶都引起了广泛的关注。泰勒本来是一家机器店的工头，他提出工作中的低效率部分是管理层对工作过程忽视的结果。这种管理的忽视使得工人有机会欺骗管理者，从而根据他们自己的喜好控制工作过程，决定工作速度。泰勒认为，要提高工作效率，就需要仔细分析，简化、细化、标准化工人的工作任务，从而把工人对工作的影响力消除。从实践结果看，使用泰勒的科学管理原则来设计工作往往减少了完成一项工作任务所需要的技能，并且消除了工人对工作任务的控制力和自主性。在当时，这些原则对于很多管理者都具有经济意义（特别是当流水线开始普及时），对整个资本主义工业世界的管理模式都产生了重要的影响。科学管理原则的出现是职业健康心理学诞生时期的一个重要事件，因为该原则具有两个内在假设。第一，作为工业工程方法的先驱，科学管理原则把“对工作的考虑”与真正的“干工作”剥离开来。具体来讲，该原则把“对工作的考虑”的职能赋予了工业工程师，让他们专门为其他员工进行工作设计，而其他员工只负责执行并完成分配给他们的工作任务。在这个意义上，科学管理代表了劳动分工、技能细化的第一次努力。第二，科学管理原则假设员工的个体自发情绪会干扰生产工作，它要求对员工情绪的考虑或关注应该被排除。可是事实上，正如前文对欧洲职业健康心理学发展的回顾中提到的，现有的职业健康心理学的知识积累和研究成果完全揭示了与这两个假设相反的机制和现象。

美国在职业健康心理学方面的其他研究，特别是20世纪20年代在位于霍桑的西屋电气公司（Western Electric Company at Hawthorne）进行的一系列实验研究对很多国家的职业健康心理学研究都产生了影响。这些研究采用泰勒主义的理论框架，试图探索不同的工作条件（如照明亮度、工资、休息时间等）与生产效率之间的关系。但实验结果表明，任何改变都能使生产效率提高。研究者们最后总结出，当员工得到特别关注，认为他们是研究的焦点，并猜测研究者的调查目标时，他们的工作行为就会受到影响。很明显，员工的知觉和感受对他们的工作效率来说非常重要，这与泰勒主义强调地把情绪因素从工作场所移除的论调恰好相反。这一系列实验发现的效应后来被称为“霍桑效应”。其重要意义在于让人们认识到人际关系的重要性，让研究者们开始关注工作的社会层面、心理层面以及文化层面。尽管泰勒原则可能对于管理者具有经济意义，但是人们逐渐认识到科学管理并不会必然提高生产效率；相反，科学管理方法经常导致员工对工作抱消极态度，并产生身心健康问题。之后美国的两个针对员工身心健康问题的研究证实了这一点。

在霍桑效应的研究之后，职业健康心理学的研究在美国出现了两个重要的理论发展，这两个理论发展来自两种完全不同的研究路线。第一种观点来自人格与临床心理学，亚伯拉罕·马斯洛（Abraham Maslow）于1943年发表了他的自我实现理论。20多年后，他把该理论应用于工作组织领域。虽然马斯洛的理论贡献并非只针对职业健康心理学领域，但他明确地提出了只有那些心理健康的人才能被激发工作的动机，而压抑的环境，包括工作环境，都会抑制人们发挥他们的最大潜能。这个观点对于推进职业健康心理学研究中人本主义的思想起到了非常积极的作用。

20世纪美国职业健康心理学的另一个重要理论发展是工作设计理论的出现。弗雷德里克·赫茨伯格（Frederick Herzberg）是提出工作条件影响工作绩效和员工心理健康的研究者之一。他认为，工作动机和工作满意度能够通过改善人们的工作条件得到提高。例如，管理者可以通过以下手段来改善员工的工作动机：增加技能的运用、提供更多的挑战、对员工的工作给予认可等。尽管赫茨伯格的一些研究后来受到了很多方法学上的质疑，但他关于丰富工作内容的基本观点却很实用，而且他的想法也推动了学者们对这个问题的大量研究。哈克曼（Hackman）和奥尔德姆（Oldham）在赫茨伯格研究的基础上提出了一个更为具体的工作特征模型，激发了人们对于工作设计这个研究题目的热情。非常有趣的是，工作设计的直接目标虽然是增强工作动机和提高工作满意度，但是其隐性的目标则是促进绩效的增长，这也是为什么工作特征理论和工作设计在管理咨询中被大量运用。由于学术界价值观的差异，这类绩效增长的隐性目标在欧洲的职业健康心理学研究中就不是很重要。

在职业健康心理学和社会心理学发展的早期，很多其他的重要理论贡献都源于密歇根大学。1948年，伦西斯·利克特（Rensis Likert）在密歇根大学建立了社会研究所，这是社会科学的跨学科研究在美国的第一个研究所。即使到了最近，社会研究所还一直影响职业健康心理学相关领域的发展，如它对失业和影响再就业因素问题的研究（例如，Caplan et al., 1989; Kessler, Turner & House, 1987; Vinokur et al., 2000）。

在上面的回顾中，还有一些重要的政府机构和研究机构没有提到，但是它们也在职业健康心理学的发展过程中发挥了重要作用。例如，美国国家职业安全和健康研究所（National Institute for Occupational Safety and Health，NIOSH）对20世纪90年代以来职业健康心理学研究的发展起到了重要的推动作用。

NIOSH是美国疾病防治中心（Center of Disease Control）的一个下属研究机构，主要从事关于工作条件和工作环境的研究，关注那些可能对员工的身心健康造成危害的工作条件和工作环境。NIOSH的另一个任务是为避免工作场所出现工伤事故提供干预建议并宣传相关的知识。NIOSH在职业健康心理学领域的主要贡献有三个。第一，有研究者发表了一篇文章，在对研究者、工业实践者、政策制定者进行深入访谈的基础上，他们提出了一个提高和保护员工心理健康和幸福感的综合性的国家策略。第二，NIOSH与美国心理学会（American Psychological Association，APA）达成合作协议，对美国职业健康心理学的研究生培训提供培训基金（包括给研究生的全额奖学金、该专业的教学经费和会议资助等）。近年来，共有12所美国大学获得了该基金。这些经济支持推动了职业健康心理学领域的教学体系的建设，对这个学科的知识构架进行了有益的整合。第三，NIOSH和APA于20世纪90年代开始联合主办以“工作、压力和健康”为主题的大型国际会议，近来逐渐演变为固定的双年会。参加会议的人数和国家数量在过去20年内增长了大约十倍，在2008年的会议上，来自45个国家的学者参加了会议。这个会议的举办为加强职业健康心理学的影响和推动该学科在国际上的交流起到了重要的作用。

表3-1为职业健康心理学的一些重要机构的介绍及其贡献。

表3-1　职业健康心理学的重要机构

机构名称	国家	机构简介及贡献
美国国家职业安全和健康研究所（National Institute for Occupational Safety and Health, NIOSH）	美国	NIOSH是美国疾病防治中心（Center of Disease Control）的一个下属研究机构，主要从事关于工作条件和工作环境的研究，关注那些可能对员工的身心健康造成危害的工作条件和工作环境。NIOSH的另一个任务是为避免工作场所出现工伤事故提供干预建议并宣传相关的知识
诺丁汉大学的工作、健康和组织研究所（The Institute of Work, Health & Organizations，I-WHO）	英国	自20世纪70年代初期起，I-WHO就一直把职业健康心理学作为一个独立的学科开展研究。在考克斯的带领下，该机构为本领域的研究发展做出了杰出的贡献，特别是其对工作压力和工作场所暴力行为的研究
谢菲尔德大学的工作心理学研究所（The Institute for Work Psychology at Sheffield）		存在时间最长、最有声望的研究机构，它对职业健康心理学的主要贡献在于探讨工作、幸福感和绩效之间的关系
曼彻斯特大学的科学与技术研究所（University of Manchester Institute for Science and Technology）		推动了大量相关期刊的发行，从而促进了职业健康心理学领域的进步，如组织行为学杂志

第二节
职业健康心理学的现状

一、学术期刊

近二十年来，职业健康心理学最鼓舞人心的发展就是拥有了自己的专业期刊。与欧洲职业健康心理学的学术传承对应的是《工作与压力》（*Work and Stress*），与美国职业健康心理学的学术传承对应的是《职业健康心理学杂志》（*Journal of Occupational Health Psychology*）。

《工作与压力》最早是诺丁汉大学的考克斯主编的，1987年开始发行。从2000年开始，欧洲职业健康心理学会（European Academy of OHP，EAOHP）成为《工作与压力》的联办单位，所以该学会的每位会员都能收到一份免费的样刊。《工作与压力》发表的文章类型包括研究报告、学术评论、案例简报、研究简报和理论探索等，文章主题涵盖行为科学、商业、管理与会计学、工效学、金融学、商业与产业、健康心理学、国际贸易、心理健康、成人心理障碍、心理科学、成人压力、工作与组织心理学等领域。投稿作者不仅有职业健康心理学家和工作与组织心理学家，还包括那些关注组织发展以及关注工作、健康和组织相互影响的专业人士。主要读者群为工效学家、组织与职业健康心理学家、人因工程学家、职业健康专家、工业与医疗社会学家、职业医师、人事经理、健康与安全专家、工会会员等。

《职业健康心理学杂志》于1996年开始由全美心理学会发行，现属于APA出版的系列学术刊物之一。第一任主编（1996—2000）是詹姆斯·坎贝尔·奎克（James Campbell Quick），第二任主编（2001—2005）是朱利安·巴林（Julian Barling），现任主编（2006—2010）是洛伊斯·蒂特里克（Lois Tetrick），全都是职业健康心理学发展史上为这个学科做出杰出贡献的人物。该杂志主要发表职业健康心理学领域的实证研究、理论思考和公共政策方面的文章，聚焦于工作环境、个体因素以及工作—家庭3个方面。该杂志主要接受研究者和实践者所撰写的学术论文，只要是关于心理因素与职业健康和安全的关系研究的论文均可。这类学术论文大致可以分为3类：①研究工作相关的心理因素引发健康问题的病因机制；②考察工作中的心理因素及与之相关的健康后果；③运用心理学的方法来预防和缓解职业健康问题。

尽管这两个学术期刊的历史还比较短，但是都已经具有相当大的影响力。目前《工作与压力》的影响因子在所有的管理学和应用心理学期刊中稳居前10名，目前是SSCI（Social Sciences Citation Index）收录期刊，最新年度影响因子为1.950，5年期影响因子为4.275。《职业健康心理学杂志》也是SSCI收录期刊，虽然直到2006年才开始有影响因子的计算，但近年来影响因子稳步上升，最新的年度影响因子为2.786，在应用心理学领域的72家杂志中排名第八，在公共、环境与职业健康领域的136家杂志中排名第十三。这些期刊的表现都说明职业健康心理学作为一个新兴的学科开始得到广泛的重视。这两个学术期刊为研究者和实践者的交流，以及相关知识的流通提供了一个平台。这样的两个国际性期刊的发行进一步证明了职业健康心理学已经发展为一个独立的学科。

值得一提的是，职业健康心理学家的研究还经常在管理学和应用心理学的顶级期刊上发表。例如，2007年在这些领域影响因子排名第一、第二和第三的《管理学会》（*Academy of Management*）、《应用心理学》（*Applied Psychology*）和《人事心理学》（*Personnel Psychology*）都各有一到两名职业健康心理学领域的专家担任副主编，评审相关的稿件。职业健康心理学方面的研究也开始获得一些重要的研究奖项，例如，有学者（Wang，2007）关于退休与心理健康关系的研究获得了管理学会（Academy of Management）人力资源分会的年度学术成就奖。这些都说明职业健康心理学的研究已经走向成熟，并被主流的管理和应用心理学的研究所接纳。

二、学术组织

有专业针对性的学术性组织和实践组织的出现为职业健康心理学发展为一个成熟的学科分支提供了进一步的证据。EAOHP组建于1997年，最初的发起人除了考克斯以外，还有来自英国的阿曼达·格里菲思（Amanda Griffiths），瑞典的史坦-奥洛夫·布伦纳（Sten-Olof Brenner）、库尔特·约翰逊（Curt Johansson）、克莱门斯·魏克特（Clemens Weikert），丹麦的艾纳·巴尔德鲁森（Einar Baldrussen）等，都是欧洲各国相关研究的带头人。该组织的目的是推动职业健康心理学在研究、实践和教育上的发展，《工作与压力》杂志是该学会的会刊。它于1999年在瑞典召开了第一次学术会议，并逐渐成为欧洲参加人数最多的职业健康心理学学术会议。最近这个会议与NIOSH和APA主办的"工作、压力和健康"大会相协调，两个会议将从2009年开始间隔召开，保证了每年都在美国或欧洲有一个全球性的职业健康心理学会议。EAOHP的一大亮点就是其举行的系列研讨会，到目前为止，已经举行了十余届。早期的与会代表主要以学术研究者为主，而在最近的会议中，实践者、学生以及职业安全与健康领域的专家所占的比例明显上升，与会人数成倍增加，所代表的国家和地区也日益增多。这些会议的成功召开，大力促进了欧洲职业健康心理学的发展。另外，EAOHP还组织出版了一系列的专业著作和书籍，如《职业健康心理学：研究、实践与教育的欧洲视角》《职业健康心理学》《当代职业健康心理学：研究、教育与实践的全球视角》。这些著作和书籍的出版，在欧洲甚至是全球范围内普及了职业健康心理学的知识，扩大了职业健康心理学的影响。

在美国，与欧洲职业健康心理学会相对应的学术组织是美国职业健康心理学会（Society for Occupational Health Psychology）。美国职业健康心理学会作为一个非营利组织，主要目标在于产生、传播和应用科学知识，为提高员工的健康和幸福感服务。为此，该学会集中精力于：①促进心理学在与职业健康有关的重要理论和实际问题上开展研究；②鼓励将心理学的研究成果运用于职业健康领域；③在大学生和研究生层次上开展职业健康心理学的教育和培训活动。该学会正式成立于2005年，第一任主席是工作—家庭冲突研究专家莱斯利·哈默（Leslie Hammer），第二任主席是员工安全研究专家彼得·陈（Peter Chen），现任主席是工作压力耐受性的研究专家罗伯特·辛克莱（Robert Sinclair）。在过去的三年里，该学会的会员人数每年都翻一番。APA发行的《职业心理学》是这个学会的会刊。同时，该协会还加入了NIOSH和APA的协会，成为"工作、压力和健康"大会新的主办组织。从长远的目标看，美国职业健康心理学会吸收的工业组织心理学和工效学背景的成员较多，在研究成果的应用转化上可以起到非常重要的作用。该协会与欧洲职业健康心理学会的关系也日趋紧密，共同致力于建立与专业相关的国际认证和培训体系。

表3-2为职业健康心理学的学术期刊和学术组织的简介。

表3-2　职业健康心理学的学术期刊、学术组织

分类	名称	简介
学术期刊	《工作与压力》（*Work and Stress*）	与欧洲职业健康心理学的学术传承相对应，最早由诺丁汉大学的考克斯主编，目前是SSCI收录期刊，最新年度影响因子为1.950，5年期影响因子为4.275
	《职业健康心理学杂志》（*Journal of Occupational Health Psychology*）	与美国职业健康心理学的学术传承相对应，于1996年开始由全美心理学会发行，目前是SSCI收录期刊，最新的年度影响因子为2.786
学术组织	欧洲职业健康心理学会（European Academy of OHP）	组建于1997年，该组织的目的是推动职业健康心理学在研究、实践和教育上的发展，《工作与压力》杂志是该学会的会刊
	美国职业健康心理学会（Society for Occupational Health Psychology）	正式成立于2005年，第一任主席是工作—家庭冲突研究专家莱斯利·哈默，主要目标在于产生、传播和应用科学知识，为提高员工的健康和幸福感服务，APA发行的《职业健康心理学杂志》是这个学会的会刊

第三节
职业健康心理学的展望

职业健康心理学作为一个相对独立的学科领域，近年来刚刚引起学者们的关注。探索职业健康心理学对于提高职业人士的健康、安全和幸福感发挥巨大作用，未来的职业健康心理学研究还应注意以下几个方面的问题（李永鑫，李艺敏，2015）。

一、理论与研究方法

虽然越来越多的研究者认识到职业健康心理研究对工作者和组织的重要性，也在组织现象中发现了一些变量间的稳定关系，但截至目前，研究者似乎仍缺乏一套整合的理论框架来积累职业健康心理研究的知识并厘清其复杂的发生机制。实际上，同传统的组织行为研究一样，职业健康心理学研究的视角往往分别从组织、团队和个体出发，导致有的研究倾向于从宏观的组织层面来探讨，有的研究倾向于从微观的个体层面来探讨，但它们得出的结论都无法推论到其他层面。因此，在职业健康心理学研究中发展把宏观和微观层面结合起来的多层面理论（Multilevel Theory）以整合在组织不同层面上展现的现象，就显得非常必要。同时，由于职业健康心理学的研究对象和领域横跨宏观（社会、组织）和微观（个体）层面，因此，借鉴其他组织研究的方法而发展职业健康心理学的中观理论（Meso Theory，宏观与微观相融合的研究取向）可能是未来研究的趋势。这就意味着未来的职业健康心理研究是跨层级的，要同时考虑个人、团体、组织和职业等多个层面对职业健康心理的冲击与影响。

在职业健康心理学的建构和发展上，采用多元的研究方法是必要的。实证研究法固然为大多数心理学研究者喜爱和擅长，然而对于一个新兴的研究领域，可能有许多具有深层意义的心理现象尚待探究，有许多复杂的心理机制尚待辨识。因此，在理论建构的初期，应慎重地采用其他的研究方法相互验证。例如，历史取向的田野观察法或民族志方法，要求职业健康心理学的研究者长期与工作者生活在一起，对工作者进行详细、动态的情境化描绘，探究特定情境中工作者的反应方式、价值观念和行为模式，通过研究者自己的切身体验获得对工作者及其工作情境的理解；顾问取向的临床观察法，要求职业健康心理学的研究者深入组织现场，充分考虑组织的主体性地位，积极地协助组织，必要时采取某些干预手段，直接介入组织的内部，最终在观察的基础上，对所接触的事物和组织行为进行理论提取和报告。当然这些方法也可以考虑同时采用，并当理论建构发展完成后，再采用实证的研究方法，以验证理论的有效性与可靠性。再者，多元的研究方法本身就是跨学科交叉融合的一种形式，采用多元的研究方法有利于职业健康心理学的学科建设和发展，更有利于职业健康心理学在实践领域的开展，许多职业健康和安全方面的杰出研究，就是基于多元方法的学科合作发展出来的。

二、实践与研究价值

在研究效标的选择方面，需要重视其社会效益和价值，这也是所谓职业健康心理学研究的“短期经济收益”。目前关于职业健康的研究，其效标大都集中在主观态度的测量上，如工作满意度、主观幸福感、家庭满意度、社交障碍、失眠和焦虑、沮丧、工作压力等。选择这些软性效标，既符合心理学家的研究思路，又满足了工作者的切实需要，却无法与提升企业的绩效产生密切联系，也无法凸显职业健康心理学的经济收益，因而加大了与职业健康心理相关的学术研究与实践的难度。因此，为了满足企业短期经济收益的要求以及职业健康心理学跨领域研究的内在要求，硬性效标的选用，如疾病发生率、意外发生率、离职率、旷工率、损失工时、劳保给付、保险支出等，显得格外重要。职业健康心理学学术研究与实践的开展，必须兼顾个人与企业双方的利益和平衡，通过慎重选用某些硬性效标，凸显职业健康心理学的价值和效益，以方便在企业中深入推广职业健康的理念。当然，除照顾企业利益和方便自身研究之外，还要通过选择软性效标为促进工作者的心理健康服务，从而达到理论与实践并进、企业与个人共赢的境界。

在职业健康心理学的应用和实践中，值得注意的是，美国并不是一枝独秀。欧洲很早就开始了对职业健康心理学的应用并取得了积极的成效。比较美国和欧洲的职业健康心理学发展，可以发现美国发展的主要动力之一是对工作者健康支出的成本—效益分析。由于工作者的健康护理成本，包括疾病和劳动能力丧失赔偿在内，是由工作组织本身负担的，因此美国企业界是推动职业健康心理学发展的有生力量。而欧洲国家实行高福利政策，劳工组织的势力很大，国家和劳工组织通过立法和相关行业政策保护工作者享有幸福和健康生活的权利，因此欧洲的国家政府和劳工组织是推动职业健康心理学发展的主要力量。美国和欧洲职业健康心理学发展的不同，很值得全世界研究者和企业界深思，因为这牵涉把劳动者看作“工具”还是“人”的价值观念分歧。究竟是采用美国的模式和价值观念还是欧洲的，将直接关系到职业健康心理学的未来发展方向和研究重心。

三、领域与研究价值

现今关于职业健康心理学的研究，在工作压力与应对，与职业安全和健康相关的社会、组织及个人因素，工作与家庭的互动和冲突，工伤康复，工作场所暴力以及性骚扰等方面已取得初步的研究成果。但是，随着工作环境和工作形态的巨大变化，仍然有许多重要的问题尚待探讨，如组织中的反生产行为、工作中的易受伤害群体、工作疾病问题（如物质依赖和成瘾）、工作者的安全问题、员工的心理问题（如抑郁）、情绪智力在组织中的作用、与文化相关的组织现象等。此外，由于职业健康的定义和产生机制还受到社会文化和价值观念的调节或影响，因此，职业健康心理学的研究必须以文化语境为出发点和归宿，在具体的文化语境中进行研究。在真实的语境中进行研究，就可以保证研究对象的真实性，使研究结果更符合实际情形，生态效度相对较高。因此，跨文化和本土化的研究取向也是未来重要的研究方向。从理论意义上讲，职业健康心理学的研究完全顺应了世界卫生组织关于健康的积极定义——健康是一种生理的、心理的以及社会幸福的完全状态，而不仅仅是没有疾病，但在目前的研究实践中，职业健康心理学仍然延续了传统的消极心理学思想，过多地关注心理不健康等方面。例如，《职业健康心理学杂志》中有90%的文章是关于心血管疾病、事故、倦怠、工作场所暴力、工作—家庭冲突、欺凌、物质成瘾等消极方面的研究，而诸如工作满意度、内在动机、社会支持、工作自尊等积极的研究方向却乏人问津。随着积极心理学研究思潮的兴起，未来的职业健康心理学将实现研究范式的转变，将从以往的疾病研究模式逐步转向包括积极情绪（快乐、喜悦、愉快、自豪）、乐观、信赖、投入、敬业、自我满足等领域在内的健康研究模式，职业健康心理学的作用也将从把工作者作为实现生产率提高的手段转向真正为提升工作者的幸福和健康而服务。

结合国外的研究与实践经验，我国职业健康心理学的发展应当对以下问题进行重点关注。

（一）积极与消极的视角并举

职业活动对于从业人员个体健康的消极影响以及由此带来的巨大经济损失是职业健康心理学快速发展的主要社会动因。早期的职业健康心理学研究集中于职业影响个体健康的病因机制，实践者也聚焦于职业健康与安全的预防和干预策略。需要说明的是，参加职业活动的健康后果并不总是消极的。21世纪初，随着积极心理学的快速发展，职业活动对于个体健康的积极促进作用引起了国外学者的关注。以工作压力研究为例，传统的职业健康心理学研究认为，工作压力是个体资源与环境要求不匹配所导致的身心紧张状态，重在考察工作压力与各种身心健康问题如焦虑、抑郁之间的关系，但近来的研究多主张把工作压力区分为消极压力和积极压力，后者反映的是某一情境或事件是否给个体带来利益或者提升其幸福感的认知评价水平。由于积极压力与消极压力是明显不同的、互相独立的，它们影响个体健康的形式和机制也会有所差异。因此，只有积极与消极的视角并举，我们才能更好地了解工作压力与个体健康之间的关系。

（二）现状调查与预防、干预、促进研究并重

从欧洲和北美职业健康心理学的发展历程来看，在发展之初，进行大规模的现状调查是非常必要的。I-WHO早期承担的世界卫生组织的一系列委托研究项目以及NIOSH资助的大部分研究项目都属于此类。现状调查能够提供关于某一职业健康问题的具体信息和翔实数据，但其本身并不是重点或终点，预防、干预乃至促进才是研究

的根本目的。我国学者在对职业健康心理学这一学科有所了解并充分认识到其对提升从业人员的工作生活质量与幸福感的重要性之后，首先应当开展多方面的现状调查研究，在对各行各业从业人员的职业健康问题有比较系统全面的了解的基础上，才能进一步开展预防、干预和促进性的研究。只有现状调查与预防、干预、促进研究并重，才能促进我国职业健康心理学的健康发展。

（三）关注文化和职业的差异性

现有研究表明，各种职业因素与个体健康之间的关系受到国家、地区因素的调节。因此，在EAOHP组织出版的书籍中，既有从欧洲视角来审视职业健康问题的，也有从全球视角来对其进行考察的。究其实质在于文化的差异性。例如，工作家庭关系的研究发现，西方文化比较强调家庭活动的私密性，反对将工作活动带到家庭之中；而在中国，为了工作而牺牲家庭在很长一段时期内被认为是工作勤奋的表现。

职业不同，职业对于从业人员的要求自然也有所差异，职业活动对于个体健康的影响方式和作用途径也会有所差异。举例来说，对于护士而言，轮班和职场欺负是一种典型的工作压力源；但对于石油工人来说，单调和无聊则是难以忍受的压力源。护士从业人员以女性为主，石油工人则基本上为男性，前者面临的问题是职业活动影响家庭责任的履行，后者则严重缺乏与家人团聚的机会。因此，职业的特异性也是职业健康心理学未来研究中应当予以重视的问题。

基本概念

职业健康心理学

本章要点

要点一：职业健康心理学主要的专业期刊和学术组织

职业健康心理学最鼓舞人心的发展就是拥有了自己的专业期刊。与欧洲职业健康心理学的学术传承对应的是《工作与压力》（*Work and Stress*），与美国职业健康心理学的学术传承对应的是《职业健康心理学》(*Occupational Health Psychology*)。这两个国际性期刊的发行进一步证明了职业健康心理学已经发展为一个独立的学科。

职业健康心理学的主要学术组织包括欧洲职业健康心理学会和美国职业健康心理学会，有专业针对性的学术性组织和实践组织的出现为职业健康心理学发展为一个成熟的学科分支提供了进一步的证据。

要点二：职业健康心理学的展望

职业健康心理学作为一个相对独立的学科领域，尚未引起学者们的普遍关注；职业健康心理学对于提高职业人士的健康、安全和幸福感发挥巨大作用。职业健康心理学研究还应注意以下几个方面的问题：理论与研究方法、实践与研究价值、领域与研究价值。结合国外的研究与实践经验，我国职业健康心理学的发展应当对以下问题进行重点关注：积极与消极的视角并举、现状调查与预防、干预、促进研究并重、关注文化和职业的差异性。

思考题

1. 职业健康心理学有哪些主要的专业期刊和学术组织？
2. 职业健康心理学的未来发展方向主要有哪些？

推荐阅读

宋国萍. 职业健康心理学. 南京：东南大学出版社，2010.

第四章

职业健康心理学研究方法

学习目标

1. 了解职业健康心理学中的测量指标。
2. 掌握职业健康心理学适用的研究方法。
3. 初步掌握职业健康心理学中常用的因变量。
4. 掌握职业健康心理学常用的统计方法。

章节导引

职业健康心理学研究范围广泛，因此其研究方法也极为丰富。本章将职业健康心理学的研究分为三部分：第一部分探讨职业健康心理学研究的测量指标；第二部分探讨职业健康心理学的研究设计；第三部分探讨职业健康心理学研究的因变量。

在实际研究中，研究者只有同时谨慎考虑这三个部分，才能很好地完成研究问题。例如，一个希望考察员工满意度与安全生产之间关系的研究者，需要首先决定如何测量员工满意度和安全生产，其次要明确是两个变量同时测量，还是分别测量，或是多次间隔测量。最后，研究者需要选取与研究方法匹配的统计方法来获取研究结果。这三个环节中的任何一个出现问题，都将导致最后的结果无法明确解释（即研究的内部效度问题）和无法推广（即研究的外部效度问题）。

第一节
职业健康心理学研究的测量指标

心理学测量的目的在于对所测量的心理变量，获取具有信度和效度的测量指标。信度指的是测量结果的可信性，即采用同样的方法对同一对象重复测量时所得结果的一致性程度。效度是指我们的测量在多大程度上反映了我们希望测量的心理变量。

心理测量通常没有绝对度量单位，绝大多数情况下，测量的是心理变量的相对指标，大部分以感知觉为基础。由于没有绝对的度量指标，这个相对指标的信度和效度通常要用间接的方式确认。例如，测量工具的信度一般要通过重复测量并比较测量结果得出。如果多次测量的结果误差在很小的范围内，则测量工具是有信度的。

对测量工具效度的衡量一般包括考察内容效度、会聚效度和区分效度。内容效度是指由对这种现象较为熟悉的专家评定测量的内容能否反映该心理现象。如果专家一致认为测量的内容能够反映要测的心理现象，那么这种测量具有较高的内容效度。会聚效度是指考察所用的测量与其他测量同样心理现象的指标间的关联程度。如果关联程度高，则具有较高的会聚效度。区分效度指的是考察所使用的测量与测量其他不同心理现象的指标间的关联程度。如果关联程度低，则具有较高的区分效度，可以明显地与无关变量相区别。

一、心理指标与生理指标

在职业健康心理学的研究中，有一些变量是可以同时通过主观心理和客观生理指标来测量的。变量可以测量主观指标，如压力感受和抑郁水平等。例如，员工的压力感受可以通过使用压力感受量表来测量，也可以通过客观指标测量员工的肾上腺素分泌或血压。同样，员工的抑郁程度可以通过临床量表来测量，也可以通过记录睡眠的生理学指标来测量。客观生理指标一般对这些变量的变化较敏感，不会受被测者主观偏见的影响。但生理指标的测量结果往往只能反映变量在较短的一个时间段内的值，要进行长期推论，需要对生理指标多次重复测量。这不仅在程序上比较复杂，也会导致较高的费用。与生理指标不同，主观心理指标一般可以较稳定地反映被测者的主观体验。因此，如果测量目的是了解被测者在当前时间点上变量的状态，那么使用生理指标是首选。但如果测量的目的是对被测者的长期状态进行推论，那么使用心理指标更合适。

例如，要考察某个工作环节对员工压力的影响，最好的测量方法是测量员工在进行这个工作环节时的血压，或这个工作环节结束后的肾上腺素水平。如果要考察工作压力对员工生活满意度的影响，那么使用心理指标测量员工工作压力的一般状态更合适。

二、主观指标与客观指标

在职业健康心理学的研究和实践中，通常会同时用到主观和客观测量指标。主观指标包括自评和他评，客观指标包括生理指标和客观记录。客观记录指的是客观存在的计量数据，如代表员工离职倾向的缺勤率、员工出错率和次品率等。客观记录具有较高的信度，不易被评估者主观偏见影响，但是客观记录的指标范围一般都比较窄，往往会有以偏概全的可能。以销售额为例，很明显这只能作为业绩指标的一个参考，并不能反映员工的整体敬业水平。相对而言，主观指标往往可以有意识地引导评估者做出基于全面印象的评估。另外，心理学变量如人格特质、态度、主观感受等常使用主观指标来测量。

主观指标在职业健康心理学中的使用主要包括两种形式：平均评分和分布评分。平均评分是指评估者回顾受评者在所要测量的心理现象或行为上的表现，并对其给出总体评价。分布评分先将受评者可能的表现分类，然后评估受评者在各方面表现所占的百分比。

三、静态指标与动态指标

研究表明，很多职业健康心理学的指标并不是静止不变的。例如，随着员工对工作内容的熟悉以及对工作知识的逐渐掌握，心理指标对实际压力源的反映程度会逐渐减弱，而生理指标对实际压力源的差异则会变得更加敏感。在这种情况下，以压力源量表得分作为指标可能更能反映新员工体验到的压力源差异，但却未必能够反映熟练工之间的压力源差异。这种指标有效性的动态变化直接影响职业健康心理学的研究结论。

目前有关动态指标的研究强调应用统计手段，建立指标随时间变化的动态模型，并找出分别影响指标中稳定因素和变化因素的变量。另一个观点则是考察变量指标的结构成分随时间的变化，以建立包括不同时间点的完整预测模型（Bennett，Lance & Woehr，2007）。

第二节 职业健康心理学的研究设计

一、质性研究

质性研究能够帮助研究者理解那些有工作问题的人的经历，尤其是那些不利于员工健康的问题。职业健康心理学的研究者有时候沉迷于研究方案的设计和数据处理，可能忽略进行研究的目的，即最终要提升员工的安全与健康水平。

质性研究主要包含两类方法。第一类是员工书面和口头的报告，包括问卷调查、开放式提问、访谈和小组聚焦访谈。第二类是观察法，一种是研究者尽可能隐蔽地身处工作场所，观察并记录员工的自然活动和交谈；另一种是调查者以员工的角色从事一项具体工作，从而观察工作角色。

质性研究首先要确定研究问题，质性研究的研究问题往往比较笼统，针对比较新的或者缺乏研究的现象。质性研究的主要目的不在于探讨变量间的因果关系，而在于准确描述和定义所研究的对象。

在确定研究问题后，研究者需要选择合适的研究场所以及资料来源。质性研究往往强调研究的生态效度，即研究在多大程度上可以反映真实的日常生活。数据收集常常依赖于现场观察和访谈。现场观察指的是研究者在尽量不影响研究对象的前提下，对感兴趣的现象进行直接记录，这需要与研究对象建立和保持良好的关系，不然很难持续稳定地收集资料。

与现场观察法不同，访谈法往往包含与研究对象互动的过程。根据访谈内容的标准化程度，用访谈法收集数据可以分为结构化访谈、半结构化访谈和自由式访谈。结构化访谈的特点是访谈问题是事先设计好的，在访谈过程中提问者不会对受访者进行超出访谈问题外的追问。自由式访谈不预设访谈的具体问题，鼓励受访者根据研究主题自由发表意见。半结构化访谈吸取两者的优点，事先准备访谈提纲，但以开放性问题为主，可以诱导受访者自由表达，同时鼓励追问。

（一）质性研究的优点

质性研究方法采取的对世界探究的态度和方式源于自然主义、解释学和后现代主义，它继承了自然主义对自然研究情境的追求，注重对研究结果的真实性和可靠性进行探究，发扬了后现代理论对边缘性知识尊重的态度。

质性研究认为，任何事件都不能脱离其环境而被理解。理解涉及整体中各个部分之间的互动关系，对部分的理解必须依赖于对整体的把握，而对整体的把握又必然依赖于对部分的理解，这便形成了一个阐释的循环。质的研究的主要目的是对被研究者的个人经验和意义建构作解释性理解或领悟。研究者通过移情作用对被研究者的生活故事和意义建构做出解释，在理解被研究者的生活故事和意义建构时，研究者需要对自己的研究前设或偏见进行反省，了解自己与被研究者达到解释性理解的机制和过程。研究者既要从被研究者的角度出发了解他们的思想情感、价值观和知觉规则，还要了解自己是如何获得对对方意义的解释的、自己与对方的互动对理解对方的行为有什么作用、自己对对方行为进行的解释是否确切等。

质性研究非常重视研究者与被研究者之间的关系。正是由于研究者和被研究者双方之间的互动，研究者才可能对对方的思想和言行进行探究。因此，在研究报告中，研究者需要对自己的角色、个人身份、思想倾向、自己与被研究者之间的关系，对研究过程和结果可能产生的影响进行反省。

由于质性研究要求研究者深入被研究者的生活，强调从被研究者的角度看待问题，重视研究者个人与被研究者之间的互动，因此，质性研究对伦理道德问题非常关注。研究者开始研究之前要先征求被研究者的意见，同意参加研究之后再开始研究工作，对他们提供的信息严格保密并且尊重被研究者，公正地对待研究结果，恰当地处理敏感性材料以免给被研究者的正常工作和生活带来负面影响。此外，研究者还要与被研究者保持良好的关系并合理地回报对方所给予的帮助。

在开始研究之前，质性研究并没有研究前假设，并不收集证明或反证自己所持假设的资料或事实，而是把已经收集到的原始资料分析组合到一起形成抽象概括。因此，从研究的基本思路看，质性研究主要采取的是一种归纳的方法，这种归纳的方法决定了质性研究者在收集和分析资料时走的是自下而上的路线，在原始资料的基础上建立分析类别，质性研究中的理论建构也是采用归纳法从资料中产生理论假设，然后通过相关检验和不断比较逐步得到充实和系统化。我们把这种自下而上形成理论的方式称为有根据的理论。社会生活是复杂的、多层次的，即使某些经验具有普遍性，也只是在特定的历史时期和具体范围内具有普遍意义，超越时空的客观真理的真实性在社会科学领域是令人怀疑的。质性研究通常描述的是某一特定的社会文化和历史背景，重视社会历史发展中的主体选择性及其背后所体现的主体价值倾向性。

在质性研究中，研究者本人作为研究工具深入被研究者的意义世界，围绕被研究对象来展开研究，研究对象在研究中不是被研究的客体，而是主动参与研究过程，通过自身与研究者的价值态度的冲突与协调，在二者的平等互动中达到相互沟通、相互理解，揭示人的生活世界的意义。质性研究透露出人文关怀，显示出对生命的尊重。在质性研究中，研究者本人作为主要的研究工具，在被研究对象的日常生活情境里，观察他们的日常行为，聆听他们的心声，从被研究者的角度出发看待问题，显示出对参与其中的人的尊重。

（二）质性研究的局限

虽然质性研究方法有很多优势，但也有一些局限性。一是忽视被试反应。被试有时会根据观察员的表现做出改变（Shai，2002）。被试的反应本应受到关注，尤其是研究人员试图获得参与者信任，从而得到准确、完整、丰富的反应时，然而被试的反应却很少被职业健康心理学的质性研究所关注。由于质性访谈和问卷调查所关注的通常是个人的详细情况，所以研究人员有责任使被试在整个过程中感到自在和舒适。对被试的反应应当给予尊重并且遵守保密原则，一定不能让被试觉得他在被批判。二是对被试的过度识别。过度关注可能会影响研究者对质性资料的解释。我们可以通过很多方法避免或检查是否产生偏见，包括使用结构化或半结构化面试（Kinman & Jones，2005）部署多个独立的评价者进行编码从而达到评价结果的评分者一致性（Narayanan et al.，1999）。三是观点的可操作性差。格拉泽（Glaser）和施特劳斯（Strauss）提出关于质性研究者应该从原始资料中提出理论假设的观点不能被研究者较好地控制，也不符合现实情况。那些所谓客观的观察数据往往都是被主观选择出来的，研究者应该精通并熟悉其相关研究领域的研究。此外，我们期待在新领域中有新的理论发现，不希望被先入为主的质性研究方法所限制。好的质性研究者对于已有的研究数据的利用与文献中新理论假设的探究应该同等重视。四是测验因果关系的假设。一个研究能否帮助研究者得出变量之间的因果关系，研究设计的本质比研究所得到的数据是否量化更有意义。弗罗姆-里奇曼（Fromm-Reichmann，1948）引用临床病例中一位被诊断患有精神分裂症的年轻人的材料得出以下结论：精神分离者对他人的怀疑和不满，是由于婴儿期与童年期遭遇严重的不合理对待和拒绝反应造成的，作为一项评判标准，其主要原因是有一位引起其产生精神分裂症的母亲。而量化研究结果并不支持“导致孩子患精神分裂症的原因是由于母亲的不称职”这一因果关系假设（Tandon，Keshavan，&Nasrallah，2008）。因为，弗罗姆-里奇曼没有考虑到她所观察到的紧张的母子关系可能是结果变量而不是导致孩子精神分裂的原因。

（三）质性研究的应用

质性研究在职业健康心理学中的应用主要有如下几个方面。

1. 量表开发

质性研究在以量表编制为目的的量表条目开发中很有用。有研究者（Motowidlo，Packard，& Manning，1986）引导医院的护士们开展了小组讨论，要求他们写下当感到工作压力时的简短描述语句。随后他们对护士的描述内容进行了分析，从护士的描述中提炼出的归类为评估忽视压力量表的开发奠定了基础。杜尔（Dewel，1989）用开放式访谈调查了在销售部工作的5位主管和5位经理的工作压力来源，也调查了针对压力源所使用的应对方式。杜尔利用这次质性研究的结果在另一项研究中开发了面向200位以上的销售主管和行政管理人员的应对量表。

2. 理论发展

当研究者不带着假设的期望来分析数据时，就可能在理论上有所进展，出现新的有趣的类别；而从质性数据本身，也可能提出新的假设。质性研究可以为新的理论或假设铺就道路，也可以帮助我们更详尽地阐述一个已经存在的理论。

例如，在詹纳（Jenner）发现天花疫苗之前，人们就已经观察到，将小剂量感染者的脓液接种给正常人群，可以对此疾病产生免疫。这些早期观察为传染病的理论推进做出了贡献，同时对疾病的体液理论提出了挑战（Miller，1957）。

段莉和王艳梅采用质性研究方法对沈阳市5个小区的14名老年人进行半结构式深入访谈、现场录音和笔录，将获取的资料进行整理分析。结果采用类属分析法提炼出5个关于社区老年人拒绝敏感性问题的主要概念：工作领域或雇佣决策、与家人相处、接受社会服务、与年轻人接触、参与团体活动。研究结果找出了社区老年人拒绝敏感性问题的主要维度，为评估现阶段沈阳市社区老年人拒绝敏感性的现状，进而采取有效的护理干预以促进其心理健康的发展、生活质量的提高及社会健康老龄化的实现提供了科学的依据。

3. 结果解释

质性研究能够帮助职业健康心理学研究者解释难以阐明的研究结果。例如，有研究者（Bussing & Glaser，1999）全面地重新设计了护士在病房里的工作，使护士提高对一些病人的责任感。在病房里重新设计工作是希望能够提高护士的生活质量，期望护士在这些重新设计的病房里获得更低水平的压力和负担。与用科学管理原则有组织地管理的传统病房护士相比，全面设计后的病房里的护士在时间压力、矛盾的任务目标和人因学3个压力源的体验上有明显好转。然而却有一个异常的研究结果，即整体病房里的护士有更高的情绪耗竭。进一步的质性研究表明，整体病房的护理系统会加强护士的情绪劳动和互动的压力。与传统病房里那些和病人们接触时间更零散的护士不同，整体病房里的护士没有机会离开那些不随和的病人，从而增加了情绪劳动。

4. 质性分析

通过员工提供的大量关于压力应激状态下对工作场所的描述，提升对定量数据分析的深度理解。帕克斯（Parkes）请206名护理专业的学生描述最近一段时间内，发生在自己工作过程中的压力或应激事件（Parkes，1985），通过定性反应与定量反应的一一对应，配对后进行进一步的研究分析。帕克斯通过对质性材料的内容分析，揭示了6种应激情况（如有关专业技术的不安全因素），也得到了关于应激体验的丰富描述。例如，当面对一位遭受“小失误或小差错”而离世的病人，忽视会感到紧张，甚至会不切实际的自责。

二、实验法

实验一般分为两类：随机试验和准实验，两者最大的不同在于被试是否随机接受处理。当被试接受随机处理时，他们有相同的机会被选择或安排到不同的实验组中。准实验组的被试没有相同的机会被安排到实验组中，因为他们的参与可能是基于自我选择或由他人决定。

实验法是研究变量之间因果关系的主要方法，是内部效度最高的研究方法，这是由实验设计的三大要点决定的。第一，实验设计包含对自变量的操纵和对无关变量的控制，即因变量中的变化或差异只能由自变量的变化所引起。第二，实验设计通常包括控制组来比较对实验组自变量操纵的结果，排除了环境因素可能对实验结果的影响。第三，实验设计使用随机分派的原则将被试分组，被试间的个人特质在各组内的期望相同，因此排除了个体差异对实验结果的影响。

在职业健康心理学中，进行实验设计比较困难，因为职业健康心理学的研究对象、现象和发生的场所在职业环境中，很难直接在实验室考察。但若能够有效地抽象化要研究的问题，则实验设计的方法还是可以采用的。

一个典型的实验通常包含三种变量：自变量、因变量和干扰变量。自变量是指事物发生改变的原因，研究者可以有意操纵或任其自然发生，如压力管理干预（Blonk et al.，2006）、临时解雇员工的处理（Probst，2002）等。因变量是指被自变量影响或从而引起的效果或结果，如幸福感（Elo et al.，2008）、倦怠（De et al.，2008）等。干扰变量是指试验中不受控制的变量，影响了自变量和因变量之间的因果关系，降低了实验的内部效度。

通常有三种策略可以用来控制干扰变量，即控制、消除、随机，具体见表4-1。前两种策略可以用于随机试验或准实验中，最后一种策略用来区分随机实验和准实验。

表4-1　控制干扰变量的方法

方法	具体操作
控制法	通过操纵使自变量的属性有系统地改变，如接受压力管理项目或不接受任何项目；在每个实验条件中，自变量的属性对于每个参与者都是相同的
消除法	有时候，研究人员可以通过消除干扰变量或将干扰变量包含到试验中，从而对其进行控制。如果研究者怀疑性别可能会对因变量造成影响，则可以将性别作为一个额外的自变量
随机法	在干扰变量无法通过消除或包含达到完全控制的时候，可以通过随机分配间接控制干扰变量对实验的影响。将被试随机分配到每一个实验条件的过程中，干扰变量可能是均匀分布在每种实验条件下的

三、问卷调查法

问卷调查法是职业健康心理学最常用的研究方法。这种设计通常不涉及对自变量的操纵，而是直接考察变量间个体差异的关联程度并进行推论。例如，研究者关心员工人格外向性和心理抗压能力的关系，采用问卷调查法，进行代表性取样，然后让被试填写测量外向型人格和心理抗压能力的问卷。在获得每个人外向型人格和心理抗压能力的得分后，计算相关，由此获得的相关系数就代表这两个变量间的关联程度。

问卷调查法的主要缺点在于其获得的关联程度并不能用来因果推论，因为不存在对自变量的操纵。最近采用问卷调查法的研究多使用纵向设计来加强因果关系推论的可信度，即在两个测量时间点同时测量自变量和因变量。当使用第一次测量的自变量预测第二次测量的因变量时，可以控制第一次测量的因变量的值以确认第一次和第二次测量间因变量的变化是由自变量引起的。同时还可以考察反向的因果关系，即看第二次测量的自变量是不是与第一次测量的因变量相关。如果因果关系成立，由于时间上的先后顺序，它们的相关系数应该不显著大于0。如果相关系数显著大于0，那么说明这两个变量可能是互相动态影响的，而不是单向的因果关系。在职业健康心理学的研究中，变量间的动态相互影响可能是最普遍的现象（Gorgievski-Duijvesteijin et al., 2005），所以我们推荐研究者使用纵向设计进行问卷调查。

四、经验抽样法

经验抽样法（Experience Sampling Methods，ESM）也称为事件抽样法、生态瞬时评估或者日记法。

（一）数据类型

在ESM研究中，被试需要在几天或者一天内多次回答指定的问题，而研究需要过去几天甚至几周的数据。该方法主要通过询问被试在特定情况下的感受、情境因素等，减少暂时情绪状态对问题回答的影响，从而消除记忆错误可能带来的问题（如近因效应）。此外，被试在自然环境下回答问题，生态效度很高。ESM研究旨在收集每个人不同维度的数据，但主要有三种数据类型：区间性数据、信号性数据、事件性数据（Wheeler & Reis，1991）。赖斯和盖布尔（Reis & Gable，2000）比较了这三种数据类型，并指出了不同数据类型适合的情况。

1. 区间性数据

被试需要在规律的、规定的时间间隔报告，时间间隔的长度应为“理论上或逻辑上有意义的时间单位”（Reis & Gable，2000）。例如，在托特德尔和帕金森（Totterdell & Parkinson，1999）的研究中，被试每2小时报告一次，评估他们在过去2小时里的情绪及其情感调节策略。研究人员可对区间性数据进行时间序列分析和周期性模式变化以及共变评估（Reis & Gable，2000）。

2. 信号性数据

被试需要在一个特定的信号（如警笛声）响起时做出反应，信号可能按固定的时间表出现，也可能是随机的，或在固定时间内随机出现。采集信号性数据时，研究目标是描述和比较不同活动中的行为或心理状态（Reis & Gable，2000）。

3. 事件性数据

被试在一个特定事件（事先规定好的）发生时回答问题。事件性数据的研究目的是调查一类特定的事件或状态，尤其是罕见的、明确定义的状态和比较一类事件中，相对少见的因素（Reis & Gable，2000），如工作中与上司的争吵。

（二）理论研究

在职业健康心理学的发展中，情绪或其他经验会随时间推移而波动的认识非常具有影响力。有很多理论说明了情绪随时间变化的情况，其中最突出的就是情感事件理论（Weiss & Corpanzano，1996）。情感事件理论认为，个体在工作场所中遇到事情所表现出来的情感反应会反过来影响个体的行为和工作态度。通过使用ESM的实证研究方法，有研究者认为，随着时间的推移，情绪会发生波动，同时情绪反应模式影响了一个人对工作的整体感受和工作行为。因此，情感事件理论的基本假设是与ESM方法的可用性紧密联系的。

除了验证情感事件理论假设的相关研究，ESM在传统的职业健康心理学理论研究中也非常有用。例如，应激相互作用理论（Transactional Stress Model）的核心是短期的认知过程（Lazarus & Folkman，1984），而ESM非常适合测试短期的认知过程。应用ESM的过程中，研究人员可能会评估工作中的事件，评估原发性和继发性、应对反应和随后的情绪或其他行为结果。重要的是，每个人的评估可能有所不同，ESM是跟踪这些个体波动的一个非常有效的方法。

应激相互作用理论的一个重要延伸是，在评估和应对的过程中将个体变量和环境变量作为调节变量。对所有人或在所有场合中，应激评估、应对方式和情感反应之间的关系可能不是单一的。例如，一个人将一件事情评估为有害的还是有挑战性的，主要依赖于其更稳定的人格特征和工作特征。应对策略的有效性可能受个体性格因素的影响，如情绪稳定性。通过建立这种跨层次的互动，ESM扩展了传统的应激相互作用理论。对职业健康心理学未来的发展和完善，ESM研究也有重要作用，特别是涉及个体内过程、时间累积效应的理论描述。

（三）时间相关过程

在有关心理过程的理论中，时间是一个重要因素（George & Jones，2000；Roe，2008）。在职业健康心理学中，我们需要了解员工在不满意的工作环境中工作多久后会出现健康水平的下降；社会冲突事件发生后，员工需要多久可以冷静下来。描述较短期过程的理论模型会采用ESM的数据，尤其是在几周或几天内发生变化的研究中。

五、自我报告法

在职业健康心理学研究中，评估的许多变量是内部状态性的，只有被试自己最了解，如态度、认知、情感、身体状况等。因此，研究者更倾向于用自我报告法来评估被试对工作条件的知觉、心理压力或者身体不适。需要注意的是，自我报告法的结果仅显示了调查者愿意展示的内部状态，可能会掩饰自身真实的内部状态，尽管可以使用其他数据来源帮助消除偏差，但这并不能完全弥补自我报告法的局限性。自我报告法面临的问题不是是否要使用它们，而是如何使用。

（一）自我报告法的优缺点

这样的报告可以被定性或者被量化。自我报告法的成本相对较低，可以在同一时间内对较多的被试进行评估，节约了劳动量。自我报告法还可以基于网络进行调查，减少了打印费，且不需要数据输入。

自我报告法存在的最严重的问题是：自我报告法的变量可以反映客观真实世界这一曲解的观点。研究者往往认为心理结构与其操作性定义是相等的，好像存在一一对应的关系。因此就假定两个量表之间的相关性反映了它们的关系，有时甚至反映了两个潜在结构的因果关系。例如，在职业压力的自我报告研究中，研究者可以发现角色模糊的测量和工作场所焦虑的测量之间存在显著的正相关，得出知觉到（或者报告）角色模糊的个体更有可能体验到（或者报告）焦虑感这一精确结论。在缺少证据时，仅仅依靠推测就可以得出客观环境条件性的角色模糊与焦虑相关这一结论，甚至能够假定出因果方向。就好像感受到焦虑的个体能够知觉到环境的威胁，并且知觉到更高水平的角色模糊一样。并不是说这一类个体不会体验到模糊感，而是它们有更大的可能性体验到模糊感。自我报告法仅仅能告诉我们个体的特性而不是环境的情境特点。

（二）自我报告法的注意事项

尽管不是所有研究都不仅探究人们的内部状态，但职业健康心理学关心的领域是工作环境与健康、安全、幸福感之间的关系。为了得到其全貌，众多研究需要使用各种各样的评估方法和数据来源，而不仅仅依靠自我报告法。

当研究者对环境、外在健康、安全或者幸福感的影响感兴趣时，通常会使用自我报告研究。为了确定这种影响，我们需要超越横断研究，从而考虑时间因素。这并不意味着在随机的时间间隔下简单评估感兴趣的变量。研究者在揭示测量前后的变化时，需要得到在有意义的时间点下变量的观测值（Zapf，Dormann，& Frese，1996）。因为很难决定哪一个时间点会出现观测行为，所以纳入时间因素非常具有挑战性。

为了使纳入的时间因素更有效，研究者需要辨别员工中的样本并且在事件发生前后对他们进行评估。这样研究者就可以在宣布裁员之前的“时间点1”和裁员之后的“时间点2”评估发生的应对行为。变量经过一段时间的变化可能是因为裁员，也有可能是由于这段时间内发生的其他事件，可以加入控制组进行对比。

第三节 职业健康心理学研究的因变量

职业健康心理学的最终目标是维护职业工作的安全与健康，即个体能够发挥潜能，获得卓越绩效和高工作满意度、低职业事故率。职业健康心理学研究中的因变量主要涉及个体和组织，具体包括以下几个方面。

一、工作满意度

工作满意度是员工对比自己期望获得的收益与实际获得收益时产生的心理感受，通常是由内外部工作因素组成的一个多维结构。工作满意度是组织成员所拥有的对其工作的一种特殊类型的态度和对工作的一种情感反应。工作满意度是进一步工作表现的中介变量，如旷工、工作投入度等。

对工作满意度的测评包括多个方面：整体满意度以及对工作满意度若干因素的评估，如薪酬、升迁、管理、培训机会等。对工作满意度的测量方法主要有单一整体评估法和工作要素总和评分法。

单一整体评估法要求被调查者回答对工作的总体感受。例如，“考虑所有的因素，你对自己的工作满意吗?”这种方法只有总体得分，无法对企业存在的具体问题进行诊断，不利于管理者改进工作。

工作要素总和评分法强调用多种要素评价员工的工作满意度。将工作满意度划分为多个维度进行调查，通常是通过员工对薪酬、晋升、管理、工作本身和公司群体的满意度等级评定，得出员工满意度的结果。由于问卷法最易于实施和衡量，所以大多采用问卷测量法衡量工作满意度，表4-2为衡量工作满意度的一些常用量表。

表4-2　衡量工作满意度常用量表

量表名称	量表简介
工作描述指数（Job Descriptive Index，JDI）	1969年由史密斯等编制，共72个题目，包括5个部分：对工作自身的满意度、报酬、晋升、管理和同事。每一部分由9个或18个项目组成，每一个项目都有具体的分值，将这些方面的满意度评价合并为一个对工作满意度的总和测评；通用性强，适合了解员工对工作的总体评价和态度
明尼苏达工作满意度调查表（Minnesota Satisfaction Questionnaire，MSQ）	由明尼苏达大学韦斯等人设计，包括100个题目，测量工作人员对20个工作方面的满意度及一般满意度
工作诊断调查（Job Diagnostic Survey，JDS）	由哈克曼和奥德曼于1974年编制，测量了整体满意度和特定方面的工作满意度；工作满意度包括三个维度，即整体满意度、内部工作动机、成长满意度，合并成为工作满意度的单一测量维度

二、组织承诺

组织承诺由贝克尔（Becker）提出，指员工随着其对组织投入的增加不得不继续留在该组织的一种心理现象。目前人们对组织承诺的定义大概分为三类：①组织承诺体现了对组织的情感倾向；②对离开组织造成损失的认知；③对组织应负的道德责任。默德（Mowday）等人认为，组织承诺对组织的目标和价值观有着强烈的责任感和认同感，愿意为组织的利益付出大量的努力，对维持组织中的人际关系有着强烈的期望。

组织承诺主要包括三个方面：情感承诺、持续承诺和规范承诺。情感承诺指员工对组织的喜爱程度，包括对组织的认同和投入度。有较高情感承诺的员工会持续高效地为组织工作，这是他的个人意愿。持续承诺指认识到离开组织带来的损失。员工把对自己而言最重要的东西与组织联系在一起，因此必须要和组织在一起，他们有着共同的利益。规范承诺体现了基于义务而持续工作的认识。

组织承诺的测量主要有三个方面：承诺的基础、承诺的表现和承诺的焦点，即员工向谁承诺。组织承诺的测量可以用以下两种问卷。一是组织承诺问卷（Organizational Commitment Questionnaire，OCQ）。1979年由默德等人编制，通过15个题目描述总体组织承诺，是一个广为使用的问卷。二是情感、规范与连续承诺（Affective，Normativeand Continuous Commitment）问卷。由迈耶（Meyer）和艾伦（Allen）

于1997年编制，描述了三种类型的承诺：情感承诺测量员工对所在组织的情感认同和投入度；规范承诺反映了组织社会化对员工带来的压力；连续承诺是员工对离开组织带来损失的认知。

三、组织公民行为

1983年，奥根（Organ）把组织公民行为定义为组织成员自愿做出的行为，这些行为没有得到正式的报酬系统直接而明确的认可，但从整体上有助于提高组织的效能。组织公民行为具有三个特征：①一种角色外行为，即不是工作角色所要求的行为；②不在组织正式的赏罚标准之内；③对组织的整体效能具有积极作用。

奥根较早提出了组织公民行为的五维结构：①责任意识，由超越出席、遵守制度等方面最低要求的行为构成；②运动员精神，为了工作而愿意忍受不便或做出不利于个人利益而毫无抱怨的行为；③文明礼貌，为了避免不利于同事关系的问题发生而愿意主动采取行动的行为；④利他行为，愿意主动帮助组织中其他人的行为；⑤公民美德，积极参与和自觉关心组织各项活动的行为。在研究中国本土文化后，有人指出中国人的组织公民行为有五大特点：重人际和谐、重劳动品质、强调保护公共资源、重视社会本位性、非绝对化的个人首创性。

吴志明和武欣以及曾秀琴等人的研究将组织公民行为的影响因素分为以下几种。①个人特征，主要包括员工的态度、特质变量、个体的角色知觉等。在个性特点方面，大五人格测验的有关研究表明，宜人性、严谨性与组织公民行为呈正相关，而神经质与组织公民行为呈负相关。对于个体的角色知觉，角色模糊、角色冲突和员工热情、文明礼貌和运动员精神呈负相关，但与责任感和公民道德不相关。②工作特征。任务反馈和任务内部满足性与组织公民行为呈正相关，而任务程序化和常规化与之呈负相关。③组织特征，包括组织凝聚力、组织支持、组织结构和组织权力距离等。组织凝聚力使组织成员间彼此关心、信任，容易出现利他主义、组织遵从等组织公民行为。组织支持使成员产生对组织的认可和个人的成就意识，进而出现运动员精神、组织忠诚和责任意识等组织公民行为。组织结构正规化、近的组织权力距离使组织成员之间、上下级之间权责明确、关系融洽，有利于组织公民行为的形成。④领导行为。领导行为对组织公民行为影响最大，主要包括两种类型，即核心变革型领导行为和交易型领导行为。核心变革型领导行为是领导向组织成员灌输思想和道德价值观，并激励组织成员的过程。领导除了引导成员完成各项工作外，常通过对下属的激励、启发、关怀来变革组织成员的态度、信念和价值观，使他们为了组织利益而超越个人利益，表现出组织公民行为。交易型领导是以奖励或惩罚的方式领导组织成员，组织成员完成工作任务便给予承诺的奖励，反之则给予预定的惩罚，整个领导过程就像一场交易。在交易型领导行为中，奖励性的行为与组织公民行为呈正相关，而惩罚性的行为与组织公民行为呈负相关。

对组织公民行为的测量必须要考虑到使某项活动看起来能满足工作要求或扮演不同工作角色可能会有的行为等问题。角色内的行为包括遵守规则和程序、按时完成工作等，角色外的行为主要包括主动承担责任等。在测量中需要同时考虑对角色内行为和角色外行为的评估。组织公民行为问卷由穆尔曼（Moorman）和布莱克利（Blakely）编制，通过19个题目从4个维度来评估组织公民行为：人际帮助、个体主动性、个人努力、忠诚支持。中国组织公民行为量表（Chinese Organizational Citizenship Scale）由樊景立教授编制，通过20个题目从5个维度描述了中国社会背景下的组织公民行为，认为组织公民行为包括公司认同、同事间的利他行为、个人主动性、人际协调、保护公司资源等。

四、个体健康

个体健康是职业健康心理学关注的重要目标。那么如何评估个体健康呢？世界卫生组织指出，健康不仅为疾病或羸弱之消除，而系体格、精神与社会之完全健康状态。也就是说，一个人是否健康，必须从生理、心理、行为和社会适应等方面去分析。

个体健康状态最科学的评估方法是采用医学检查对个人的各项生理指标和疾病状态进行诊断，如体检报告、疾病诊断书、血常规报告等。但这些指标在研究时往往不易获取，退而求其次，许军等人基于世界卫生组织提出的健康定义，按照生理—心理—社会医学模式，从生理、心理和社会三个角度筛选自测健康评价指标，编制了自测健康评定量表，该量表由48个条目组成，涉及个体健康的生理、心理和社会3个方面，其中前18个条目组成自测生理健康评定子量表，中间16个条目组成自测心理健康评定子量表，最后13个条目组成自测社会健康评定子量表。

资料链接

自测健康评定量表（节选）

自测健康是指您对自己健康状况的主观评价和期望，自测健康评定是目前国际上比较流行的健康测量方法之一。世界卫生组织将健康定义为：健康不仅仅是没有疾病，而且是生理、心理和社会上的完好状态。个体的健康应该是生理健康、心理健康和社会健康的总和。本量表就是让您从生理、心理和社会三个方面对自己的健康状况进行定量化测量，以便能够及时、全面、准确地了解自身的健康信息，为自己的健康保护提供帮助。

本量表由48个问题组成，问的都是您过去四周内的有关情况。每个问题下面有一个划分为10个刻度的标尺，请逐条在您认为适当的位置以“×”号在标尺上做出标记（请注意，每个标尺上只能画上一个“×”号）。

例如，您的睡眠怎么样？

非常差　　　　　　　　　　　　　　　　非常好

0：睡眠非常差；10：睡眠非常好；越靠近0表明睡眠越差，越靠近10表明睡眠越好；图例标出的本答案（×的位置）：5.2表示睡眠一般。

下面请您逐条阅读并认真回答，谢谢您的参与！

1. 您的视力怎么样？

2. 您的听力怎么样？

3. 您的食欲怎么样？

4. 您的胃肠部经常不适（如腹胀、拉肚子、便秘等）吗？

5. 您容易感到累吗？

6. 您的睡眠怎么样？

7. 您的身体有不同程度的疼痛吗？

（资料来源：许军，李博，胡敏燕，等. 自测健康评定量表修订版的信度研究. 中国行为医学科学，2002，11（3）：341.）

1995年，世界卫生组织组织全球20多个处于不同文化背景、不同经济发展水平的国家和地区开发并编制了世界卫生组织生存质量评定量表，该量表有两个版本，含100

个条目的WHO QOL-100和简化为26个条目的WHO QOL-BREF，量表所包含的领域见表4-3。

表4-3　WHO QOL-100量表的结构

Ⅰ. 生理领域 1. 疼痛与不适 2. 精力与疲倦 3. 睡眠与休息
Ⅱ. 心理领域 4. 积极感受 5. 思想、学习、记忆和注意力 6. 自尊 7. 身材与相貌 8. 消极感受
Ⅲ. 独立性领域 9. 行动能力 10. 日常生活能力 11. 对药物及医疗手段的依赖性 12. 工作能力
Ⅳ. 社会关系领域 13. 个人关系 14. 所需社会支持的满足程度 15. 性生活
Ⅴ. 环境领域 16. 社会安全保障 17. 住房环境 18. 经济来源 19. 医疗服务与社会保障：获取途径与质量 20. 获取新信息、知识、技能的机会 21. 休闲娱乐活动的参与机会与参与程度 22. 环境条件（污染/噪声/交通/气候） 23. 交通条件
Ⅵ. 精神支柱/宗教/个人信仰 24. 精神支柱/宗教/个人信仰

（资料来源：郝元涛，方积乾．世界卫生组织生存质量测定量表中文版介绍及其使用说明．现代康复，2000, 4(8): 1127-1129.）

生存质量评估量表获取特定人群详细的生存质量资料，以便人们理解疾病，发展治疗手段。虽然WHO QOL能够详细地评估与生存质量有关的各个方面，但是有时量表显得冗长。例如，在大型的流行病学研究中，生存质量是众多感兴趣的变量之一，此时，如果量表比较简短、方便和准确，研究者更愿意把生存质量的测定纳入研究。

基于此目的，世界卫生组织编制了26个条目的生存质量测定量表简表（WHO QOL-BREF）。量表开发小组成员对简表进行信度、效度等计量心理指标考核，发现简表具有较好的内部一致性、良好的区分效度和结构效度。简表各个领域的得分与100条目量表相应领域的得分具有较高的相关性，皮尔逊相关系数最低为0.89（社会关系领域），最高相关系数为0.95（生理领域）。

王彦和姚景鹏（2001）建议从“生活质量”角度对个人健康做自我评价，生活质量是指个人或群体所感受到躯体、心理、社会各方面良好适应状态的一种综合测量，而测量结果是用幸福感、满意度或满足感表现出来的，这与WHO为健康所下的定义是一致的。王彦和姚景鹏认为，生活质量主要是个体对现实生活经历的良好状态的主观感觉，生活质量的评价应是多维的，应包括躯体功能、情绪状态、社会功能、职责角色与健康意识五大方面，这五个方面既体现了的健康新概念，又将角色与健康意识作为独立的方面进行测量，补充了生理、心理和社会方面所不能包容的内容。因为角色功能既在很大程度上反映身体健康状况，同时又是社会功能的表现形式，并且也受心理功能的影响；健康意识可以反映个人在健康中的主观能动性，使得个人不再被动从属于健康问题，而是能够积极参与自身健康的促进与评价，这是当今社会卫生服务所要求的。

五、组织健康

克拉克（Clark）认为，组织健康是指组织成员自觉按照组织中未明确规定却非常一致的行为方式工作，组织成员将这些视为正常的事情来做，因为这些行为方式允许组织的所有层级按照两个基本但不相同的要求即维持现状和促进发展来行动。这个概念强调了组织规范或员工与组织价值观匹配的重要性，也承认组织各层次（个人、群体和组织整体）追求其需要满足的合法性，但是没有考虑企业生产本身的合法性和道德性。如果企业进行违法经营，而组织成员都自觉遵循企业的要求来生产，能说这样的组织是健康的吗？这在只关注经济利益最大化的时代也许可行，但在新时代背景下，社会对组织的要求不仅仅是经济成功，还要求企业承担更多的社会责任。瑞迪（Reddy，2005）提出，组织健康是指组织同时高度满足了6个主要标准的整体状态，即平衡组织目标、创造归属感、最小化熵、创造满意顾客、组织成长、环境和谐。

本尼斯（Bennis）指出，没有任何单一时间点的组织表现足以有效地反映组织健康，组织健康是组织不断应对的过程。说组织健康是过程的，强调了组织健康的持续性和内在机制（Reddy，2005）。迈尔斯·费尔曼（Miles Fairman）认为，组织健康是指一个组织能正常运作，注重内部发展能力的提升，并有效、充分地应对环境变化，开展合理变革。这个概念兼顾组织能力和环境适应性，但在当代环境下，还应考虑组织个体健康以及组织应承担的社会责任和遵循的社会道德。时勘和郑蕊（2007）认为，组织健康包括正常的心理状态、成功的胜任特征和创新的组织文化三方面。而洪瑞斌、李志鸿和周志明（2007）则对组织健康进行了更细致的划分，把人体健康维度与组织健康进行了一一对应，认为组织健康分为机体健康（财务）、情感健康（生产力、品质、人际关系、组织忠诚）、心理健康（与绩效有关的学习、内在成长的学习）和精神健康（价值愿景实现、凝聚、社会参与、社会责任）。

第四节
职业健康心理学研究的统计方法

一、统计方法概述

由于职业健康心理学研究范畴具有广泛性，该领域的研究往往需要考察多层次变量、事件因素以及潜在人群的影响。例如，一个研究者要考察工厂安全生产制度对员工安全生产行为的影响，这里的自变量在工厂层次上，因变量在员工个体的层次上，而个体员工是分布在工厂中的。在这个研究中，个体是依存于工厂的，因此统计分析的时候，必须控制这样的依存性，即在同一个工厂工作的员工可能受一些共同因素的影响，这就需要使用多层线性模型（Hierarchical Linear Modeling，HLM）来分析数据。

职业健康心理学的研究还会考虑变量随时间的变化。例如，研究者会关心员工心理健康随他们在某一工作岗位上工作年限的变化，往往需要同时考察这种变化的趋势（即变量值是上升还是下降）和速度（变化的快慢）。另外，研究者还希望找出可以预测个体变化起点和变化速度的变量，这是无法用传统方法如重复测量方差分析达到的，需要使用潜在成长曲线模型（Latent Growth Curve Modeling，LGCM）来分析数据。

此外，职业健康心理学的研究还需要关注人群的复杂性。我们对总体进行取样分析的时候，需要考虑到取样实际包括多个人群的样本，这些人群对职业健康心理学变量的影响是一组变量共同作用的结果。需要辨识潜在人群对变量关系的影响，并找出能够预测潜在人群的变量，这就需要使用潜在分组技术（Latent Class Procedure，LCP）。

二、多层线性模型

由于职业健康心理学具有系统性的研究特点，研究者不仅关心个体层面的变量关系，还关心个体所处的环境之间（部门、公司、社会制度等）的差异对个体职业健康的影响。使用多层线性模型可以帮助研究者准确地估计这类环境影响，并考察它们对个体职业健康的跨层级主效应和对个体层面变量关系的跨层级调节效应。

多层线性模型不同于简单回归和多元回归，优点在于它在多个变量层次（如个体层次、部门层次、公司层次）上可以同时进行对应的回归预测。由于这些变量层次是由下向上逐级嵌套的，应用多层线性模型可以解决多层次变量测量间的依存性问题。下面具体介绍包含两个层次的多层线性模型。一般来说，模型的第一层是个体水平，在第一层的回归方程中考察个体水平上变量间的关系，如估计员工工作量对其工作压力的影响，根据劳登巴什（Raudenbush）和布莱克（Bryk）的符号系统，第一层方程是：

$$\text{工作压力}_{ij}=\pi_{0i}+\pi_{1i}\text{工作量}_{ij}+e_{ij} \qquad (1)$$

下标i代表员工所在的部门，下标j代表员工个体，e_{ij}代表对员工工作压力预测的误差项。在第一层方程中，工作压力与工作量的线性关系由估计π_{0i}和π_{1i}来确定，其中π_{0i}是该线性关系的截距，而π_{1i}是该线性关系的斜率。在多层线性模型中，斜率和截距都可以是随机参数。就好比我们把每个部门的员工都当作一个样本，然后对每个样本估计方程（1），有的样本中方程（1）的参数会比较大，有得样本中方程（1）的参数会比较小，这样就构成了样本参数的分布。具有样本分布的随机参数有自己的分布参数，如平均数和方差，所以它们都可以作为因变量，在第二层的线性回归方程中被高层级（如部门级）的自变量预测。例如，我们想要考察各部门领导对员工的支持程度对员工工作量和工作压力之间关系的影响，我们就可以构建以下的第二层方程：

$$\pi_{0i}=\gamma_{00}+\gamma_{01}\text{领导支持度}+r_{0i} \qquad (2)$$

$$\pi_{1i}=\gamma_{10}+\gamma_{11}\text{领导支持度}+r_{1i} \qquad (3)$$

部门领导支持度对员工工作量和工作压力之间关系的影响由γ_{11}来代表，它的估计值和统计显著性可以告诉我们部门层级上的变量对第一层考察的线性关系的影响。因此，对γ_{11}的考察往往也被称为对跨层级调节效应的考察。这里，跨层级的调节变量是部门领导对员工的支持度，如果参数γ_{11}显著小于0，说明领导支持度越高，工作量与工作压力之间的关系就越弱，即缓冲效应。参数γ_{01}代表在控制了个体水平上工作量差异的影响后，部门领导支持度对员工工作压力的直接影响，即跨层级主效应。如果参数γ_{01}显著小于0，说明在控制了个体水平上的工作量的差异后，部门领导对员工的支持度越高，员工的工作压力就越小。γ_{0i}和γ_{1i}代表了对随机参数预测的误差项。在不包括第二层自变量（即领导支持度）的情况下，如果它们的方差显著大于0，说明样本的工作压力平均值（截距）与工作量和工作压力之间的关系（斜率）都受员工所在部门的影响。在包括第二层自变量的情况下，如果它们的方差为0（或显著不大于0），则说明第一层线性方程中截距和斜率的随机分布是可以完全由第二层的预测变量所预测的。

三、潜在成长曲线模型

潜在成长曲线模型是用于研究时间变化对变量影响的重要统计工具。有研究者（Wang，2007）使用潜在成长曲线模型描述了员工退休前一年到退休后六七年间心理健康程度的变化，并考察了影响这些变化的预测变量。

潜在成长曲线模型可以看作结构方程模型的一个特例。因此，它与结构方程模型有同样的前提假设（如正态性、独立性和方差齐性）。它还可以被视为重复测量方差分析的延伸，在重复测量方差分析中，随时间的变化是通过对组平均值的分析来评估的，随时间的变化被认为以同样的方式发生在每个人身上。潜在成长曲线模型分析通过同时考虑成长因子的均值和方差提供了组和个体变化的信息，因子均值是组层面上的参数，方差则代表了随时间变化趋势的离散性，同时考虑了组和个体层面跨时间变化的特点。

通过使用两个或两个以上代表重复测量数据的因子构建多个验证性因子分析，潜在成长曲线模型能够模拟线性的和更高层级的跨时间变化。在最简单的情况下，只有两个因子被纳入潜在成长曲线模型，分别代表截距和斜率。

二因子潜在成长曲线模型用截距因子和斜率因子来拟合重复测量数据。图4-1描述了对一个变量的四次重复测量进行拟合的二因子潜在成长曲线模型。变量Y1、Y2、Y3和Y4代表对同一个变量的四次测量。在进行潜在成长曲线模型拟合时，至少包括三次的重复测量数据，因为对一个变量只测两次不足以确定该变量的变化趋势。假设我们研究的问题是考察退休人员在退休前后对生活压力和知觉的变化，Y1对应退休人员在退休一年前感受到的生活压力，Y2对应退休人员在退休时的生活压力，Y3对应退休一年后的生活压力，Y4对应退休两年后的生活压力。

图4-1的模型中，截距因子代表在变化起点时（退休一年前）退休人员的生活压力状态。由于四次重复测量都是以第一次为起点，所以它们在截距因子上的载荷（λ_{1I}-λ_{4I}）都被固定为1，即每个退休人员的起点状态都是一定的。这个截距因子有两个参数：截距平均数（μ_1）和截距方差（σ_I^2）。截距平均数指所有退休人员在起点状态的均值，

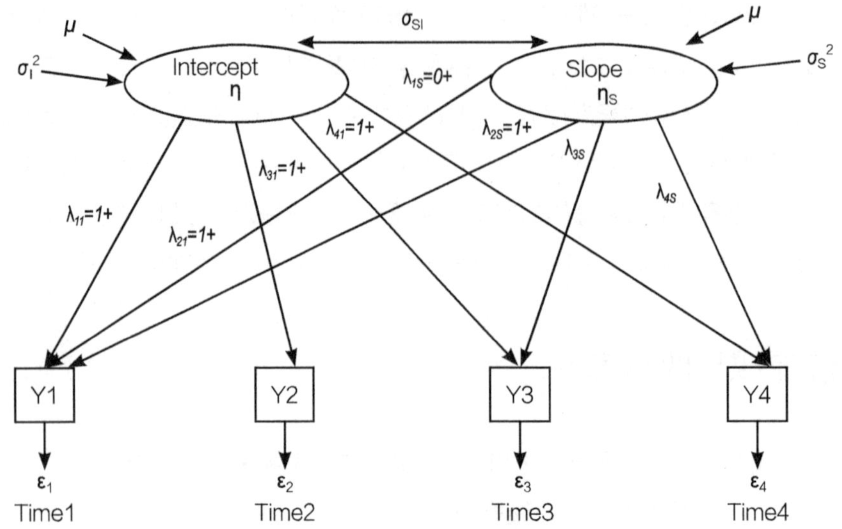

图4-1　二因子潜在增长曲线模型

即起点状态的生活压力高低。截距方差指退休人员起点状态的个体差异，它的显著性告诉我们不同的退休人员在变化起点时在多大程度上会有不同的对生活压力的感受。

斜率因子代表退休人员生活压力状态变化的速度。为了方便估计变化速度，第一次测量（Y1）和第二次测量（Y2）之间的差异往往被固定为衡量变化速度的单位。这也是为什么Y1在斜率因子上的负荷（λ_{1S}）是0，而Y2在斜率因子上的负荷（λ_{2S}）是1。因子负荷的差异代表变化单位的选取。第三次（Y3）和第四次（Y4）测量在斜率因子上的负荷通常可以不做限制地自由估计。第三次和第四次测量时的变化量（相对于起点而言）可以由模型拟合得出的对应因子负荷与斜率平均数的乘积来表示。但是，如果研究者想要验证的是随时间变化的线性模型，那么四次测量对应的斜率因子应设为[1，2，3，4]，即随时间变化线性增长。斜率因子也有两个参数：斜率平均数（μ_S）和斜率方差（σ_S^2）。斜率平均数指所有退休人员生活压力感受变化的平均速度，即退休人员总体在生活压力感受变化的快慢。斜率方差指退休人员生活压力感受变化速度的个体差异，它的显著性告诉我们在多大程度上不同的退休人员会有不同生活压力感受变化速度。截距因子和斜率因子的协方差（σ_{SI}）可以告诉我们变化起点和变化速度的关联程度。标准化后可以获得变化起点和变化速度的相关系数。

若截距方差和斜率方差差异显著，研究者可以用个体水平上的变量来预测在截距和斜率中的个体差异。例如，研究者可以考察退休人员退休前的工作特点对他们生活压力感受的变化趋势的影响。假设退休前工作压力较大的员工在变化起点的生活压力感受高于退休前工作压力较小的员工。同时可以预测退休前压力较大的员工在退休过程中生活压力感受减弱的速度会高于退休前压力较小的员工，因为从压力大的工作退休对员工来说是一种解脱。这种预测一般可以通过在潜在成长曲线模型中加入以截距因子和斜率因子为因变量的回归方程来完成。

四、潜在分组技术

潜在分组技术是指以辨识潜在人群为目的的统计手段，包括潜在分组分析、潜在混合模型、潜在转换分析和成长混合模型。虽然这些分析技术的侧重点不同，但是它们都试图通过对人群进行划分来解释观察到的个体差异。本章我们以成长混合模型为例对潜在分组技术的特点加以说明。

基于上文的研究情境，在使用成长混合模型分析退休人员生活压力状态变化的时候，我们的研究假设是存在多个退休人员的潜在人群，每个人群都对应不同的潜在成长曲线。由于这些人群是潜在的，而不是可以直接观测到的，对他们的辨识就要基于辨识不同的潜在成长曲线。假设存在一个潜在的分组潜变量c，代表每个退休人员所在的潜在的人群，同时假设存在K个潜在人群。对于每个退休人员i来说，他的c值可能是从1到K的任意值。在这种情况下，成长混合模型可以同时对每个潜在人群估计一条潜在成长曲线。使用潜在成长曲线模型的标识系统，对于在K潜在人群中的某个退休人员i，他的生活压力感受变化在时间点t可以表示为以下的方程组：

$$Y_{Kit}=\eta_{Iki}+\eta_{Iki}\lambda_{SKt}+\xi_{Kit} \quad (4)$$

$$\eta_{Iki}=\mu_{IK}+\zeta_{Iki} \quad (5)$$

$$\eta_{Ski}=\mu_{SK}+\zeta_{Ski} \quad (6)$$

ξ代表测量误差，ζ_{Iki}的方差即K潜在人群的截距方差（σ_{IK}^2），而ζ_{Ski}的方差就是K潜在人群的斜率方差（σ_{SK}^2）。从方程（4）的下标可以看出，潜在成长曲线模型中的所有因子负荷（λ_{SKt}）和测量误差（ξ_{Kit}）都可以随个体所在的潜在人群而变化。再看方程（5）和方程（6），不同潜在人群对应的潜在成长曲线也可以有不同的截距平均数（μ_{IK}）和斜率平均数（μ_{SK}），以及不同的截距方差和斜率方差。通过对混合成长模型的估计，每个潜在人群中的这些参数都可以确定，每个潜在人群的成长曲线也可以勾画出来。

以上的混合增长模型还可以被进一步用来估计协变量或预测变量对每个人群变化曲线的影响。假设我们要考察退休前工作压力（即预测变量x）对退休人员潜在人群辨识的预测力，我们可以用它来预测潜在分组变量c，可通过使用多重回归来完成（Wang & Bodner，2007）。辨识不同的潜在人群并对其进行预测，可以帮助职业健康心理学家理解这些潜在人群形成的原因，并针对不同的潜在人群设计不同的干预手段。同时，辨别不同的潜在人群也可以帮助考察不同理论的适用范围。往往某个职业健康心理学理论可能适用于一个潜在人群，但不适用于另一个。采用潜在分组技术，就可以探讨如何将多个理论结合起来解释职业健康心理学现象。

基本概念

1. 质性研究
2. 经验抽样法
3. 工作满意度
4. 组织承诺
5. 组织公民行为

本章要点

要点一：职业健康心理学的测量指标

按照不同的分类标准，职业健康心理学的测量指标包括心理指标与生理指标、主观指标与客观指标、静态指标与动态指标。

要点二：职业健康心理学的研究方法

质性研究能够帮助研究者理解那些有工作问题的人的经历，尤其是那些不利于员工健康的问题。职业健康心理学的研究者有时候沉迷于研究方案的设计和数据处理，可能忽略进行研究的目的，即最终要提升员工的安全与健康水平。质性研究的研究问题往往比较笼统，针对比较新的或者缺乏研究的现象。质性研究的主要目的不在于探讨变量间的因果关系，而在于准确描述和定义所研究的对象。

实验法是研究变量之间因果关系的主要方法，是内部效度最高的研究方法。实验一般分为两类：随机试验和准实验，两者最大的不同在于被试是否随机接受处理。

问卷调查法是职业健康心理学最常用的研究方法。这种设计通常不涉及对自变量的操纵，而是直接考察变量间个体差异的关联程度并进行推论。问卷调查法的主要缺点在于其获得的关联程度并不能用来因果推论，因为不存在对自变量的操纵。

在经验抽样法研究中，被试需要在几天或者一天内多次回答指定的问题，而研究需要过去几天甚至几周的数据。该方法主要通过询问被试在特定情况下的感受、情境因素等，减少暂时情绪状态对问题回答的影响，从而消除记忆错误可能带来的问题（如近因效应）。此外，被试在自然环境下回答问题，生态效度很高。

在职业健康心理学研究中，评估的许多变量是内部状态性的，只有被试自己最了解，如态度、认知、情感、身体状况等。因此，研究者更倾向于用自我报告法来评估对工作条件的知觉、心理压力或者身体不适。需要注意的是，自我报告法的结果仅显示了调查者愿意展示的内部状态，可能会掩饰自身真实的内部状态。

要点三：职业健康心理学研究中常用的因变量

职业健康心理学研究中常用的因变量有工作满意度、组织承诺、组织公民行为、个体健康和组织健康。

要点四：职业健康心理学研究中常用的统计方法

职业健康心理学研究中常用的统计方法包括多层线性模型、潜在成长曲线模型、潜在分组技术。

由于职业健康心理学研究范畴具有广泛性，该领域的研究往往需要考察多层次变量、事件因素以及潜在人群的影响，此时需要使用多层线性模型。

职业健康心理学的研究还会考虑变量随时间的变化，往往需要同时考察这种变化的趋势（即变量值是上升还是下降）和速度（变化的快慢）。另外，研究者还希望找出可以预测个体变化起点和变化速度的变量。此时需要使用潜在成长曲线模型。

职业健康心理学的研究还需要关注人群的复杂性。我们对总体进行取样分析的时候，需要考虑到取样实际包括多个人群的样本，这些人群对职业健康心理学变量的影响是一组变量共同作用的结果。需要辨识潜在人群对变量关系的影响，并找出能够预测潜在人群的变量，这就需要使用潜在分组技术。

思考题

1. 质性研究有哪些优点？
2. 为什么要使用自我报告法？哪些情况适用？
3. 职业健康心理学常用的因变量有哪些？如何测量？
4. 如何对个体健康进行自我评估？

推荐阅读

宋国萍. 职业健康心理学. 南京：东南大学出版社，2010.

辛克莱，汪默，路易斯. 职业健康心理学研究方法：测量、设计和数据分析. 宋国萍，译. 南京：东南大学出版社，2014.

第五章

工作压力

学习目标

1. 了解工作压力的定义以及工作压力的测量方法。
2. 理解并掌握与工作压力相关的理论。
3. 掌握工作压力的来源及其影响。
4. 了解工作压力的应对策略。

章节导引

新华社北京2013年4月3日电 2013年4月2日起，中国各地公安机关陆续开展了清明祭奠缅怀公安英烈活动。据公安部统计，近五年来，中国公安民警因公牺牲2204人，因公负伤16821人。平均每年有441名民警牺牲、3364名民警负伤。从近五年情况看，牺牲人数列前几位的警种分别是：派出所民警、交警、刑警、治安警、消防警。因劳累过度导致猝死是民警因公牺牲的首要原因。近五年来，公安民警因劳累过度猝死的有1098人，占同期牺牲民警总数的49.8%，其中，2012年因劳累过度猝死的有234人，占54.4%，为历年最高。暴力袭警是民警因公负伤的主要原因。公安民警因执法执勤时遭遇犯罪分子暴力袭击负伤的有5450人，占同期负伤民警总数32.4%。此外，民警英年早逝现象突出。近五年，因公牺牲民警平均年龄42.8岁。49岁以下中青年民警占78%，牺牲比例较高。

压力成为描述人类状态的流行词始于著名生理学家汉斯·塞利（Hans Selye）的《生活中的压力》一书，他在其中报告了自己的研究结果，阐释了人在慢性压力下的生理反应及其与疾病的关系，这一研究成果为后来的压力研究者指明了方向。2007年，匈牙利政府为纪念汉斯·塞利在压力研究领域的杰出成就，特地设计发行了一枚纪念邮票（见图5-1）。如今，压力成为流行语，被用来描述人们面对工作、人际关系、个人责任等所感受到的心理和精神上的紧张状态。

图5-1　汉斯·塞利纪念邮票

当今职场竞争越来越激烈，面对繁重的工作，奋战在职场一线的员工们各个如履薄冰，恨不得生出三头六臂以应付堆积如山的工作事务。很多员工为了完成上级交付的任务，不得不加班、熬夜或者利用本应休息的时间，长此以往，在沉重的工作压力下，员工们的生活、健康等受到了巨大的影响。众所周知，压力会削弱生理系统的功能，加速疾病的发展。在各种生活方式疾病中，冠心病、癌症等发病率极高的疾病都与压力有一定的联系，至于其他一些令人担忧的现象，如自杀、家庭暴力、自残、杀人、酗酒、药物滥用等，其发生率的持续走高也是压力的表现。

随着工业化、城市化和全球化步伐的急剧加速，世界范围的工作压力研究从20世纪初至今已经进入了一个快速发展阶段。已有研究表明，西方国家对工作压力的研究在近20年间增加到以往研究的50倍，特别是20世纪90年代初的3年里，仅仅在心理学方面关于工作压力研究的文章就是整个19世纪70年代的8倍多。中国是一个后发型的工业化国家，正经历着从农业社会到工业社会、从乡村社会到城市社会的深刻转型，工业化、现代化和城市化已经成为社会发展的主题，而由工作压力所引发的一系列问题正成为中国社会关注的焦点问题之一。这一现象的产生引起和促进了管理学、社会学、心理学以及生物医学等多个学科对工作压力的关注和探讨，形成了既关系到广大雇员的身心健康和生活质量，同时也关系到组织的工作绩效的重要研究领域。

第一节 工作压力概述

一、工作压力的定义

20世纪以来，各国学者在心理学、社会学、管理学和医学等学科领域开展压力的研究，在压力的产生原因（压力源）、影响因素、产生的后果等方面，取得了丰硕的成果。但至今还没有明确对压力的定义，目前主流的学说有如下四种。

一是压力的刺激说。刺激说认为压力是一种导致焦虑与不安体验的事件或刺激，这些事件或刺激被称为压力源。该学说的代表人物有汉斯·塞利、贾妮斯（Janis）等，他们认为，压力事件就是指那些典型的、会导致强烈不愉快情绪（如焦虑、恐慌、沮丧、羞耻）的，并且影响个体的正常信息处理方式的一切环境变化。

二是压力的反应说。反应说认为压力是由于环境刺激物的影响使人们呈现出的一系列生理和心理反应。该学说的代表人物有韦斯、达维（Dawi）等，他们认为，压力是人在整个生活情境中，对有威胁性的或不愉快的因素的情绪反应或唤起性反应。

三是压力的主体特征说。主体特征说认为压力的产生与个体的某些特征，特别是个体的需求和能力有关，当个体有较高的期望发生，但又感到自我能力不足时，就会在行为活动中感到压力。该学说的代表人物有麦格拉斯（McGrath），他认为，压力是个人的需求和能力处在一种失衡的状态下，使得需求得不到满足而引起的。

四是压力的交互作用说。交互作用说强调个体的心理特征差异与外部压力源的作用。该学说的代表人物有库珀（Cooper）、拉扎勒斯（Lazarus）和福克曼（Folkman），他们认为，压力既不是个体的产物，也不是环境的产物，压力的产生是一定的环境刺激及个体对环境所可能产生的威胁的评价相互结合的产物，是个体与环境之间交互作用的结果。

有研究者（Van Dijkhuizen & Reiche，1980）在文献中找出了40多个工作压力的概念，对于这一概念争论颇多，很难达成一致。原因是，对于压力研究的切入点不一样，如有生物学、心理学、社会学等切入点，并且很多现象集中在一起，都归入压力研究的范围，如生理变化、工作满意度、焦虑、罢工、抽烟、缺勤、疾病、酗酒、暴力、事故。因为这个原因，一些研究者认为，限定压力的概念是不可能的。他们认为，工作压力这一概念不过是一个模糊的一般性的概念，它所指向的是一个特定的领域，如对工作压力一个早期的综述里，霍尔特（Holt）甚至不给压力下定义，只说它是“工作的阴暗面”。

那么到底什么是工作压力呢？拉扎勒斯和洛尼耶（Lazarus & Launier，1978）强调压力的来源，他们认为，压力是超出正常适应反应的任何状况。有研究者（Quick & Quick，1984）则强调压力的后果，他们把压力定义为在面对压力源时，对机体自然能力资源的普遍的、有规律的、无意识的调动。有些研究者将某些工作特点定义为工作压力，如工作负荷、工作复杂性、角色冲突、角色模糊等。有研究者（Summers，Decotiis，& Denisi，1995）在研究中强调工作压力中个体由于正常生活方式的改变而引起的感觉而并不强调改变本身。他们对工作压力的定义是当个体被迫偏离正常的或希望的生活方式时体验并表现出的不舒适的感觉。

帕克（Park）将工作压力定义为，当工作要求与个体的能力、资源和需求不匹配时，产生的有害的生理或情绪反应。高工作压力的员工的健康水平、工作动力、生产效率较低。沃尔特·谢弗（Walt Schafer）对工作压力的定义是，工作压力是个体生理和心理上的唤醒，这种唤醒是由施加于个体的需求所导致的。他认为工作压力本身无所谓好坏，且可以向消极或者积极的方面发生转化。芒兹（Munz）等人认为，压力是由于环境对个体的要求和个体特征对环境的适应相互作用引起的个体紧张或者焦虑反应。压力是个体在某些方面过分紧张的反应，是一个预警性指标。当这种引起紧张的压力发生在工作场合时，就称为工作压力。

蔡树培认为，工作压力是组织成员知觉到工作环境对他的要求已超过他可承受的范围，故而在生理与心理方面产生失衡的状态。

许小东和孟晓斌等人认为，工作压力是在工作环境中，使工作行为受到逼迫与威胁的压力源长期持续地作用于个体，在个体的主体特征及应对行为的影响下所产生的一系列生理、心理和行为的系统过程：工作压力导致工作者积极的或消极的不同工作状态，并最终影响组织绩效。工作压力的不同状态导致员工个体产生不同的反应，可能是积极的，也可能是消极的，但最终都会影响组织绩效。

舒晓兵认为，工作压力是在一个组织中，个体的工作能力与要求的匹配及对风险（由于个体的主客观原因所承担的后果）的惧怕程度。此后，刘玉新也提出过类似的观点，认为工作压力是当个体感到工作要求超出其内外部的应对资源时，个体所产生的一种适应性反应，体现了个体与工作环境之间的交互作用，这种作用会引起个体生理、心理和行为上的变化。

赵秀清认为，工作压力是在工作情境或者工作环境中产生的，影响员工工作绩效和工作效率的工作压力源长期、持续地作用在员工身上，而员工因个体差异等对压力进行应对而产生的不同的生理、心理和行为反应过程。他强调工作情境的作用，同时强调压力源是客观存在的，工作压力是个体对工作压力的主观反应，是个体对工作压力源的刺激和反应。

综合上述国内外对工作压力的定义，我们认为，工作压力是由于环境对个体的要求和个体特征对环境的适应相互作用引起的个体紧张或者焦虑反应，这种作用会引起个体生理、心理和行为上的变化，当这种引起紧张的压力发生在工作场合时，就称为工作压力。

二、工作压力的维度

研究者对工作压力的不同定义表明工作压力是一个多维度的概念，但不同的定义使得研究之间缺少可比性，影响研究者之间的交流。因此，研究者对这一概念更确切的理解和一致的定义将有助于工作压力研究的顺利进行。尽管对压力的确切定义无法达成完全一致，但绝大多数的研究者都同意压力这一概念有三个维度（Cooper & Payne，1988；Kahn & Byosiere，1990；Kasl & Cooper，1987；Lazarus，1993）。

（一）刺激

在一些理论中，压力主要被看成刺激，换句话说，是过多的负载或要求影响个体的事件或条件，并对个体具有潜在危害性。早在14世纪人们就应用了这一定义。压力这一概念与科学中的压力类似，根据卡恩（Kahn）的说法，压力是指对有机体有消极作用的外部力量或条件。后来，有研究者（Kasl & Cooper，1987）对客观刺激和主观刺激作了区分，前者指向于客观环境，后者指向于主观感知或者主观对客观环境的评价。基于上述分类，卡塞尔（Kasl）将压力的定义向前推进了一步，在通常情况下，潜在的压力事件或情境并不总是引起压力，只是作为压力源出现。

（二）应激

在压力的很多理论和定义里，压力被认为是有机体对一些外在威胁的心理反应和生理反应。塞利的理论是这种定义最有名的范例，根据他的理论，压力由很多因素引起。对于一个外在的威胁因素，有机体的反应并不具体和明确，有机体试图通过一系列复杂的生理活动来保护自己不受伤害。这个过程被塞利称为“一般适应过程”（适应综合征）。适应过程包括几个阶段，最初状态是警觉，在这种状态下，有机体通过生理和荷尔蒙的一系列变化来保护自己以应对威胁。如果压力源（应激源）持续存在，并且有应对成功的可能性，对抗（相持）或抗拒阶段就开始了。这是有利的适应调节过程，有机体激活相关的系统，去对抗压力源，经过一段时间的持续，长期处于同一压力源下，有机体用来对抗压力源的能量开始减少，于是到了最终的衰竭阶段。“一般适应过程”出现得越频繁，个体就越有可能出现如疲劳、疾病等消极结果。

（三）中介

这一定义集中于认知、评价、激励等过程（Lazarus et al., 1985; Lazarus, 1993; Lazarus, 1995），这些过程介于压力源与应对之间。中介研究的中心是，对于不同个体潜在的威胁性的刺激会引起不同的情绪反应，这依赖于不同个体对情境和自身资源的认知评价。在拉扎勒斯的早期论文中，他发现，在面临压力源时，个体会对压力情境的认知解释表现出差异，个体差异能通过实验来说明。中介研究的一个最重要的优点是，介于压力源和压力结果之间的心理过程，不是单纯地集中于压力源和压力结果。另一方面，绝大部分研究只是依赖于被试的自我报告，由被试来报告压力事件及对压力事件的反应。这就意味着，当一件压力事件发生时，对这一事件的感知及情绪反应经常是不能被清楚地察觉到的，这就给我们在做出介于压力源与个体反应之间的因果结论时带来困难。然而，好多工作压力的定义都是采用这样的中介研究的角度，将压力看成由不能受员工本身控制的工作要求引发的。

两个采用中介研究的压力模型是拉扎勒斯和福克曼（Lazarus & Folkman, 1984）的压力认知与应对模型和霍布福尔（Hobfoll, 1989）的资源模型。根据拉扎勒斯和福克曼的理论，压力是当个体评价自身资源无法应对威胁时，介于个体与环境之间的关系，他们归类出三种认知评价：初级评价、次级评价、再次评价。初级评价指评价一种情境是不相关的、有利的，还是有压力的，压力情境是被认为是有威胁性的（潜在损失）、有害的（实际损失）或者是挑战（潜在收益）；次级评价是指个体对自身应对压力情境的评价；再次评价是指基于来源于环境的新信息或者是基于认知应对过程的评价，如一种有威胁性的情境被再次评价为一个挑战。

霍布福尔的资源模型，在很多方面与拉扎勒斯的模型相似，霍布福尔指出，人们努力保护、重建在应对压力源时潜在失去或已经失去了的有价值的资源。霍布福尔总结出几种类型的资源：客观的资源，如对一所房子的所有权；个性特征，如有高的自尊；条件，如被雇佣；能源，如时间、金钱。当个体体验到有潜在损失、现实损失或者投资没有得到预期回报时，便将此情境当作有压力的。与拉扎勒斯和福克曼模型不同的是，霍布福尔认为这些损失应该用纯客观的方式进行评估，对于这些损失的评价也应该用客观的公认的社会标准。这是与其他中介模型的不同之处，也是这一模型最重要的优点。并且，资源模型对人类处于压力情境下的行为做出预测，不仅是在高压力下防止或减少损失，而且在低压力下追求收益和资源的积累。

综合各种理论认识，主要有两种学说：工作压力的静态学说和工作压力的动态学说，诸多定义都是从这两个方面出发的，具体定义见表5-1。

表5-1　工作压力的理论

静态学说			动态学说
静态学说指在工作压力研究过程中从单维的角度来对工作压力的本质进行认识与界定。静态学说又包括刺激说、反应说和主体特征说			动态学说主要是指将工作压力理解为一个动态过程，既包括压力源和压力结果，又包括压力一系列作用过程的系统概念。动态学说将情境因素和个体特征因素引入工作压力的研究过程，强调工作压力是个体与情境的动态交互作用过程，在该过程中可能存在许多影响变量
刺激说	反应说	主体特征说	
将工作压力仅仅看成工作压力源，倾向于仅从压力源的角度对工作压力进行研究，强调用环境的刺激特性来描述压力，是压力源层面上的一个概念	把工作压力看作个体面对环境刺激的主观感受，倾向于从压力作用结果的角度对工作压力进行研究，即压力是个体的作用结果维度上的一个概念	认为工作压力是与主体的需要和能力等个体特质密切相关的，注意到工作压力的个体差异，但对于压力的认识仍然是静态的和独立的	

从工作压力的定义上来看，有的从静态入手探讨压力的本质，有的从动态入手探讨压力源、中介变量、压力结果与反应之间的关系，但至今还没有形成一个统一的定义，这给实际研究工作和应用实践带来了巨大的困难。

三、工作压力的测量

由于工作压力是一个复杂的概念，不同职业的压力源是不同的，而且工作压力是环境和个体特点交互作用的结果。因此，建立一个普遍适用的，既对工作压力的理论建立有所帮助又对实验问题的描述适用的测量工具就不是一件容易的事了。

国外近些年对工作压力的测量应用较多的工具有以下几种：工作压力指标量表、工作压力量表、工作内容量表、工作控制量表、应对方式量表。赵秀清编制的知识型员工工作压力调查量表根据知识型员工特点，将工作压力分为6个维度，分别是工作本身压力、角色压力、人际关系压力、职业发展压力、组织结构与风格压力、工作—家庭冲突压力。

从工作压力的测量方法来看，在大部分的压力研究中，压力源、压力结果和中介变量，如社会支持等，都是在事件发生后很久在被试中得到的。这样测量出来的是压力的长期影响，我们很少注意到工作中的压力事件对压力造成的短期影响，事实上，在更深层次上检测被试的反应很重要，有研究者发明了一种称为“每日作用记录”的方法，一些研究证明了这种方法的可行性。

从测量工具来看，测量指标体系不统一，不同的研究者可能根据各自的偏好采用带个人倾向的测量指标，从而造成结论不一致，这对工作压力的研究是很不利的。

第二节 工作压力的理论模型

一、工作压力传统理论

传统的研究方法，从较广泛的社会水平对各个独立的与压力有关的概念进行确认和测量，并考虑其对个体及组织的影响。例如，有研究者（Hendrix et al.，1995）将引起压力的因素分为三类：组织内部的因素、组织外部的因素和个性特征。组织内部的因素被认为是引起工作压力的直接因素，包括角色冲突、角色模糊、角色超负荷、时间压力、较低的工作自主性、对能力的低运用、较低的参与和控制、管理和监督、组织气氛以及组织矛盾。

萨莫斯等人（Summers，Decotiis，& Denisi，1995）的研究也提出了类似的模式，他们将工作压力的原因分为四类：个性特点（如性别、抚养人数、工龄）、组织结构特点（如正规化、集权化）、组织过程特点（如绩效反馈、决策）、角色特点（如角色冲突、角色模糊）。在这些研究中，所有的因素都是静态的、独立的。关于工作压力的大量研究都是在传统理论的指导下进行的，即研究一个或几个组织的特点或个人特点与工作压力的关系。

二、个体—环境匹配理论

个体—环境匹配理论是卡普兰（Caplan）等人提出的，这一理论是工作压力研究领域运用最多、得到广泛接受的理论。他们认为，引起压力的因素不是单独的环境因素或个人因素，而是个人和环境相互作用的结果（French，Caplan，& Van Harrison，1982）。工作压力是由于个体能力与工作要求不匹配，只有当个性特征与工作环境相匹配时，才会出现较好的适应。有研究者（Parkes，Styles，& Broadbent，1990）运用实验研究对这一理论进行了检验。在研究中，他们要求被试在计算机上完成拣信任务，这个任务是一边读一个模拟信封上的地址，一边按下与该地址相对应的邮政编码的键。在任务开始之前，研究者请被试填写了一个测量个体“理想工作”的量表。在完成拣信任务时，被试被分配在快速和慢速工作条件（比较工作要求水平的影响）以及自控速度（比较高工作控制的影响）三种工作条件下。研究发现，被试理想的工作要求水平和对工作的控制对工作成绩（准确性和速度）有显著影响。被试在自控的工作条件下工作成绩最好，特别是当他们理想的工作要求水平和对工作的控制与实际工作相似时，成绩最好。

在一个关于护士的积极应对方式与对控制的需要的研究中，研究者发现控制水平和个体应对方式的错误匹配加剧了工作压力的消极影响。在积极应对量表上得分高的护士，对工作的高控制可以抵挡工作压力；而在积极应对量表上得分低的护士，对工作的高控制反而成为他们的压力源。那些个体—环境匹配错误的人，即具有高度积极应对方式而处于低工作控制环境的护士，在高度工作压力下表现出严重的情感衰竭。

在个体—环境匹配理论的指导下，很多研究调查了不同职业的压力原因。例如，在不同职业中角色模糊和角色冲突对工作压力的影响（Fisher & Gitelson，1983）。索特（Sauter）和哈瑞尔（Hurrell）的研究确认了工人的自主和控制在工作中的重要性，他们指出，缺乏控制会妨碍学习，降低动机，因而无法克服工作引起的压力。另外一些研究者考察了工作负荷和人际矛盾对雇员满意度的影响。例如，斯佩克特（Spector，1987）报告了工作高负荷和工作中的人际矛盾与焦虑、挫折感、工作满意度低等有显著正相关。其他研究还发现，工作低负荷与不满、抑郁呈正相关（Ganster，Fusilier，& Mayes，1986）。

个体—环境匹配理论使研究者将工作环境和个体需求结合起来考察，而不是只强调环境或个体一个方面的特点。因此，该理论是一个全面的、能准确揭示工作压力成因的理论。

三、工作需求—控制模式

工作需求—控制模式（Job Demand-Control Model）简称JDC模式，也是研究工作与健康之间关系的一个很有影响力的理论模式，它还被称为工作压力模式。这一模式由卡拉塞克在1979年提出，至今仍受到研究者的关注，并不断得到检验。JDC模式包含工作环境中两个重要的方面：工作需求和工作控制。进入20世纪80年代后，这一模式又加入了一个社会维度，即社会支持，使这一模式成为工作需求—控制—支持模式，简称JDCS模式（Van der Doef & Maes，1999）。

在JDCS模式中，工作需求指工作负荷，其定义主要是时间压力和角色冲突。工作控制指个体对工作控制的程度。工作控制有两个成分：技能和决策力量。根据JDCS模式，对工作过程有所控制可以减轻员工的压力，促进员工的学习；而工作需求既促进学习又增加工作压力。因此，高压力的工作是高需求、低控制、低支持的工作，这种工作往往导致心理压力和生理疾病。与之相对应的是高需求、高控制、高支持的工作，这样的工作将增加学习、动机和技能的发展，而且，控制和社会支持可以抵挡高需求对健康的消极影响。

在一个有关JDCS模式的研究综述中，我们发现大约有一半的研究支持JDCS模式的假设。对于有一半研究结果不支持JDCS模式假设的现实，万·德尔·多伊夫（Van Der Doef）和梅斯（Maes）并不认为是这一理论模式的错误，而是研究方法中的问题所致。他们提出了研究结果不一致的原因和今后应该进行的研究，以使JDCS模式得到更好的证实。他们认为，在不支持JDCS模式假设的研究中，对需求和心理结果这两个概念的测量有重复，因此，测量问题造成了结果的不可靠。研究多使用自我报告方式来测量JDCS模式的维度，自我报告中的偏见会造成对变量相关的过高估计，如过高估计工作特点与健康的关系。这一问题一旦发生，就会降低对交互作用（控制和支持对需求的抵挡作用）的估计。

一些纵向研究没有支持JDCS模式假设的原因可能是，除了研究方法上的问题，在研究过程中，工作特点也发生了变化。因此，研究者应该在每一次跟踪研究时，都重新测量JDCS模式的特点，以确保工作环境未发生重大变化。有关人力资源经理评价工作特点的研究一般都不支持JDCS模式假设，这说明个体对工作特点的体验方式明显影响着工作特点的作用。因此，在将来的研究中，一个重要的问题就是建立一个客观反映工作特点的自我报告问卷，问卷的措辞将对问卷的效度起重要作用。

显然，工作压力研究领域的研究者是不愿放弃工作控制和社会支持概念的。那么，如何证明这些概念与工作者的绩效和身心健康有关，将是研究者今后继续努力的方向。更重要的是，研究者要考虑JDCS模式的实用价值，即企业管理者是否能够通过增强员工对工作的控制和社会支持改善员工的身心健康。目前，多数研究还是在检验JDCS模式的假设，只有少数研究根据这一模式考察了干预效果，结果也并不一致。

四、压力交互理论

目前在压力和应对研究领域有影响的研究者之一是美国心理学家拉扎勒斯，他在1966年就提出了交互理论。这一理论至今仍然具有强大的生命力，产生着大量的研究设计。虽然交互理论最初并不是针对工作压力研究而提出的，但由于这一理论对数据的涵盖性和易检验性，使得它受到很多工作压力研究领域学者的重视。拉扎勒斯认为，传统的工作压力研究将环境条件和个体特点看作是分离的和不变的，没有正确描述工作压力的问题。个体—环境匹配理论虽然比传统理论的思维推进了一步，通过对个体和环境之间的关系来考虑工作压力产生的原因，但这一理论的问题是它仍然把个体和环境都看作静止的、不变的。关于压力（不只是工作压力）的产生，拉扎勒斯提出了交互理论。交互理论的两个主要原则是：①在面临一个情境时，个体与环境相互影响；②个体与环境的关系超越独立的个体与环境的结合，它们的关系总是变化着的。如果个体—环境的关系是有压力的，首先，个体认为自己所面临的工作与个人有重要关系；其次，只有当个体做出外部或内部的要求超出了自己的资源的评价时，心理压力才会产生（Lazarus，1995）。拉扎勒斯认为，压力不是个人特点的产物，也不是环境的产物，压力的产生是某一种环境与某一种人所做的对环境可能产生威胁的评价相结合的结果。在交互理论中，压力是一个过程，这一过程随着时间和面临的任务产生变化。个体和环境的关系，以及个体与环境的匹配程度，无论在时间、工作任务或活动上，都不是固定不变的。

拉扎勒斯从20世纪60年代开始根据他的交互理论做了很多研究，证明人们对所发生的事、对自己生活的影响的评价方式以及应对问题的方式影响着是否会产生心理压力，以及压力的强度（Lazarus，1966）。人们对所发生的事件的评价通常有三种：伤害、威胁和挑战。

伤害指已经发生的损失，如失去一个工作、得到较差的工作评定、未得到提升、受到上级或同事的批评。威胁指还未发生的损失，但预料会在未来出现。挑战指的是一种高要求的情境，个体在这一情境中强调的是掌握所提出的要求，克服困难，并使个体成长和发展。多数人都喜欢挑战，而不喜欢威胁。持有挑战的态度可以使人们感到充满热情，并得到发展，而不是感到处于危险和防御状态中，并需要自我保护。

有研究者研究了人们对工作意义的看法，找出了五种人们需要在工作中得到满足的价值：物质价值、与成就相关的价值、目的感、社会关系、提升或保持自我。个体的工作价值的差距是很大的，来自工作的伤害和威胁取决于对个体重要价值观的压抑。

根据交互理论，压力的产生取决于两次评价：在第一次评价中，个体考察面临的情境对自己的重要性；在第二次评价中，个体考察的是自己所具有的应对资源。拉扎勒斯的研究表明，应对也是一个变化的过程，它随着情境的变化而变化，并随着时间的变化而变化（Folkman & Lazarus，1985），而不是如传统研究者所认为的应对是一种个性特征或一种固定的与世界联系的方式。例如，当个体将所面临的情况评价为可以由自己的行为控制时，以问题为中心的应对策略占主导，而当个体认为自己无法改变局势时，以情绪为中心的应对将占主导。拉扎勒斯的研究表明，应对的方式随着不同的压力情境改变，并随着时间改变。

五、压力动态模型

卡拉塞克等人在1990年构建了动态工作压力模型，明确了学习是压力的可能结果之一。该模型描述了工作压力与员工学习之间的动态互惠关系，并用良性循环与恶性循环来进行概括。良性循环是指高工作要求与高工作控制导致积极工作，员工在积极工作情境下有机会体验掌控感和自信感，这进一步帮助员工有效应对并最终缓解工作压力。从长期来看，压力与学习间的良性循环还可以促进员工积极性格的养成。恶性循环是指高工作要求与低工作控制导致高压力工作，员工在高压力工作情境下体验不到对工作的掌控感，这会抑制员工能力的发展，最终加大工作压力。从长期来看，压力与学习间的恶性循环不利于员工的个人成长。具体影响模型见图5-2和图5-3。

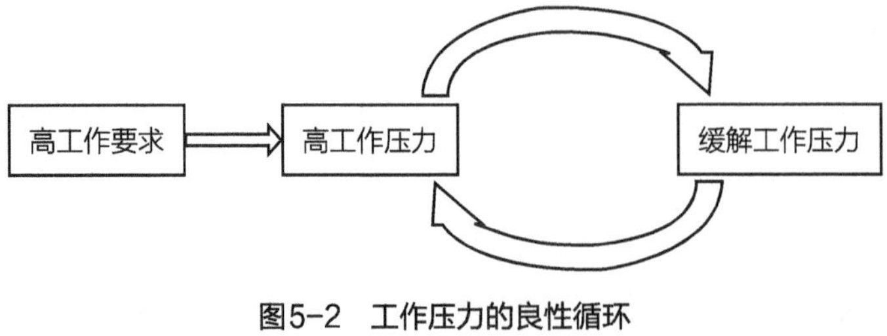

图5-2　工作压力的良性循环

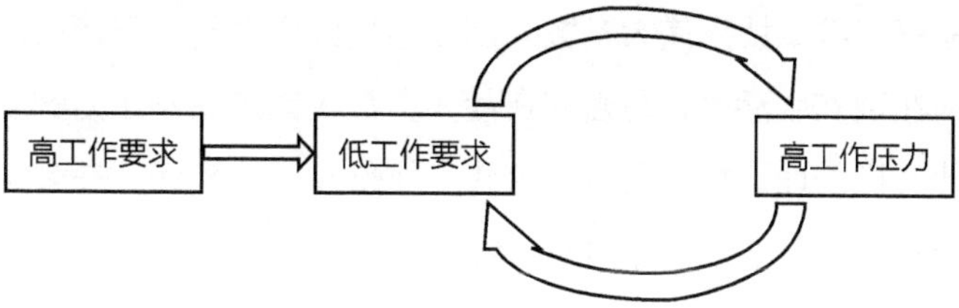

图5-3　工作压力的恶性循环

作为对JDCS模型的回应与改进，卡拉塞克等人认可了社会支持的缓压效应，并认为社会支持会促进员工学习。后续发展方面，塔里斯等人（Taris et al.，2003）对JDCS模型涉及的员工学习做了详细论述，认为最高水平的员工学习出现在高要求与高控制工作中；中等水平的员工学习出现在低要求与高控制工作中；低水平的员工学习出现在高要求与低控制工作中；负学习，即技能遗忘，出现在低要求与低控制工作中。也有研究者对JDCS模型涉及的学习效应做了细致讨论，认为积极工作情境（要求高、控制高、支持高）导致高水平学习；消极工作情境（要求低、控制低、支持低）导致低水平学习；高压力情境（要求高、控制低、支持低）或者低压力情境（要求低、控制高、支持高）导致中等水平学习。

六、未来研究趋势

不同的理论取向将影响研究工作的具体过程，这里让我们看看使用传统理论和交互理论对研究工作可能产生的影响。传统理论与交互理论对研究的不同影响首先表现在对压力的测量上。传统理论对压力的测量主要是测量工作压力或个体的压力感。交互理论对压力进行的测量则应包括对压力源的评价、应对资源以及压力症状。以交互理论进行的研究对压力源和压力源的评价应该是阶段性的，对应对策略的考察也应是阶段性的，如压力源出现之前和出现之后，对压力症状的测量还可以补充缺勤率和患病情况（Barone，1995）。

传统理论与交互理论对研究的另一个不同影响表现在对压力的管理上。根据传统理论，对压力的管理应重点放在组织水平上。例如，通过管理发展项目，通过组织和工作设计创造出好的工作环境，即一个有较少压力、较少角色冲突、丰富的工作、良好的管理的工作环境，以此来减少工作人员的工作压力。而根据交互理论，对压力的管理则应放在个体水平上，通过改变个体对环境的评价，使用较好的应对措施来减轻个体感到的压力。

传统理论的研究希望找出使大多数人都会感受到压力的工作特点，这就提出了一个重要的问题：在现实生活中，是否存在使大多数人都感受到压力的工作条件？如果存在的话，用什么样的理论框架可以对这些工作条件给予描述，并对实际行为起到预测作用。这是目前工作压力研究应该解决的问题。

交互理论提出的研究课题更多，在这里要重点提出的问题是对应对的研究。拉扎勒斯认为，应对是一个过程，即个体的应对策略是随着压力情境的变化而改变的。但他也不否认有些应对策略是相对稳定的，反映了个性特征的影响。那么，应对究竟是一个过程，即变化的，还是一种个性的特征，即相对稳定的呢？另外，应对方式除了随着任务的变化而变化之外，是否也会随着年龄和个人经历而发生变化呢？

有研究者提出，如果一个人总是用以情感为中心的应对策略来应对工作中的压力，这在短期内可能会有效地减轻压力，但久而久之将导致个性转变，使个体产生习得性无助，以致个体在未来的工作中不能有效地应对压力。这就是说，应对方式可能成为一种固定的个性特征。

不同的理论为研究者指出了不同的工作途径。像心理学中所有的研究领域一样，不同的理论并不一定是相互矛盾的，不存在优劣的问题。它们只是从不同的角度来理解同一个问题，只要研究者能够根据这些理论寻找出了解世界的正确线索，这些理论的存在就是有意义的。如果研究者不能对研究数据提出具有揭示问题本质的理论，那么，无论研究者使用多么昂贵的研究手段和复杂的统计方法来进行研究，所得出的数据都将是散乱无章的，研究也无法进入新的水平（Snyder，1999）。显然，今后在工作压力研究领域需要有更多的理论来对工作环境中的行为和心理过程进行更准确的概括和预测。

第三节 工作压力的来源

工作压力是多种因素共同作用的结果，这些因素主要来自个体、组织两个层面。

一、个体影响因素

（一）知觉特征

知觉是选择、组织、理解信息的重要心理过程。知觉的理解性受个体的个性、动机、态度、价值观、经历等多种因素的影响。因此，不同的个体对同一事物的感知存在差异。某个压力源对一个人来说可能是有压力的，而对另一个人来说则可能构不成压力。也就是说，受个体知觉的理解性影响，同样一件事情，不同的个体会有不同的理解和体验。

个体的期望与压力感受成正比。对同一事物的期望程度不同，个体感受压力的程度也就不同。个体的适应性与工作压力成反比，个体的适应性越强，压力感受越弱。组织中的新员工往往会面对高期望与现实之间的落差，差距越大，个体感受到的压力越大，适应性较差的新员工心理压力就更大。

（二）过往经历

个体过去的经历对压力产生强化作用。个体是否感到工作压力的存在与该个体是否有过相关的紧张经历有关，负面的强化会加剧压力。曾有过被解雇经历的员工就会非常小心地对待现有的工作。相反，个体成功的经历能使其面对工作压力时充满信心。

（三）社会支持

是否能够得到他人的支持直接影响个体对工作压力的体验。例如，在具有压力的环境中与一个善于支持、鼓励的同事一起工作有助于员工减少压力、发挥潜能。相反，与关系紧张的同事共事可能使人焦虑，加大工作压力。

（四）个性差异

由于个性不同，个体对压力的感受也不尽相同。除此之外，员工的动机、态度、能力等也会对工作压力产生一定的影响。有研究表明，人格特质与工作压力水平有关，A型人格的特点是争强好胜，富有急迫感和竞争性，对于影响其工作成就和发展的人和事很不耐烦；这种人追求成功的欲望强烈，总是感到时间紧张。他们对于压力源的反应充满敌意与愤怒。这些性格特点使A型行为者长期生活在压力之中，其后果往往是导致心脏病、酗酒和其他身体及行为问题。

二、组织影响因素

毫无疑问，组织中个体的工作压力与组织行为密不可分。工作场所中的压力来源多种多样，概括起来，工作压力主要来源于工作量、工作条件、职业发展、组织内部的人际关系、工作与其他角色的冲突等因素。压力源作用于个体，个体的认知、个性差异、经历以及受到的支持等因素就会共同发生作用，使得个体产生这样或那样的压力。

（一）组织结构

组织结构反映了各个部门之间的隶属关系与协作关系。在组织中，各个部门、各个职位承担着不同的工作任务，这些任务是相互关联的。在完成任务时，形成了多个任务群体与个体，上下级之间、协作部门之间、个体之间经常发生纵向与横向冲突，工作压力就这样产生了。

组织中的每一个岗位都代表着一定的责任与权力，权力的争夺是工作压力的另一个来源。组织中资源的使用直接影响个体绩效。资源的限制使员工不能将技能、能力与积极性转化为高动力。因此，组织中的资源常常是部门、个体间争夺的对象，在争夺中常常伴有冲突发生。掌握资源的部门，如人力资源管理部、财务部、设备供应部等不得不常常与其他部门发生冲突。资源的争夺实际上是权力争夺的翻版，组织中的冲突是工作压力的根源。

组织变革是组织压力的来源之一。面对全球性的竞争，组织必须在变革与发展中求生存。美国管理学会的一项调查表明，1000个接受调查的组织中有40%准备以减员方式压缩劳动队伍，不少组织已经尝试大幅度地裁员。以IBM为例，它的雇员从1992年的33.44万人减为目前的22.5万人，大约裁员1/3。组织的变革与大量的裁员给组织带来了很大的不确定性，使员工忧心忡忡，担心自己的前途，这种不确定性会减弱组织的凝聚力，降低工作满意度。

（二）工作量

变革中的组织大规模地裁员不仅给濒临解雇的员工带来冲击，留守员工也由于工作量加大而产生压力。所有关于工作压力的研究结果都显示，工作量过大是压力来源之一。当然，工作量不足也会使员工产生压力，难以满足员工自我实现的心理需求。工作复杂程度是一个与工作量相关的因素，工作复杂程度过高或过低都会导致压力。过于简单的工作使人觉得枯燥，过于复杂的工作会使人疲惫，两种结果都会导致压力。

（三）工作条件

显然，工作条件的简陋，如温度过高或噪声过大等，是工作压力的来源之一，这些因素也可以降低工作绩效。长期熬夜、频繁出差、每天长途往返上班或工作时间过长，工作中受到不必要的打搅和监视更容易使人产生压力。

（四）角色冲突与角色模糊

管理者担负着两项重任，一是完成组织目标，二是满足员工需要，同时将两项任务完成得令人满意不是一件容易的事，这常常使得管理者处于角色冲突之中。组织中的员工有自我实现的需要，希望通过完成组织目标获得满足，与此同时，员工还有归属的需要，而非正式组织提供了满足员工归属需要的功能。非正式组织的目标常常与组织目标存在差距和冲突，这种状况往往使员工陷入角色冲突之中。角色模糊是指员工不清楚所分配的工作内容和相应的责任，组织中的新员工需要融入组织时，往往感到角色模糊而产生巨大的压力。此外，对员工委以重任又不授予决策权，使得工作难以开展，也会使员工因角色模糊产生压力。

（五）职业发展

20世纪末至21世纪，组织变革的特点是偏平化，服务性组织迅猛发展，这种变革的特点使得组织中层管理职位变少。晋升困难或受挫，对于高权力动机的个体无疑是巨大的压力。服务性组织可以提供的发展空间有限，对于高成就动机的员工的压力不言而喻。组织的重组与裁员不断挑战员工的信心，员工对自己是否能够胜任新的工作、工作的保证与对新环境的适应感到信心不足因而产生巨大的压力。

（六）人际关系

组织内部人际关系不良是导致工作压力的源头，也是造成工作流动的原因之一。社会的发展要求组织同时具有经济和社会双重功能，良好的组织氛围是组织生活中重要的一部分，它有助于完成组织目标。组织中的个体不可避免地要与同事或客户接触，这可以给他们带来快乐，但也可能成为人际冲突的来源。有关调查表明，来自工作环境的干扰，如同事的高声打搅、电话铃声、其他人在旁边来回走动，是构成压力的根源。“办公室政治”更是导致工作压力的罪魁祸首。

（七）工作与其他角色的冲突

个体不仅是组织的一员，同时还在社会环境中扮演着多种角色。这些角色常常与工作角色冲突，导致压力的产生。员工要在组织中成长，追求职业发展的目标，常常需要超时工作，因而生活变得单调而乏味，同时还减少了与家人相处的时间，这就使得员工陷入巨大的压力之中。

第四节 工作压力的影响

一、对个体的影响

工作压力能够对个体的生理、心理及其行为产生不良影响。大量的研究发现，高工作压力与员工身心不健康（焦虑、抑郁、疲劳）和工作恶性结果（离职倾向更高）相关，这种相关受到感知到的压力大小的调节（Thorsteinsson，Brown，& Richards，2014；Wiegner et al.，2015）。

（一）对个体生理健康的影响

短期的工作压力会使个体处于亢奋状态，不会导致恶劣的影响。长期处于“应激”状态中的个体，由于新陈代谢的改变需要不断地修补身体或者补充睡眠，最终会导致内分泌失调以及身心疾病的产生，如头痛、失眠、哮喘、高血压、心脏病、消化不良、各种溃疡等。久而久之，就会成为真正的胃溃疡、高血压、心脏病或脑卒中患者。表5-2为不同程度的压力对个体健康的影响比较。

表5-2　不同程度的压力对个体健康的影响比较

	正常情况（放松）	一般的压力	较高的压力	慢性的压力
大脑	供血正常	供血加快	思考更加清晰	头疼或偏头疼，头颤抖或紧张、痉挛

续表

	正常情况（放松）	一般的压力	较高的压力	慢性的压力
心情	愉快	严肃、认真	注意力高度集中	焦虑、丧失幽默感
唾液	正常	减少	减少	口干、喉燥
肌肉	供血正常	供血加快	动作加快	肌肉紧张、疼痛
心脏	心率和血压正常	心率和血压正常	心率加快、血压升高	心脏病、胸口疼
肺	呼吸正常	呼吸加快	呼吸更快	哮喘、咳嗽
胃	供血和胃酸分泌正常	供血减少，胃酸分泌增加	供血减少，消化不良	溃疡、消化不良
肠	供血正常，蠕动积极	供血减少，蠕动加快	供血减少，消化不良	腹痛、腹泻
膀胱	正常	尿频	尿频严重	尿频、前列腺疾病
性器官	正常	供血减少	阳痿、月经周期不规律	阳痿、月经周期不规律
皮肤	健康	供血减少	供血减少、干燥	干燥、皮疹
生物化学	氧气、葡萄糖和脂肪释放正常	耗氧增加，葡萄糖和脂肪消耗增加	需要更多的能量	迅速疲劳

（二）对个体心理健康的影响

工作压力对个人的身体健康不利，对个人的心理健康也会造成不良影响。大量研究表明，工作压力与焦虑症、抑郁症高度相关，而焦虑症、抑郁症与身心疾病高度相关。法恩等人（Fan et al.，2015）研究发现，工作和家庭压力都与抑郁症和焦虑症状呈显著正相关，这种现象与性别无关。因此，工作压力是导致身心疾病的发生和造成心理不良影响的万恶之源。于文军等人的研究发现，工作压力、角色模糊、角色冲突与职业倦怠呈显著正相关，工作压力会影响高校专职辅导员的角色认知，从而出现角色冲突和角色模糊，而角色的冲突和模糊会导致高校专职辅导员体验到较低的成就感，对工作缺乏积极性，容易出现玩世不恭的态度，甚至出现情绪的衰竭，进而产生对目前所从事工作的倦怠。秦红芳和刘晓明（2015）也发现了工作压力对工作倦怠的直接效应。

工作压力不仅导致个体情绪低落，对组织产生不满，还会导致个体责任心下降、消极怠工或离职，个体的绩效也会受到很大的影响。马爽等人通过对公务员的调查研究表明，工作压力显著负向预测工作满意度，显著正向预测离职意向；心理资本显著正向预测工作满意度，显著负向预测离职意向。随着工作压力增加，高心理资本的基层公务员工作满意度下降幅度变大，离职意向增加幅度变高。

二、对组织的影响

（一）工作纪律

应激状态中的员工感到压力的存在，处于焦虑或抑郁状态，常常伴有躯体症状，他们一般会采取消极的方式来躲避工作以缓解自身承受的压力。类似的情况还有旷工。

（二）人际关系与组织氛围

当组织中的个体处于压力之下时，就会产生焦虑情绪。易激惹是焦虑的一大特点，焦虑中的个体更容易与他人发生争吵或有攻击倾向，不良的人际关系又加重了个体心理的压力，形成恶性循环，其后果是给组织中的人际关系带来负面影响，带来不和谐的组织氛围，进而影响组织的绩效。

（三）员工流动性

压力使得员工认为自己和工作不匹配，从而产生离职的念头。员工离职率上升的直接损失是人力资源成本的加大。组织竞争的实质是人才竞争。人才流动直接威胁组织中技术梯队的形成，而新员工的补充需要招聘、录用、培养等多个环节，都需要人力资源管理的投入。

（四）产品质量

由于工作压力的影响，个体的心理与机体处于不良状况，工作责任感与积极性下降，缺乏思考和创新，久而久之会漫不经心地对待工作，忽视工作中应注意的细节问题或一些小技能，这必然导致产品质量或工作质量下降。

（五）工伤数量

为了适应残酷的竞争，组织不断地变革，并普遍使用裁员策略。组织力求用最小的费用获得最大的经济效益。然而，常常事与愿违，裁员使得员工不得不负担过大的工作量，致使工伤事故发生率上升，组织中医疗费用与抚恤金的数量加大。据美国有关统计显示，60%～80%的工作意外事故与压力有关。

与此同时，工作负担过大，使得身心疾病的发生率上升，从而使组织中的医疗费用加大。在美国，政府每年约花费900亿美元（占国民经济总产值的10%）用于治疗各种压力造成的心理、生理疾病，以及由此造成的工作损失。

第五节
工作压力的应对策略

一、工作压力的个体调控

（一）期望调整

工作压力是一种主观感受，个体的期望过高往往是造成工作压力的原因。组织中的员工，特别是组织中的新员工往往对组织抱有不切实际的期望，期望与现实之间的落差导致压力的产生。帮助员工适当地调整期望，树立可以达到的目标以减轻工作压力，是组织的责任。

（二）员工适应

提高适应能力可以降低工作压力。组织应该将培养员工的适应能力作为人才培养的内容之一。知识与实际能力的转换、沟通与人际交往能力以及抗挫折能力的培养都是提高员工适应能力的基本内容。

（三）员工认知

组织最重要的一项工作就是帮助员工改变对工作压力的不良认知，帮助员工树立自信，正确地认识工作压力，面对挑战，变被动应对压力为主动挑战自我。

二、工作压力的组织调控

组织层面的工作压力调控应该本着以人为本的原则，注重员工的职业发展，提供心理支持。

（一）组织设计调整

组织中的管理者应该善于发现和解决组织结构和工作设计中的问题，进行工作再设计，尽量避免不必要的冲突。职业发展受挫是工作压力的根源之一。组织应该提供职业发展的平台，加强员工职业发展的管理，帮助员工实现职业发展规划，从多种角度使员工感受到成功带来的喜悦。

（二）实行目标管理

实行目标管理，与员工共同商讨、制定组织目标以及完成阶段性目标的计划与方案。与此同时，让员工有更多的参与机会，特别是参与对其有影响的改革规划，激励员工成为组织的主人，最大限度地调动员工的工作积极性。

（三）减少不确定因素

分清责任，澄清角色，执行新员工的岗前培训计划；让员工了解组织目标以及如何完成组织目标，明确员工的组织任务以及所承担的责任，减少不确定因素；在分配任务的同时，让员工承担相应的责任。

（四）增加社会支持

降低工作压力的重要举措之一就是为有工作压力的员工提供心理支持和工作援助，使员工感到组织的温暖与力量，走出压力的阴影。沟通可以降低或缓解工作压力的影响，健康的组织应该提供多种沟通渠道，使员工的压力有释放的出口。改变有形的工作环境，创造和谐的组织氛围，创造健康的组织文化，培养员工的团队合作精神，彻底避免工作设计给员工带来的压力。高凝聚力和组织认同感可以降低个体由于压力带来的不良影响，所以组织应该努力提高组织的凝聚力和组织认同感以减弱工作压力带来的影响。

基本概念

1. 工作压力
2. 工作需求—控制模式
3. 压力动态模型

本章要点

要点一：工作压力的相关理论

常见的工作压力理论包括传统理论、个体—环境匹配理论、工作需求—控制模式、交互理论、压力动态模型。

传统理论是从较广泛的社会水平对各个独立的与压力有关的概念进行确认和测量，并考虑其对个体及组织的影响。个体—环境匹配理论认为，引起压力的因素不是单独的环境因素或个人因素，而是个人和环境相互作用的结果，工作的压力是由于个体能力与工作要求不匹配。工作需求—控制模式包含工作环境中两个重要的方面：工作需求和工作控制，对工作过程有所控制可以减轻员工的压力，促进员工的学习；而工作需求既促进学习又增加工作压力。拉扎勒斯的交互理论认为压力不是个人特点的产物，也不是环境的产物，压力的产生是某一种环境与某一种人所做的对环境可能产生威胁的评价相结合的结果。

要点二：工作压力的来源和后果

工作压力源于个体和组织两个层面，其中个体影响因素包括知觉特征、过往经历、社会支持、个性差异。组织影响因素包括组织结构、工作量、工作条件、角色冲突与角色模糊、职业发展、人际关系、工作与其他角色的冲突。

工作压力产生的后果包括对个体的影响和对组织的影响，其中对个体的影响包括对个体生理健康和心理健康的影响。而工作压力对组织的影响包括：迟到早退现象增多、不良的人际关系与组织氛围、员工流动性大、产品质量下降、工伤数量上升、医疗费用加大。

要点三：工作压力的应对策略

工作压力的应对策略包括工作压力的个体调控和组织调控。个体调控的方法包括降低员工的期望、提高员工的适应能力、改变员工的认知、帮助员工减轻工作压力。组织调控包括结构重组与工作再设计、提供职业发展的平台、实行目标管理、减少组织中的不确定因素、增加沟通渠道、提供社会支持。

思考题

1. 什么是工作压力，包括哪些维度？

2. 如何看待工作压力的相关理论？

3. 工作压力的来源有哪些？后果又是什么？

4. 如何应对压力？有哪些可行的策略？

推荐阅读

西华德. 压力管理策略：健康和幸福之道. 许燕，等，译. 北京：中国轻工业出版社，2008.

第六章

工作与家庭的关系

学习目标

1. 了解什么是工作家庭平衡和工作家庭冲突。
2. 理解并熟练掌握工作家庭平衡的相关理论。
3. 结合相关研究，掌握影响工作家庭冲突的因素。
4. 初步掌握促进工作家庭平衡的方法。

章节导引

2016年，智联招聘发布了2016年职场女性现状调研报告，加班、睡眠障碍、健康状况下降、熬夜等关键词赫然在列。调查显示，职场女性加班普遍，8小时工作制只是空想，接近一半的职业女性每天工作时间超过8小时，有11.74%的人每天工作超过10小时。Z就是其中之一。朋友聚会迟到是家常便饭，加班对她生活影响最大的是无法保障正常的生活状态。Z说："我总觉得，下了班看一集电视剧，给家里打个电话，才是一天的结束。"由于加班时间过长，回家时间受到影响，本来应该在下班时间做完的事被严重延后。"本来晚上5点下班，我大约晚上11点就可以上床睡觉了。但是加班到晚上9点才下班，你说我要几点睡觉？"Z抱怨道。调查显示，接近90%的职场女性每天睡眠时间不足8小时，11.42%的女性每天睡眠时间不足6小时。Z现在后悔自己当初"太实在"。她工作的银行不算大，但处于高速发展阶段，企业文化是把一个人当好几个人用。"应该一开始就表现出这个活儿不是由我一个人就能完成的，或者说我没法在一个工作日内完成。"Z说。自己现在陷入恶性循环，如果领导交办的工作做不完，就说明自己能力不行，失去领导信任，所以她只能继续咬牙做下去。

第一节
工作家庭平衡概述

一、工作家庭平衡的研究背景

工作和家庭是人们生活中重要的两个领域，这两个领域占据着个体生活的大部分时间和精力。国外一项调查表明，工作成功并不意味着家庭成功，在同一家公司，主管的子女每年有36%接受精神异常或滥用药物的治疗，而非主管的子女只有15%。主管长时间工作与个人的某些特质（完美主义、缺乏耐心、讲求效率）是造成问题子女的元凶。然而，两者之间存在着种种矛盾和冲突，处理不当会影响个体的工作和生活。在现实生活中，我们经常看到一些人抱怨自己工作繁忙，没有时间陪伴家人。他们有的表现为回到家里筋疲力尽，倒头就睡；有的把工作带到家里，通宵熬夜处理公务；甚至有些人会把工作的负性情绪带到家里，向家人发泄。这种现象被称为工作到家庭的负性溢出。这种负性溢出不仅使个体在工作和家庭领域的角色出现混乱，而且不利于家庭关系的和谐。然而，工作对家庭也存在正性的影响。个体在工作中的优秀、积极情绪、工作奖励等可以扩散到家庭，提升整个家庭的愉悦水平。

然而，家庭对工作同样存在着积极和消极的影响。家庭关系的和谐以及家人提供的支持能够传递到个体的工作领域，提升个体在工作上的满意度。工作与家庭之间存在着不可调和的冲突问题时，因为个体的时间资源、认知资源有限，在两者之间如何合理分配成为一个重要的问题。尤其是在当今社会，生活负担日益加重，人们的工作越来越繁忙，导致人们无法兼顾家庭，因此产生很多家庭冲突和矛盾。这些冲突和矛盾的根源是工作与家庭之间的平衡问题，如何合理分配工作和家庭的资源，不仅关系到家庭的幸福和睦、孩子的健康发展，还关系到整个社会的和谐、稳定。因此，对于工作家庭平衡的讨论变得尤为重要。

工作和家庭的关系研究是当代西方组织行为研究领域中广泛研究的课题，也是近年来企业人力资源管理领域出现的新理论。随着经济全球化的进一步发展，工作家庭冲突问题也越来越受到发展中国家的重视。随着中国经济的进一步发展，平衡工作和家庭责任的必要性得到广泛的认识（赵曙明，2002）。管理人员普遍感到工作与家庭的角色冲突引起的工作压力最高。然而，在中国文化背景下研究工作家庭问题的文献比较少，西方的研究成果又难以直接应用于中国，因而有必要研究中国职工工作家庭平衡的影响因素，以及它们对员工的组织行为产生的影响，为企业和政府制定和谐的企业和社会制度提供科学的理论依据。

二、工作与家庭的交互影响

从工业化时期开始，人们就逐渐认识到工作和非工作之间存在着冲突和协调问题，这种问题包括员工、家庭、组织和社会多个层面。非工作状态会影响工作场合的绩效，工作状况也可能影响非工作场合下的情绪与行为表现，因此相关研究逐渐增多。工作和非工作的相关性与企业的劳动力构成结构有着密切的联系。工人比例越高，尤其是双职工家庭越多，在工作责任和家庭责任的结合上就会有越大的困难。本章的非工作领域主要指家庭领域。据统计，40%的美国双职工有工作家庭冲突，美国国家职业安全与健康研究所已将工作家庭冲突作为十大工作场所的压力源之一。如今，工作和非工作的平衡对组织的经济增长和家庭的幸福起着越来越重要的作用。

工作和家庭这两个领域相互依赖、互不可分，但是对于工作和家庭这两个耳熟能详的概念却一直没有一个统一的定义，尤其是对于其内涵以及构成，很难给出一个明确的界定。有研究者认为，工作是个体在一个组织中拥有一定职位的同时完成一系列（规定的）任务的过程；家庭是指通过血缘关系、婚姻、社会风俗或收养关系而联系在一起的几个人。工作中的员工都有着一定的家庭背景，在某一个或者某些家庭中扮演着一定的社会角色。同时，家庭成员进入组织参与工作，不仅仅是为了获得个人的物质满足，还是为了维系家庭生活，提高家庭幸福感。因此，家庭和工作之间必然存在着不可分割的关系。目前的研究都倾向于从角色冲突的角度去阐释家庭与工作的关系，即当来自工作和家庭两方面的压力在某些方面出现难以调和的矛盾时，产生的一种角色交互冲突。

"冲突"一词本身既包括消极的一面又包括积极的一面，因此，对这一领域的研究应从消极和积极两方面进行。研究在涉及家庭、工作和社会的领域被广泛讨论，其中主要包括时间冲突、婚姻冲突、家务和照看责任、儿童发展问题、社区问题等。当前工作和家庭之间的界限正在慢慢模糊，很难严格区分工作时间和家庭时间、工作责任和家庭责任，个体在两个领域都有多重义务和责任。

三、工作家庭冲突

关于工作家庭冲突的定义，学术界一直没有统一答案，不同的学者持不同的观点。有学者认为，工作家庭冲突是指工作和家庭的不相容，从而给个体带来角色间转换的冲突与压力。有的学者则主张，工作家庭冲突是工作和家庭两个方面的压力相互作用的结果。但是，学术界普遍接受的工作家庭冲突的定义是格林豪斯和彼特尔（Greenhaus & Beutell，1985）的观点。他们认为，工作家庭冲突是一种角色间冲突，是指工作和家庭两个方面的角色压力在某种程度上的不协调，一个角色的参与会因另一个角色的要求变得很难实现。

研究表明，工作家庭冲突是一个多维度、多层次的结构，二者相互影响。诚如韦恩等人（Wayne et al.，2004）所指出的，个体参加了一个角色后，必然会使另一个角色的实现变得困难。工作家庭冲突可以从三个维度来进行考察。①基于时间的冲突。该冲突是指个体在特定的时间，只能投身于一个领域，而不可能同时分身在两个领域。例如，某人在公司开会，那么他就不可能参加家庭聚会。西贝尔（Sieber，1974）认为，当工作和家庭两个方面的大量需求被置于有限的时间范围内时，工作家庭冲突就发生了。②基于压力的冲突。该冲突是指个体在一个领域产生压力（如不满意、紧张、焦虑和疲惫等），那么他很难实现对另一个领域的需求。③基于行为的冲突。该冲突是指个体在一个领域的有效行为，在另一个领域未必奏效，甚至有可能会适得其反。另外，有学者认为，工作家庭冲突由时间维度冲突、紧张维度冲突和行为维度冲突三个部分组成，其观点与格林豪斯和彼特尔的主张基本一致。卡尔森等人（Carlson et al.，2000）开发了工作家庭冲突的六维量表，认为工作家庭冲突包括时间的、压力的、行为的和基于时间的、压力的以及行为的六个基本维度，并对其信度和效度进行了检验，结果发现这个六维量表有很好的信度和效度。但是，人们对不同维度的工作家庭冲突的感知不同，陆佳芳、时勘和劳勒（2002）采用量表测查了195名来自不同行业的员工后，发现员工知觉到的工作对家庭造成的冲突显著高于知觉到的家庭对工作造成的冲突。

有研究者提出，对工作家庭关系的全面理解应当包括工作和家庭的相互冲突和相互促进。同样，弗罗内（Frone，2003）认为，工作家庭平衡是一种由于兼顾家庭和工作而导致的相容和冲突并存的生活体验，整合了冲突与促进的视角。同时，工作家庭平衡是一个双重指向（工作—家庭，家庭—工作）的包括冲突和促进的四因素结构。

第二节
工作家庭平衡的相关理论

人们试图从各个方面来分析和研究工作和家庭之间的关系，有关理论可以大体分为早期研究和近期研究。早期研究多在解释工作和家庭关系的基本类型，而最近的研究则试图从更为整合和动态的角度来分析二者之间的关系。

一、非因果模型

该理论模型认为，尽管工作和家庭相关，但是二者之间没有因果关系，早期的非因果关系模型主要包括隔离理论、一致性模型和整合理论。具体内容见表6-1。

表6-1　非因果模型的理论分类

隔离理论	一致性模型	整合理论
隔离理论认为工作和家庭之间没有关系，每个领域的活动对个体有不同的要求，二者互相隔离、互相独立，彼此没有影响（Dubin, 1956; Dubin & Champoux, 1977），这一理论对蓝领工人可能更为适用（Lambert, 1990），可能是由于工人努力尝试着不让工作打扰到自己的家庭生活的结果	一致性模型指出，尽管工作和家庭之间可能存在着正性或负性的相关，但是工作变量和家庭变量之间的相关可能是由于它们有共同的第三变量作为影响因素，因此二者之间的关系很难说清楚。“一致性”指的是由于一个作为普遍原因的第三变量（如个人特质、行为方式、社会和文化力量），两个领域存在相似性。例如，因为对工作、家庭共同产生影响的变量（如个性、情绪稳定性等）是稳定的，所以工作满意度和家庭满意度之间的相关可能只是一种伪相关	整合理论认为，工作和家庭之间的联系是非常密切的，是整合在一起的一个整体，很难将二者完全割裂开来。例如，家族企业或者非常强调家庭观念的企业，是很难区分工作和家庭的

二、因果模型

因果模型也属于早期理论。同非因果模型不同，它认为，在生活的一个领域（工作或家庭）的事件会对另一个领域（家庭或工作）产生因果影响。因果模型常见的理论包括溢出模型、补偿模型、资源剥夺模型、角色压力假设、角色增强假设、资源守恒理论和角色边界模型。

（一）溢出模型

溢出模型认为，工作和家庭之间存在着正相关，也就是一个领域的变化将导致另一个领域相对应的变化。“溢出”指的是从工作领域到家庭领域的延续或普遍化。也就是说，一个处于重复、无挑战性、乏味的工作情境中的人倾向于在家庭领域也有类似的情境。溢出模型与“职业要求—控制模型”的积极学习行为的假设一致，认为工作中新行为模式和技能的学习与休闲活动中更高的多样性相联结。也就是说，个体工作的多样性行为能够延伸到日常生活中的休闲活动，进而导致休闲活动的多样性上升。溢出过程不仅有技巧和行为模式（活动的类型）的溢出，也包括压力情绪、信念和态度的溢出。

（二）补偿模型

同溢出模型相反，补偿模型认为，工作和家庭之间存在着负相关，也就是一个领域的变化将导致另外一个领域的负方向的对应变化。该模型中“补偿”的意思是补偿在工作或者家庭中所经历的剥夺（Wilensky，1960）。例如，对于生活中一方面的不满（如家庭）会让员工在家庭角色上付出的时间和精力减少，从而增加了在生活中另一方面（如工作）投入的时间和精力，通过这种方式来补偿个体在第一个领域中没有得到的收益。

因为溢出理论和补偿理论分别表示家庭和工作领域的经历相互延续或者补偿，因此，这两种理论经常对照使用。通过分析在自主权、多样性、技术使用、压力和社会交互作用五个维度上工作和家庭领域的活动情况，有研究者（Kabanoff & O‘Brien，1980）对补偿模型和溢出模型进行了延伸，提出了工作/家庭模式模型，具体见图6–1。

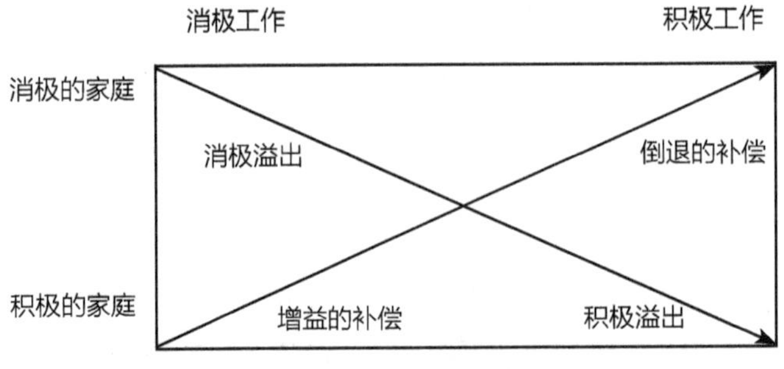

图6–1　工作/家庭模式模型

（资料来源：Kabanoff, B., & O’Brien, G. E. (1980). Work and leisure: a task attributes analysis. *Journal of Applied Psychology, 65* (5), 596–609.）

研究发现，以上四种行为模式都很普遍，但是适用于不同的人群：①消极溢出适用于低收入水平和教育水平、外在动机强的男性；②增补补偿适用于低收入水平、年龄较高的女性；③积极溢出普遍存在于收入水平和教育水平相对较高、内在动机强的人群；④倒退补偿则在外在动机强的男性中更普遍。

有研究者（Kabanoff，1980）认为，现实生活中可能存在大量不同的工作家庭关系模式，其中有的符合经典的补偿模型和溢出模型，有的不符合。工作/家庭模式的类型依赖于所研究人群的特质（年龄、性别、教育、收入、工作定位、家庭定位等）。同时他认为，与其把注意力集中于发展一个比较有代表性的理想模型或者证明一个工作/家庭模式的存在上，不如将未来的研究聚焦于生活在不同的领域中人们怎样平衡需要、欲望和满足，这对我们未来的研究有很大的启示。

（三）资源剥夺模型

资源剥夺模型同样是指工作和家庭之间存在着负相关，它从补偿模型发展而来。“资源剥夺”指有限的个体资源（如时间、注意力和精力）用在一个领域将会剥夺在另一个领域的应用。

（四）角色压力假设

角色压力假设也称密歇根组织压力模型，在职业健康心理学的研究领域中，该假设提出了工作家庭冲突中最经典的观点，即一个人身处多重角色时，对多重角色的管理是困难的，同时，多重角色身份不可避免地对个体产生“压力”。由此造成个人工作和家庭领域间的冲突。以此理论为基础定义的工作家庭冲突是一种角色冲突，即来自工作和家庭领域的角色压力在某些方面互不相容。一些研究证明了这一观点，例如，有研究发现，个体的工作角色使得家庭角色的扮演更加困难，反之亦然（Greenhaus & Beutell，1985）。

该假设认为，人们可用的时间和精力是有限的，多重角色的履行易导致这些有限资源数量不足。个体为了防止严重的工作家庭冲突，必须在两个领域（工作和家庭）的多重角色中分配有限的资源，使得角色压力在可承受的范围内。兰伯特（Lambert，1990）认为，角色压力观点和溢出模型间的区分很模糊，因为角色压力也可看作负性溢出的一种形式。

该假设认为，工作家庭冲突的类型应考虑两个方面：一方面是个体在一个领域（如工作）的参与时间、压力或行为；另一方面是个体在工作和家庭所扮演的角色中不相容的特质。有证据显示，工作对家庭造成的冲突（工作—家庭冲突）和家庭对工作造成的冲突（家庭—工作冲突）是工作家庭冲突的两个不同方面，两者间有微弱的相关。

（五）角色增强假设

角色增强假设也叫正性溢出、角色增强、角色促进。该假设认为，多重角色的参与可能提供大量的机会和资源给个人，这些机会和资源可以提高个体在其他领域角色功能的发挥。该理论来源于马克斯（Marks）的“扩展方法”，其基本设想是多重角色的履行不一定是困难的、花费甚至耗尽能量资源的，也不一定会发展角色压力。马克斯认为，人类能量的消耗过程不可分离地和人类能量的产生有关，因此活动对人类能量产生的稳定很有必要。即使当我们在活动中使用能量时，我们仍然能够转换更多的能量以备日后使用，也就是说，适当管理的多重角色也可以产生能量，不一定会造成资源的耗竭。

尽管工作家庭冲突的研究长期被角色压力假设统治，马克斯（Marks，1977）却提出了更积极的观点。最近的研究已经离开了对“补偿”和“溢出”过程的经典分离，现代的观点发展为这两个过程不能在概念上和经验主义上被清晰地分割，可能同时存在，这依赖于个体差异（如个体倾向、性别）、家庭环境（如父母地位）和工作特质（如高压力职业）。

（六）资源守恒理论

该理论是在压力和耗竭研究中应用频繁的普遍压力模型之一，它认为个体尝试获得并保持资源，资源可以包括无形的条件（如时间、金钱和允许一个人去获取其他资源的知识）。当个体面临资源损失的威胁、资源实际损失或期望到利益损失的情境时，就会出现压力反应（Hobfoll，1989）。资源守恒理论应用到工作家庭冲突领域的观点是，因为有价值的资源在工作和家庭角色失衡的过程中损失，因此工作家庭冲突可以导致压力反应的广泛变化（即不满、沮丧、焦虑或生理上的紧张）。有研究者（Grandey & Cropanzano，1999）测查了一个基于资源守恒的研究模型，以132名美国大学的教授作为样本，发现了支持该理论假设的证据。然而，由于样本的局限性和研究的数量太少，我们不能简单地将该工作系统的研究概括到其他工作系统或小组。

和传统的角色压力模型不同，资源守恒理论认为，多重角色的履行可以避免高水平的压力体验。每种角色（如已婚或家长身份）也可以提供资源来帮助个体处理和其他角色（如被雇佣）有关的要求。

（七）角色边界模型

克拉克（Clarks，2000）提出了角色边界理论，认为“工作”和“家庭”是不同的领域，被不同的文化特征化（即二者具有不同的目的、语言、规矩、习俗和行为）。人们是每日穿梭于这两个领域的“边缘—交叉者”。角色边界理论尝试解释个体怎样管理工作和家庭之间的边界以达到平衡，理论核心在于个体是积极的或者说是有自主决定权的，他们可以从实质上塑造每个领域的本质，以及领域间的边界和桥梁。该理论模型的观点在于，当领域相似时，弱边界（指两个领域具有可渗透性和灵活性的特点）会促进工作家庭平衡；当领域不同时，强边界会发挥不同的功能。

该理论提出，对于“中心参与者”，由于他们是有能力的，且作为该领域的中心成员，对领域文化和价值的内化在领域中是有影响力的，因此，他们有能力控制和另一领域的边缘，从而获得工作和家庭的平衡。相反，由于“边界参与者”忽视领域价值，没有发挥全部能力，没有充分加入该领域的其他中心成员（如工作领域的管理者、家庭领域的配偶）中去，因此表现出在领域中没有影响力。该理论来自访谈的质性研究，为管理工作家庭平衡提供了启发性的观点，然而很难进行实验性检验。例如，理论中的概念如何被操作化仍不清楚。

三、最近理论进展

（一）生态学系统理论

格里兹沃茨和马克斯（Grzywacz & Marks，2000）通过假定工作家庭冲突是过程、个人、情境、时间特性的一种交互特性，超越了角色理论的个人和宿命论，提出了生态学系统理论。该理论认为，在个体经历工作家庭冲突时，每个特性（即前面所指的过程、个人、情境、时间特性等）都产生一个附加的和潜在交互的效应，这反映了个体和环境之间的适应。该理论假设，工作的生态学资源（即自主性维度、来自工友和管理者的支持）、家庭的生态资源（即配偶支持）和工作与家庭间更低水平的负性溢出、更高水平的正性溢出相联结。相反，工作的生态学障碍（即工作压力）、家庭的生态学障碍（即配偶反对）和工作与家庭之间更高水平的负性溢出、更低水平的正性溢出相联结。将这个观点总结，即学者通过区分影响方向（工作对家庭的影响还是家庭对工作的影响）、溢出（正性溢出还是负性溢出）这两个维度来概念化不同的工作家庭冲突。然而，格里兹沃茨和马克斯没有用生态学系统理论的观点来定义工作家庭这两个领域间的负性溢出和正性溢出，而是仅仅作为工作家庭冲突和促进的不同部分分别提到。他们也没有提到什么特性（如情绪、态度、技术或行为）可能从一个领域转换到另一个领域。

对于操作化概念，正性家庭—工作溢出指的是家人是否扮演一个减缓个人工作负性影响的角色。例如，作为一个支持系统或通过提供放松和爱来减缓个体在工作领域面临的压力。此外，正性工作—家庭溢出，指工作中的积极方面能够在家庭领域产生积极影响。例如，个体在工作领域的技巧和正性情绪迁移到家庭。1986年，关于美国成年雇员的实验研究支持了他们的假设，确实提供了工作家庭协调的四因素结构的证据。

（二）适合模型

马奈特（Barnett）等人强调“适合”作为中间过程的重要性。例如，在一个工作小时数和生理健康结果的关系的研究中，研究者将“适合”概括为“在提供一些可实现的选择时，员工能够认识到他们关于工作、家庭的适应性策略具有多种不同维度的程度”，即适应是一种工作情境、员工特征、员工满足自身需要之间交互的动态过程，也是与其他个体和社会系统之间的交互过程。当工作场所使得员工意识到他们恰当的策略时，他们会经历适应和低痛苦，否则，他们经历冲突和高悲痛。适应模型不假定工作和家庭间具有本质冲突，它假定适合的策略是为了同时最大化雇员在工作场所满足的需要和在家庭系统满足的需要。因此，适应模型超越了工作家庭冲突的观念，是关于家庭适应的策略，是夫妻能够充分利用家庭适应性策略的程度。

（三）努力恢复模型

有研究者（Demerouti et al.，2001；Geurts，2000）从两个领域的交互作用过程定义了工作家庭冲突。他们指出，研究者应该从二者的“交互作用”方面定义工作家庭冲突，而不是从“冲突”方面，因为前者覆盖了两个领域的负性和正性影响，并清楚地指出这个过程的变迁过程。他们也不提倡使用“溢出”一词，因为这个词指出特质（如情绪）已经增强到一定水平因而流向另一个领域，给人的感觉好像只有正性一个方面。但是，“交互作用”也包含特质（如时间和精力）已经减少到一定水平，由于缺乏而影响另一个领域。因此，交互作用既可以是负性的，也可以是正性的。

研究提出了类似的模型：努力恢复模型（Meijman & Mulder，1998）和工作要求—资源模型（Demerouti et al.，2001）。假定当工作要求太多精力和时间（如工作超负荷、期限太紧），工作资源（如社会支持、自主性、成就反馈、职业机会）不足以满足职业要求时，精力和时间资源就会被耗尽，结果产生负性负荷效应，并妨碍在非工作领域的功能（即工作负性影响家庭）。相反，当存在工作资源足以处理高职业要求，个体被鼓励去从中学习并在职业中“成长”时，精力将被动员起来而不是耗尽。这有利于个体在非工作领域的功能（工作正性影响家庭）。同理，从家庭领域出发可以得到同样的结论。此假设基于荷兰的不同职业群组的实验支持的证据（Bakker &

Geurts，2004；Demerouti et al.，2001）：职业和家庭要求与工作和家庭领域间的负性交互作用显著相关；职业和家庭的资源与工作和家庭领域间的正性交互作用显著相关，该证据强有力地支持了工作家庭交互作用的四个维度。

第三节
工作家庭冲突的影响因素和结果

工作家庭冲突受到了多方面因素的影响，既包括个体的生理特征（如性别、年龄），又包括个人特质，还受到个体的教育程度和收入水平的影响。同时，家庭和工作的客观特征也会影响工作家庭领域的交互作用。

一、影响因素

（一）人口统计学变量

1. 性别

性别是工作家庭冲突被研究最多的社会人口统计特征。因为在被广泛认同的社会角色期待中，男性应主要为工作负责，而女性应主要为家庭负责。一些研究认为，女性更多经受"家庭负性地影响工作"，男人更多地经受"工作负性地影响家庭"（例如，Frone et al.，1992）。另一些研究有不同的观点，认为女性比男性经受更多来自工作领域（而不是家庭领域）的负性影响，因为她们在家庭领域有更多的投入，而男性经历更多来自家庭的负性影响，因为他们对工作投入更多（Higgins et al.，1994）。但是，大多数研究显示，工作家庭冲突无性别差异。有研究发现，男性和女性在工作和家庭之间负性交互作用的经历中，没有（或几乎没有）性别差异存在。也有（Grzywacz & Marks，2000）研究发现，女性比男性从工作到家庭的正性溢出稍微多一点。

当控制了其他变量，再对工作—家庭冲突和家庭—工作冲突进行研究时，一些研究发现了性别差异。对于工作—家庭冲突中的性别差异的协方差分析结果显示，通过控制家庭中儿童的数量和配偶的工作时间，女性比男性报告更多的来自工作—家庭冲突的压力；来自工作领域的社会支持资源与工作—家庭冲突压力呈负相关，这种负相关在男性中比女性更加显著；但是来自家庭领域的社会支持资源对女性却没有表现出更强的负相关（也就是说，家庭的社会支持并没有给女性带来更多的好处，没有给男性减少更多的工作家庭冲突压力）。相比较于来自工作领域的社会支持，来自家庭领域的社会支持与家庭—工作冲突产生的压力有更强的负相关；来自工作领域的社会支持资源比来自家庭领域的支持对男性家庭—工作冲突比对女性家庭—工作冲突有更强的负相关。在该研究中，女性没有从来自管理者和同事的社会支持中获益。相反，当她们获得来自管理者的社会支持时，工作家庭冲突的压力会增加。与之不同的是，男性从来自管理者和同事的社会支持获益。一个可能的原因是女性雇员感到她们必须做什么事来报答管理者的支持，这导致更高的基于时间的工作—家庭冲突。

国内也有不少关于性别与工作家庭冲突的研究。例如，张格雨和张新娟采用工作家庭冲突量表对167名职业女性进行调查以了解其工作家庭冲突状况及其影响因素，结果显示：职业女性在冲突的形式中，感知到的是压力冲突大于时间冲突；职业女性在工作家庭冲突中较多体验到的是工作家庭冲突；“学历”对工作家庭冲突存在显著影响。

2. 年龄

到目前为止，年龄对工作家庭冲突的关系并没有系统的研究结果。有研究者（Burke & Greenglass，1999）发现，年龄和家庭—工作冲突有正性相关，而有的研究者（Kinnunen & Maonu，1998；Frone et al.，1997）未发现年龄和工作家庭领域之间的负性交互作用有任何类型的相关。有研究者（Grzywacz & Marks，2000）控制了工作和家庭特质后发现，年轻男性比年老男性报告了更高的工作—家庭和家庭—工作负性溢出、更少的家庭—工作正性溢出，而年轻女性比年老女性报告了更多的工作—家庭正性溢出和家庭—工作负性溢出。但该研究并未提供对于这种差异的解释。

3. 教育水平

对于女性而言，低水平的教育和收入与低水平的工作到家庭的正性溢出有关，但男性没有这个结果（Grzywacz & Marks，2000）。同时该研究还发现，黑人女性比其他女性报告更少的从家庭到工作的负性溢出。也有研究发现，教育和收入与工作—家庭冲突和家庭—工作冲突间无显著关系。

（二）个性特征

与工作—家庭冲突有关的个性特质主要包括神经质、外倾性、A型性格、自我效能感、组织承诺等。高水平神经质与两个方向上（工作到家庭、家庭到工作）更多的负性交互作用有关，高水平外倾性与两个方向上更少的负性溢出及更多的正性溢出有关

（Grzywacz & Marks，2000）。A型性格的警官比没有这些性格特质的警官报告更多的工作家庭冲突（Burke，1988）。曹胡玲等人对中国三甲医院护士的组织承诺、自我效能感以及工作家庭冲突进行的调查结果显示，组织承诺与工作家庭冲突呈负相关，组织承诺与自我效能感呈正相关，工作家庭冲突与自我效能感呈负相关，差异均有统计学意义。

国内研究发现，心理资本（指个体在成长和发展过程中表现出来的积极心理发展状态）的四个维度包括自信（自我效能感）、乐观、希望、坚韧性，均对工作家庭冲突有不同程度的影响（罗良针，甘晴，2015）。研究发现，在中小学教师工作家庭冲突与职业倦怠的关系中，自我决定动机起中介作用（李明军，王振宏，刘亚，2015）。

（三）婚姻与家庭

并没有太多的研究对婚姻状况的影响进行清晰地考察，因为被研究者大多是已婚雇员。已有研究表明，未婚和较少的负性工作—家庭溢出有关，但也和较少的正性家庭—工作溢出有关（Grzywacz & Marks，2000）。研究未能证实婚姻状况对工作家庭冲突的影响，但是，研究已经证明了孩子数量以及孩子的年龄对女性的影响。研究发现，家中的孩子数量和工作—家庭冲突及家庭—工作冲突都呈正相关（Grandey & Cropanzano，1999；Kinnunen & Maonu，1998；Netemeyer et al.，1996）。拥有12岁以下孩子的职业母亲比拥有更大孩子的职业母亲、职业父亲经历更多的负性溢出，这种负性溢出既包括从家庭到工作，又包括从工作到家庭（Crouter，1984；Higgins et al.，1994）。孩子在高中（13岁以上）的女性的工作—家庭冲突体验比拥有较小孩子的女性显著偏低，而对于男性，只是稍微低些（Higgins et al.，1994）。

家庭特质包括家庭生活、与配偶及孩子的关系等。角色冲突、角色模糊和经历的家庭—工作冲突呈正相关，也同工作—家庭冲突呈正相关（Carlson & Perrewe，1999；Grzywacz & Marks，2000）。研究显示，配偶在解决冲突中很重要。对111名男性和女性企业家的研究显示，配偶支持使得企业家能够满足工作和家庭角色的双重要求（Parasuraman et al.，1996）。家庭提供的支持和家庭角色模糊、家庭角色冲突呈负相关（Carlson & Perrewe，1999）。随着时间的流逝，和家庭成员的个人冲突是工作—家庭冲突的一个预测因子（Leiter & Durup，1996），和配偶交往的困难与工作—家庭冲突的经历有关（Burke，1988）。低水平的配偶反对和更少的两领域间的负性溢出有关（Grzywacz & Marks，2000）。家长压力源（家长工作负荷和儿童的不良行为）和家庭—工作冲突呈正相关（Grandey & Cropanzano，1999）。

从家庭角度看，婚姻状况、配偶的工作特征、子女数量和年龄、照顾父母花费的精力、花在家务劳动上的时间等都是冲突来源。研究表明，双职工，单亲家庭，有小孩、老人和行动不便家人的员工会经历更多的工作家庭冲突。在家庭资源上，配偶支持和其他家庭成员的支持与工作家庭冲突呈负相关；家庭经济状况良好也有利于员工照顾小孩和处理家务，从而帮助员工平衡工作家庭冲突。

（四）职业特征

1. 工作时间

工作时间是职业生活影响家庭生活的方式之一。仅仅对工作时间的研究对于理解工作家庭的相互影响是不充分的，可能混淆其他变量（如工作灵活性的程度、对时间表的控制、工作的类型等），工作时间的分配也对工作家庭冲突产生影响。工作超负荷是职业压力源中工作家庭冲突的最强前提（Frone et al.，1997）。当然，也存在一些有利的职业特质，如高水平自主性维度或职业控制、工作场所的支持、工作晋升和工作社会价值的提高等，都能够提升从工作领域到家庭领域的正性溢出。

每周工作时间更长与更高水平的工作—家庭冲突或负性工作—家庭溢出有关（Frone et al.，1997；Grzywacz & Marks，2000；Gutek et al.，1991）；长时间工作和正性心理健康指标有关；女性兼职工作和更少的工作—家庭冲突有关；（Kinnunen & Mauno，1998）。夫妻双方都有规律地参与全职工作（39～45小时每周）的家庭，具有低水平的工作家庭冲突和高水平的生活质量。然而，当夫妻一人或两人工作较长时间（每周多于45小时），男性和女性均会报告高水平的工作—家庭冲突（Moen & Yu，2000）。金家飞等人的研究表明：①工作时间对工作家庭冲突具有显著的正向影响；②性别对工作时间与工作家庭冲突之间的关系具有调节作用，工作时间越长，女性比男性体验到的工作家庭冲突越强烈，这可能是由于在中国文化背景下，“男主外，女主内”思想仍对中国传统家庭的性别分工具有极强的影响；③性别、性别角色态度和工作时间对工作家庭冲突具有三向交互作用。面对时间压力，传统性别角色态度的男性更易感受到工作家庭冲突。这表明，个体对工作和家庭的性别分工态度会影响其体验的工作家庭冲突。中国情境下男性的性别角色态度差异对他们的工作和家庭角色的认知具有重要影响，从而导致其体验的工作家庭冲突具有明显差异。

2. 工作自主性

高水平自主性维度或职业控制与低水平工作—家庭冲突或负性工作—家庭溢出有关（Frone et al.，1992；Grzywacz & Marks，2000；Kinnunen & Maonu，1998），高水平决定维度或职业控制与低水平家庭—工作冲突有关（Parasuraman et al.，1996），高水平决定维度或职业控制与在两个方向上的高水平正性溢出有关（Grzywacz &

Marks，2000）。

工作场所的社会支持与工作—家庭冲突或负性工作—家庭溢出呈负相关（Carlson & Perrewe，1999；Grzywacz & Marks，2000；Kinnunen & Maonu，1998；Kirchmeyer & Cohen，1999；Moen & Yu，2000）。工作场所的高水平社会支持也有利于高水平的两领域间的正性交互作用（Demerouti et al.，2001；Grzywacz & Marks，2000）。晋升机会和工作社会价值与工作家庭冲突呈负相关。工作场所的社会支持，尤其是来自经理人的支持，特别是当员工获得情感支持时，个体的工作压力会减轻。个体对经理人支持的感知与他们对其工作和家庭事务的控制感呈正相关，并由此与较低的工作—家庭冲突水平、工作压力心理指标有关。对工作场所的社会支持研究表明，个体与主管、同事和下属的关系好坏与其感知的角色压力有关。良好的关系和角色冲突、角色模糊和角色超载等角色压力以及较低的工作—压力冲突水平相关（Carlson & Perrewe，1999）。

弹性工作制也是影响工作家庭冲突的重要因素。按个体需要制定作息时间和提供弹性工作时数显然是企业为减少员工的工作家庭冲突的有价值的被选方案（Eby et al .，2005）。弹性工作制能够降低旷工率（Dalton & Mesch，1991），并且对员工的生产率、工作满意度产生积极正面的影响（Baltes，1999；Eby et al.，2005）。这些实证研究表明，弹性工作制能减少工作对家庭的冲突。

是否从事兼职工作也是影响工作家庭之间交互作用的一个重要因素。一项对东亚四个国家和地区的大规模调查研究发现，在控制了人格和家庭特征后，从事兼职工作与工作家庭冲突和工作满意度呈负相关，但是和生活满意度无关。该研究同时发现，尽管是否有子女对于研究结果没有影响，但是家中有老人能够显著增加工作—家庭冲突和家庭—工作冲突。已婚女性中，接受性别角色观点（男主外，女主内）的个体体验到更少的工作家庭冲突（Oishi et al.，2015）

二、工作家庭冲突的结果

工作家庭冲突作为一个研究领域兴起，已有近40年的历史。到目前为止，西方学者已经围绕工作家庭冲突问题展开了相当多的实证研究，并且取得了丰富的研究成果。尽管对工作家庭冲突使用的定义、测量方法和样本不同，但研究一致显示“工作负性地影响家庭”比“家庭负性地影响工作”更普遍。

国内有研究证实了这一结果，该研究发现工作—家庭冲突比家庭—工作冲突严重；影响工作—家庭冲突的因素包括工作时间、加班与轮班、工作卷入、来自单位的支持和照顾老幼等，这些因素多数与工作有关。而影响家庭—工作冲突的因素则包括家庭卷入、来自家庭的支持和工作时间，这些因素主要与家庭有关。陈忠卫和田素芹（2012）总结了工作家庭冲突的三个结果变量，包括健康、满意度和绩效。他们发现，工作—家庭冲突与酗酒的严重程度高度相关，但是，并未对员工的身体健康产生实质性影响。个体知觉到的冲突越高，就会越困惑、苦恼。这种苦恼包括生理状况方面的头晕、肌肉酸痛、食欲下降等，也包括心理方面的沮丧、压抑甚至是抑郁，个体的主观幸福感会明显降低。工作—家庭冲突引起的满意度变化包括家庭满意度和工作满意度两个方面，其中家庭满意度体现在婚姻幸福、孩子健康成长、生活满意等变量上；而工作家庭冲突对绩效产生的影响同时表现在家庭绩效和工作绩效两个方面。

国外的研究相对较早。弗罗内（Frone et al.，1992）发现，对于有配偶或有孩子的职业成年男性和职业成年女性而言，他们的负性工作—家庭冲突比负性家庭—工作冲突在频率上高三倍。邦德（Bond et al.，1998）发现，对一个有国家代表性的美国工作群体的样本调查报告了类似的结果：32%的美国工人报告在过去三个月中由于职业原因，没有足够时间给自己和家庭，仅有4%报告在同一时间内家庭或个人生活使得工作不能按时完成。有研究者（Demerouti et al.，2001）发现，来自荷兰邮政服务的751名雇员，在工作—家庭交互作用的所有维度中，家庭领域的正性影响对一个人在工作方面的效果最普遍（即“家庭正性地影响工作”）。但也有研究具有不同的结果，如有研究者（Grzywacz & Marks，2000）通过对2000名美国男女雇员的问卷调查研究发现，从家庭到工作的正性溢出和从工作到家庭的负性溢出同样普遍。

过去的研究揭示了工作家庭冲突与心理健康、身体健康、行为之间的关系。研究表明，工作家庭冲突同员工的心理冲突、自我报告的身体问题、酗酒等都相关。

第四节 如何促进工作家庭平衡

尽管关于干预策略的实际效果还有待更多研究的验证，但是通常认为，组织可以通过营造一种友好的工作环境来帮组员工实现工作和家庭的平衡；而员工个人也可以通过一些个人应对策略来降低工作家庭冲突的消极影响。

一、组织策略

大量研究证明，减少工作家庭冲突的主要途径是组织支持，即组织管理者为了实现组织目标，谋求更好的激励效果，根据员工的工作家庭特点，采取具体的支持性态度和举措，提供时间资源、情感资源、物质资源和制度资源等，协助员工处理好工作家庭关系的措施。

企业必须培养新的企业文化，为员工照顾家庭提供支持性的组织环境，只有这样，企业才会收获员工的优异组织绩效。研究证明，即使公司提供了工作生活平衡的措施，如果没有组织的文化和上级的支持，这些措施只能是摆设，而不能真正起到平衡的作用。因此，企业的家庭友好文化是基础，企业要把家庭伦理责任纳入企业发展战略框架，最终培养组织的和谐人际关系和员工的和谐家庭关系。

除积极文化外，企业还需要制定一系列的制度来帮助员工平衡工作和家庭。可行的措施见表6-2。

表6-2　平衡工作家庭的可行制度设计

制度	具体做法
弹性工作制	允许员工以灵活的方式完成工作任务，给员工照顾家庭留有时间余地是首要的正式制度安排，以此减少由于工作时间的不合理分配而产生的冲突
工作分享计划	通过时间的灵活安排减少或防止冲突的发生
提供组织支持	提供员工咨询、灵活的福利项目和有效的员工援助计划项目，提供家庭友好项目，以减少和缓解发生的冲突对个人和组织的影响，并尽可能防止冲突的发生
提高管理层对员工的关注和支持	提高管理层对员工的关注和支持，尤其是与边界维持者之间的支持性关系（如上司和雇员之间的相互理解）对维持雇员的工作家庭平衡具有重要作用。很多组织实施“员工帮助计划”，这对企业和员工来说，是实现“双赢”的良好途径

二、个人策略

个人可以通过自己的努力来实现工作与家庭的平衡，具体包括：①角色的再定义。角色的再定义是让人们重新认识自己对家庭和工作应负的责任，通过自我认知减少冲突带来的影响。②关注问题。当冲突发生后，个人要更多地关注问题本身，避免顺从和回避，采取措施尽快解决或缓解冲突。③寻求帮助。当冲突发生时，个人可以与自己的家人、朋友和同事进行良好的沟通，增进各方的理解，并寻求他们的帮助。④提高自我效能感。自我效能感是工作家庭冲突的调节变量也是前因变量。树立实现工作家庭平衡的信心，使冲突发生后，能积极地采取措施解决冲突。个体应对工作家庭冲突的策略主要有四种，具体见表6-3。

表6-3　个体应对工作家庭冲突的主要策略

<table>
<tr><th>策略</th><th>解释</th><th>对比</th></tr>
<tr><td>直接行动策略</td><td>直接行动策略是指个体通过采取直接行动来改变导致工作家庭冲突的环境因素，从而减少或消除冲突的一种策略</td><td rowspan="4">这两种策略都通过改变问题的产生环境来减少或消除冲突，所以被称为问题中心型策略</td></tr>
<tr><td>寻求帮助策略</td><td>寻求帮助策略是指个体通过寻求与别人合作，促使工作家庭冲突环境因素发生变化，从而减少或消除冲突的一种策略</td></tr>
<tr><td>积极思维策略</td><td rowspan="2">积极思维策略和回避/退让策略是通过控制和管理个人的认知或情绪来减少或消除冲突的影响，所以这两种策略被称为情绪中心型策略</td></tr>
<tr><td>回避/退让策略</td></tr>
</table>

个体应对工作家庭冲突的四种策略没有优劣之分，但只有与组织的应对策略相匹配，才可能最大限度地发挥效力。虽然相对情绪中心型策略而言，问题中心型策略有长久的效果，但是它们要求改变工作家庭冲突发生的环境。因此，如果没有合适的组织文化，没有组织的弹性和支持策略，没有家庭成员的支持，也就不可能奏效。情绪中心型策略虽说不是长效策略，但在无法改变组织或其他客观环境因素的情况下，却有可能是更好的选择，它们可以从心理上减弱个人对冲突的体验，从而避免工作家庭冲突的消极影响。

基本概念

1. 工作家庭平衡
2. 工作家庭冲突

本章要点

要点一：工作家庭平衡的相关理论模型

工作家庭平衡的理论模型较多，包括非因果模型：隔离理论、一致性模型和整合理论；因果模型：溢出模型、补偿模型、资源剥夺模型、角色压力假设、角色增强假设、资源守恒理论和角色边界模型，以及最近理论进展：生态学系统理论、适合模型、努力恢复模型。

要点二：工作家庭冲突的影响因素

工作家庭冲突的影响因素包括性别、年龄、教育水平、个性特征、婚姻与家庭、职业特征。

要点三：工作家庭冲突的应对策略

工作家庭冲突的策略包括组织策略和个人策略，这些策略的结合和合理运用能够有效缓解工作家庭冲突的负面影响。

思考题

1. 如何理解工作家庭冲突和工作家庭平衡？
2. 如何看待工作家庭冲突的相关理论模型？
3. 工作家庭冲突的影响因素有哪些？
4. 如何应对工作家庭冲突？有哪些可行的策略？

推荐阅读

宋国萍，汪默．职业健康心理学．南京：东南大学出版社，2010.

第七章

组织文化与心理健康

学习目标

1. 理解组织文化的定义及其基本理论。
2. 了解组织文化对心理健康的影响。
3. 了解组织安全气氛的概念。

章节导引

读完研究生课程的杨雪，胸怀大志地进入一家国企工作。然而进入新部门后，情况有些出乎意料。工作上论资排辈，业务上有经验的前辈享受资源优势，前辈和其他同事经常把一些琐碎的事情和不愿做的事情交给她做。杨雪总觉得大家在一起工作就是缘分，于是即使是分外的工作，心里不情愿也还是全盘接受。

但比起工作上的忍气吞声，职场上复杂的人际关系更让她感受到了从未有过的压抑。大家都是拉帮结派，一伙是以单身同事居多的“吃货”圈，下了班呼朋唤友出去吃喝玩乐；另一伙是妈妈圈，每天谈论的话题就是老公和孩子。

杨雪说，自己尝试过融入同事的圈子，但确实很难。同事们大多是本地人，经常用本地话交流，但她不会说也听不懂，很难切入同事们热聊的话题。

“而且平时上班的事情就已经忙不过来了，哪有时间闲聊，我是做事风风火火的人，没办法像他们那样拖拖拉拉。渐渐地，大家也不愿意跟我来往了。”杨雪说。

没想到融不进小团体，让杨雪成了被排挤的对象。“真的让我觉得尴尬和失落的是，有一次公司组织拓展训练，办公室同事一路有说有笑，可我却一句话都插不上。等到自由活动，他们三五成群，我一个人走在旁边。吃饭时间、地点什么的都没有人来提醒我。”杨雪委屈地说。

上述报道中的杨雪在毕业后的工作中遭遇着“职场冷暴力”。职场冷暴力指上司或同事用非暴力的方式刺激对方，致使一方或多方心灵受到严重伤害的行为。其主要体现在让人长期饱受讥讽、漠视甚至停止日常工作等刺激，使人在心理上压抑、郁闷。遭遇“冷暴力”后，职场人容易出现焦虑、迷茫、信心大幅受挫、疲惫不堪的感觉。这不仅打击了职场人的工作情绪和状态，而且会对其工作产生负面影响，导致企业效率降低，内耗确实不小。

然而不幸的是，这样的“冷暴力”每天都在职场上演，受害的人群也逐渐扩大。那么，遭遇职场冷暴力该怎么办呢？这是企业和员工共同关心的问题。而想要解决这一问题，必须要弄清组织文化与职业心理健康的关系。

第一节 组织文化概述

企业管理人员通常尽力用一种理性的和计划的方式来设计和经营公司，而现实往往并非如此。个人的信念、习惯、情绪、冲突、价值观和心理模式对人和组织的实际行为和决策都有一定的作用。而且，组织的价值观和组织文化对职业健康以及人们在工作中的动机、生产力和创造力都具有重大影响。本节我们将探讨组织生活中经常被忽视的元素，即组织文化。

一、组织文化的定义

组织文化（Organizational Culture）又叫企业文化（Corporate Culture），一般认为一个组织的文化是由价值观、规范、看法、态度、禁忌和现实图景构成的（通常是不言而喻的），它们对组织的决定和行为具有重要的影响。现在人们逐渐认识到，组织明确的核心价值观是组织认同感的主要决定因素并且引导着组织或企业的策略。因此，可以把组织看成一个共享某些价值观的社会团体，如麦肯锡（McKinsey）的7-S模型，见图7-1。

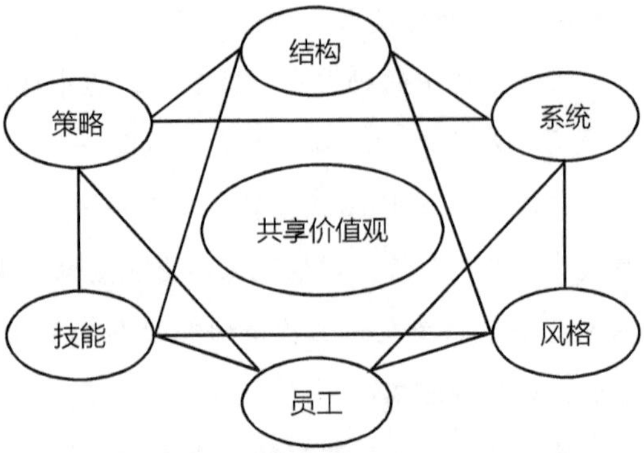

图7-1 麦肯锡的7-S模型

麦肯锡的7-S模型说明了一种观点，即共有的价值观不仅是公司策略、结构和系统的基础（企业的硬件），也是公司的技能、员工的风格的基础（企业的软件）。

组织的文化决定“在这里我们怎样做事”。文化知识通常在一定程度上是无意识或是下意识传承的。文化往往通过潜移默化的社会化过程传递给群体组织的新成员。对组织文化的定义至今仍没有一个统一的标准，我们主要来看国内外学者形成的不同观点。

（一）国外学者的定义

国外的学者大多把组织文化看作组织在长期的生产经营中形成的特定的文化观念、价值体系、道德规范、传统、风俗、习惯和与此相联系的生产观念。组织正式依赖于这些文化来组织内部的各种力量，将其统一于共同的指导思想和经营哲学之下。而在国外学者中有代表性的、影响较大的是沙因（Schein）关于组织文化的定义（李成彦，2006）。

沙因（Schein，1985）首先对文化的不同层面进行了阐释（见图7-2）。他区分了三个密切相关的层面，即基本假设、核心价值观和人为现实（包括行为方面）。基本假设是不能直接观察或察觉的，但它们是组织文化的核心部分。核心价值观是组织的最高领导人宣称的重要核心价值观。人为现实是企业文化决定的一种现象，我们能轻易观察或测量它们，但是不容易搞清楚它下面两个文化层面的关系。

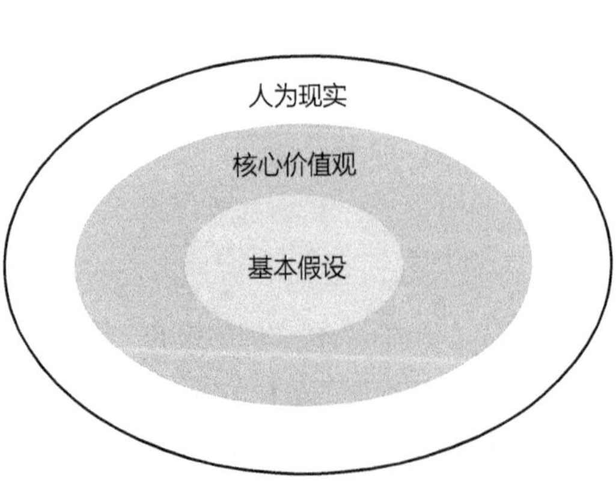

图7-2 组织文化的三个层面

基于上面的论述，沙因认为，组织文化是由一些基本假设构成的模式。这些假设是由某个团体在探索解决对外部环境的适应和内部统合问题过程中所发现、创造和形成的，如果这个模式运行良好，可以认为是行之有效的，是新成员在认识、思考和感受问题时必须掌握的正确方向。

（二）我国学者的定义

我国学者关于组织文化的定义基本上是借鉴了国外学者的观点，认为组织文化是组织的价值观、行为方式、精神现象等。我国关于组织文化的定义主要有以下几种观点。

第一种观点认为，企业文化是一个复合概念，它由企业的“外显文化”与“内隐文化”两部分构成。外显文化指企业的文化设施、文化教育、技术培训和文娱、联谊活动等。内隐文化则是指企业内部为达到总体目标而一贯倡导、逐步形成、不断充实，并为全体成员所自觉遵循的价值标准、道德规范、工作态度、行为取向、生活观念以及由这些因素融汇、凝聚而成的整体风貌。

第二种观点认为，企业文化是处于一定经济社会文化背景下的企业，在长期生产经营过程中逐步生成和发育起来的日趋稳定的独特的企业价值观、企业精神以及以此为核心而生成的行为规范、道德准则、生活信念、企业风俗、习惯、传统等，还有在此基础上生成的企业经营意识、经营指导思想、经营战略等。

第三种观点认为，企业文化主要是一种观念形态，它以企业的价值体系为基础，与企业的管理哲学、管理行为产生紧密的联系，它可以分狭义与广义两个方面。从狭义上讲，它指企业生产经营实践形成的一种基本精神和凝聚力以及企业全体员工共有的价值观念和行为准则。从广义上讲，除上述内容外，还包括企业领导人员和员工的文化素质、文化行为，包括企业中有关文化建设的措施、组织、制度等。

组织文化包括两方面的含义。第一，组织文化是一种知觉。这种知觉存在于组织中而不是个人身上。组织中具有不同背景或不同等级的人，试图以相似的术语来描述组织的文化，这就是文化的共有方面。第二，组织文化是一个描述性术语，它与成员如何看待组织有关，而无论他们是否喜欢他们的组织，它是描述而不是评价。

二、组织文化的产生与发展

组织文化是20世纪80年代从管理科学中分化出来的一门新学科。自从1979年佩蒂格鲁（Pettigrew）发表《组织文化研究》一文，以及庞迪（Pondy）和米特罗夫（Mitroff）发表《跨越组织的开放系统模式》一文后，文化模式的研究概念就在组织管理领域孕育而生，组织文化成为组织管理与企业管理事务的主流语言。1980年，美国《商业周刊》杂志以醒目标题报道组织文化问题，接着美国权威性杂志《斯隆管理评论》

《哈佛商业周刊》《加州管理评论》《管理评论》等，先后大篇幅讨论组织文化问题。从此，组织文化成为组织领域研究的主流问题。

组织文化研究兴起的原因，具有一定的社会历史性。克雷尔（Krell）认为，组织文化的兴起，可以理解为对三种危机的反映。一是竞争的危机。战后日本经济的迅速崛起，让美国人感到了威胁，所以他们需要找到新的工具，从而提高竞争优势。二是组织理论的危机。传统的理论仅仅关注组织结构、职业类型、任务设计、动机方案，这样的理论过于简化，需要寻找一个更加复杂的，考虑到意识、符号处理以及体系的复杂属性的模型。三是社会危机，即意义和社会导向的深层危机，也就是我们现在较为熟悉的西方的“后现代社会综合征”。同时，美国的管理学界还认识到，当时美国的管理思想存在着三大缺陷：一是忽视了人及人的感情因素，二是忽视了社会科学的研究成果，三是过分强调定量分析。这促使美国的学者迅速把目光聚焦在本国企业的文化上，发起了追求卓越、重塑美国的热潮，从而形成了组织文化研究的热潮。

三、组织文化的相关理论

现代管理科学的发展，历经了古典管理理论、行为科学管理理论、管理丛林理论三个阶段后，于20世纪80年代初步入了第四阶段——企业文化阶段（韩文辉，吴威威，2000）。企业文化理论兴起不过30年，其学说却有十多种，且内容各具特色，从不同的角度提出并阐明了企业文化的某些基本理论问题。下面我们将选取其中最具代表性的两个理论成果，从中可以看出当代国际企业文化研究的特点及发展趋势。

（一）霍夫斯泰德的文化四指标说

在企业文化刚刚兴起的20世纪80年代，荷兰文化协作研究所所长霍夫斯泰德（Hofstede）根据对40个国家的企业工作人员所做的大量问卷调查，编写了《文化的结局》一书，提出了对企业管理会产生重大影响的文化差异的四个指标，即接受权力差距的程度、防止不确定性的迫切程度、个人主义与集体主义及男性化与女性化。

霍夫斯泰德认为，这四种文化指标或因素对于管理中的领导方式、组织结构和激励内容，会产生巨大影响。首先，对企业领导方式影响最大的因素是“个人主义与集体主义”及“接受权力差距的程度”。他认为，美国是个人主义最高的国家，因此，美国的领导理论以领导者追求个人利益为基点，然而美国的领导理论并不适用于第三世界各国，因为这些国家属于集体主义社会，职工关心群体，希望从群体中得到保障，而“接受权力差距的程度”直接影响实现职工参与管理的情况。法国和比利时“接受权力差距的程度”很高，人民通常没有参与管理的要求，而美国接受权力差距的程度处于中间状态，因此企业中存在参与管理，但有一定限度。其次，对企业组织结构影响最大的因素是“接受权力差距的程度”和“防止不确定性的程度”。这是因为组织的主要功能就是分配权力以及减少或防止经营中的不确定性。法国“接受权力差距的程度”较大，又迫切要求防止不确定性，因此倾向于“金字塔”式的传统层次结构。原西德虽有较强的防止不肯定性的心理，但接受权力差距的程度较小，因此注重规章制度。美国、荷兰、瑞士等国“接受权力差距”的程度处于中间状态，因此在这类国家中是各种组织并存。最后，对企业激励内容影响最大的因素是“个人主义与集体主义”“防止不确定性的迫切程度”和“男性化与女性化”。对于美国这样个人主义程度很高的国家，激励方法多从个人出发，以个人的自我实现和个人获得尊严作为激励的主要内容。而对于日本这样集体主义较高的国家，激励就需要着眼于个人与集体的关系，过分奖励个人往往行不通。美国人倾向于“男性化”，所以适合把承担风险、进取获胜作为激励的内容。日本和法国虽然也倾向“男性化”，但“防止不确定性”的心理较强，因此分配一种无危险、很安全的工作岗位就成了激励因素。荷兰和北欧各国的价值观倾向于“女性化”，防止不确定性的心理又较强，因此，应以维护良好的人际关系作为激励因素。

（二）迪尔和肯尼迪的企业文化五因素、四类型说

美国哈佛大学教育研究院的教授特雷斯·E. 迪尔和著名的麦肯锡管理咨询公司的专家阿伦·A. 肯尼迪于1981年7月出版的《企业文化——现代企业的精神支柱》一书，是企业文化理论诞生的标志性著作。

迪尔和肯尼迪认为，企业文化是由企业环境、价值观、英雄、习俗和仪式、文化网络五个因素组成，五因素作用各异。迪尔和肯尼迪所说的“企业环境”并不指企业的内部环境，而是指企业“经营所处的极为广阔的社会和业务环境”，包括市场、顾客、竞争者、政府、技术等的状况。

根据上述五因素的定义，迪尔和肯尼迪把西方企业文化分为四种类型，即强人文化，拼命干、尽情玩文化、攻坚文化和过程文化。强人文化形成于高风险、快反馈的企业，其特征是崇尚个人明星，机遇扮演重要角色，把仪式变成迷信。“拼命干、尽情玩”文化形成于风险极小、反馈极快的企业，其特征是工作数量扮演重要角色，崇尚优胜群体，着迷于更有刺激性的活动。攻坚文化形成于风险大、反馈慢的企业，其特征是崇尚创造美好的未来，权威、技术能力、逻辑和条理性扮演重要角色，以企业例

行会议为主要仪式。过程文化形成于风险小、反馈慢的企业，其特征是崇尚过程和细节，小事扮演重要角色，仪式体现严格的等级观念。

对于企业文化这一新的理论体系，迪尔和肯尼迪从最深层、最核心的企业价值观一直到最表象的企业文化仪式，都做了具体而生动的阐述，将企业文化作为一门理论加以系统化，并确立了企业文化的理论体系。

（三）威廉·大内的理论

美国加利福尼亚大学洛杉矶分校管理学院日裔教授威廉·大内于1981年出版了《Z理论——美国企业界怎样迎接日本的挑战》。该书中，他把典型的美国企业管理模式称为A（America）型，把典型的日本企业管理模式称为J（Japan）型，而把美国少数几个企业（如IBM公司、P&G公司等）自然发展起来的、与J型具有许多相似特点的企业管理模式，称为Z型。Z理论主张日本和美国的成功经验应相互融合。

大内自1973年开始对日本和美国的企业管理做深入的比较研究。他指出，美国长期以来忽视对管理的研究，现在必须向日本学习。美国企业需要向日本学习的关键是，每一个企业都有一种充满信任、微妙性和亲密感的人际关系，即要把企业职工作为复杂的“社会人”来认识。该书详尽分析了美国盛行的“A型组织”和日本赖以成功的“J型组织”的各自特点后，创造性地提出了“Z型组织”的管理模式。该管理模式具有如下特点：①实行长期或终身雇佣制，使员工在职业有保障的前提下，更加关心与自身前途关系重大的本企业的长远利益；②对职工实行相对缓慢的长期考核和逐步提升制度；③采取“非专业”的方式，培养能适应各种工作环境的多专多能的企业人才；④管理过程中既严格各种科学技术的控制手段，又注重对人的经验和潜能进行细致有效的启发诱导；⑤采取集体研究与个人负责相结合的“统一思想式”的决策方式；⑥在职工中贯彻平等主义原则，在整体利益指导下，每个人都可以对事物做出判断，独立工作，以自我控制代替等级指挥，上下级间建立融洽的关系。

威廉·大内指出，为了建立“Z型组织”，必须倡导一种“Z型文化”。这种“Z型文化”深刻揭示了经济与社会、管理与文化的内在联系，而且从案例分析和实际操作的角度，提出了企业文化的概念，从而为企业文化的理论发展奠定了基础。

第二节 组织文化中的心理健康问题

组织文化对于一个组织或企业来说至关重要，尤其是组织文化对于职工心理健康的影响，将直接或间接地影响企业的生产、管理状况，关乎企业的命运。本节将详细讨论组织文化中常见的几种问题，如领导暴力、工作场所欺凌，从而理解组织文化与职工心理健康之间的关系。

一、领导暴力和辱虐管理

领导在一个组织中处于核心地位，领导行为也深刻地影响着组织文化的形成与发展。传统领导理论关注较多的是领导正向积极的影响力，包括领导对组织的贡献及领导者与众不同的个人特质，如变革型领导、魅力型领导、道德型领导、自我牺牲型领导等。由此可见，正向领导行为的研究在理论和实证方面都取得了丰硕的成果。

近些年来，职场暴力特别是领导暴力的问题越来越受到人们的关注。领导暴力主要指的是上级对下级不友好的破坏性行为，是一个较为宽泛的行为领域，国内外学者对于该领域研究较多的概念是上级的辱虐管理。泰珀（Tepper，2000）最早提出了辱虐管理的定义，认为辱虐管理指员工对于其主管持续展现的语言或非语言敌意行为的程度所产生的知觉，而肢体接触并不包含在内。此外，泰珀也表示，不当督导指主管在工作场合中以敌意的方式对待员工，诸如对员工冷嘲热讽、对员工乱发脾气、扯员工后腿等。由此定义可知，不当督导指用语言与非语言的方式，让员工产生负面的知觉。

辱虐管理的出现必将导致一种消极的组织文化，并且辱虐管理不容易被发觉和管理，因而会对员工产生不必要的心理困扰，影响其心理健康状态。纵观国内外相关研究，辱虐管理会在以下三个方面对组织及员工产生影响。

（一）对工作态度和心理健康的影响

辱虐管理会影响下属的工作态度和心理健康，会导致高水平的情感耗竭、离职倾向、工作家庭冲突以及低水平的工作满意度和组织承诺（Ashforth，1994；Tepper，

2000）。相关研究发现，受辱虐的员工经历了更严重的心理危机、工作和生活满意度降低以及更高的离职意向。有研究指出，由于领导通常在员工的晋升、薪资的发放及信息的反馈等方面起着守门员的作用，所以当上下级的关系出现障碍时，会对下属造成显著的摧毁性的影响。辱虐管理会导致员工压力感的增强，强化下属的紧张焦虑等负向情绪感知。

当然，辱虐管理对员工的影响会受到各方面因素的调节。辱虐管理是上下级关系紧张的直接诱因，而处于较低级位置的下属由于长期处于这种紧张的关系中，往往会导致自身幸福感的下降。但是，辱虐管理的这种影响往往受到一些边界条件的限制，如下属应对方式的调节或其他调节因素。泰珀（Tepper，2000）认为，当下属尤其重视或喜爱自己的工作时，辱虐管理对员工幸福感和心理健康的冲击更大，会使其在工作和生活中承受较大的压力。有研究显示，当下属在工作中具备较强的责任心时，辱虐管理对员工工作满意度及工作压力感的影响也会上升。这是由于责任心较强的员工相对那些责任心较弱的员工来说，更加关注与重视领导对自己的态度，他们对达到领导满意的工作绩效有较为强烈的意愿，当这种强烈的意愿无法满足甚至得到领导的漠视时，责任心较强的员工会感受到明显的紧张与情绪耗竭。除此之外，下属的应对方式在辱虐管理与下属心理压力之间起调节作用，采取逃避的方式来应对辱虐管理的下属更容易产生负面情绪和心理压力，而采取积极应对的方式则能减轻辱虐管理造成的心理压力。

另外，由于主管对员工的态度决定了员工在组织中的发展，主管的言行也就代表了组织对员工的态度，因此，遭受辱虐的员工由于感受到了组织对他的信任和需要降低，从而也会降低其对组织的情感依附程度和认同程度。这些关系可以反映出一个事实，即辱虐管理会导致员工感到自己遭受不公平对待并怀疑自身的价值与能力（Tepper，2000）。

（二）对职场偏差行为的影响

研究表明，辱虐管理与组织导向职场偏差行为呈正相关。有研究发现，员工对组织的情感承诺在辱虐管理与职场偏差行为之间的关系中起中介作用，当下属知觉到主管的辱虐行为时，通常会降低对组织的情感承诺，从而导致职场偏差行为的产生。除此之外，当下属的离职意愿较强时，受到辱虐管理后会更多地表现出职场偏差行为，尤其是主管导向职场偏差行为。

（三）对工作绩效的影响

有研究指出，辱虐管理不仅与自评的工作绩效呈负相关，而且与领导评定的工作绩效也呈负相关（Harris et al.，2007）。同时，辱虐管理与绩效的负相关会受到员工工作意义的影响，如果员工认为工作具有较大的意义，辱虐管理与绩效的负相关将会增强，因为员工看重自己的工作就会更重视主管对自己的看法和态度，辱虐管理的发生会导致其耗费更多的时间和精力处理相关问题。泰珀（Tepper，2000）亦指出，辱虐管理会伤害员工的自尊，使员工得不到有效信息的反馈，由此导致员工的角色内绩效降低。有研究发现，辱虐管理与员工的周边绩效呈负相关——辱虐管理致使下属员工产生情绪耗竭，而情绪耗竭又会导致员工周边绩效的降低，并且同时减少角色外行为（Samuel Aryee et al.，2007）。李宁琪和易小年（2010）也证实了辱虐管理与工作绩效之间的负相关。吴隆增等人的研究显示，在中国的传统文化背景下，辱虐管理会对工作绩效造成消极影响，以下属对主管的信任为中介。

二、工作场所欺凌

工作场所欺凌是组织文化产生的另一个问题，和领导暴力不同，工作场所欺凌更多关注的是同级员工之间的欺凌或暴力行为。综合学者们所提出的工作场所欺凌的概念，虽然定义不相同，但大体上的定义都涉及三个方面：①欺负者和被欺负者在地位或权利上是不对等的；②欺凌行为不是偶然的一次而是长时间的持续行为；③欺凌行为对个体和组织造成消极影响。

近年来，学者们对工作场所欺凌行为的消极后果认识更加全面，研究也不断深入，工作场所欺凌所导致的消极结果主要表现在个体和组织两个层面。

（一）个体层面

研究发现，工作中的人际问题、生活满意度、压力感与工作场所欺凌行为显著相关（Appelberg et al.，1991）。在奎因（Quine，2001）对护士进行的调查中，受害者被报告出有较低水平的工作满意度和明显的高度焦虑、压力感和强烈的离职意向。对医院职工的研究证明了受害者的病假离休或缺席的比率达到了51%，是其他员工的1.5倍（Kivimaki，Elovainio，& Vahtera，2000）。其他的研究也发现了欺凌与病假离休之间的显著相关性。

离职倾向也是工作场所欺凌的一个重要后果，奎因发现欺凌与离职之间有内在联系。有研究者指出，组织一旦试图解决工作场所的冲突问题，欺凌的受害者就有可能被驱逐出组织或是违背自己的意志强制离开组织。离开组织对一部分人来说是一种积极的处理策略，这样可以保障他们的身心健康（Hoel et al.，2006）。但是对另外一部分失意的离职者来说，这会引发他们的健康问题。

欺凌问题会引发一系列的连锁反应。一些研究发现，和其他员工相比，受害者具有高水平的压力感和低水平的工作满意度。有研究指出，工作场所欺凌与身体健康和心理健康水平呈显著负相关。对来自6个组织的2215名员工的调查研究发现，工作场所欺凌与心理问题、身体疾病、生理疾病有显著相关。焦虑、失眠、消化疾病、激怒、沮丧、身心失调、抱怨、高血压、一些其他心理疾病等都是伴随着欺凌而来的典型症状（Namie，2003）。在一些极端的案例里，受害者可能会产生自杀或谋杀的极端行为。有些研究发现，受害者会产生创伤后应激障碍。

可见，工作场所欺凌给个人带来了很多不良后果，使被欺负者产生了较高的压力，出现创伤后应激障碍、自我贬低、职业倦怠、人际关系问题、生活不满意等后果，这严重危害了他们的身心健康。

（二）组织层面

工作场所欺凌对组织的消极影响也得到了一些研究的验证。阿什福思（Ashforth，1994）发现，欺负行为导致被欺负者产生挫折感、过度压力、无助感和工作离间感，降低了其自尊水平和生产率，降低了其所在工作团队的凝聚力。有研究表明，工作场所欺负对情感承诺和离职意向具有显著的预测作用（Djurkovic，McCormack，& Casimir，2004）。陈维挪在研究中表明，工作场所欺凌整体及工作欺负、人际欺负两个因子对员工的离职意向、工作满意度、情感承诺、工作绩效和情感耗竭具有不同程度的影响。员工的组织承诺水平降低，工作满意度下降，离职率上升以及因为员工的倦怠心理造成的工作效率的下降等，严重影响组织绩效，这些消极后果给企业造成了巨大的直接或间接的经济损失。

工作场所欺负导致的低工作满意度、低情感承诺、高缺勤率、高离职意向等，给组织带来了大量的消耗。直接消耗包括因缺勤所导致的工作日的减少、身心健康问题所增加的员工赔偿以及员工健康关注计划所增加的成本等。间接消耗包括低工作满意度水平所导致的生产率的降低、创造力的下降以及招聘和保留员工所增加的成本等。这些消耗从总体上降低了组织的绩效。

工作场所欺凌会对组织产生直接和间接的损失。直接的损失是指频繁的员工缺席、离职率的上升、法律赔偿和安全保障费用的增加（Namie,2003）。离职所带来的损失不只包括组织初期专业人才的流失，同时还包括重新招募和培训新员工的时间精力和金钱的损失。欺凌所产生的间接消耗虽很难进行量化总结，但可归纳为高压的工作环境、低道德水平、低生产效率。欺凌产生的压力包括道德、情绪和心理上的压力，这些压力会作用在工作满意度上。尼达姆（Needham）指出，据保守估计，在部门或组织中因低水平的道德标准或其他任何原因而引发的欺凌行为，至少会使得生产效率下降20%。其他研究也发现，在遭受欺负的员工中，37%降低了对组织的承诺，22%减少了工作努力，10%减少了工作时间，46%考虑换工作以避免受欺，12%最终离职。

据统计，在瑞典每发生一起工作场所欺凌事件，该年的经济损失总额会高达3万到10万美元。美国统计局1990年做的调查发现，每年因实际发生或是预测即将发生的工作场所欺凌事件而造成的生产效率下降所造成的损失金额在50亿到60亿美元。而在加拿大，两年中由于工作场所欺凌所造成的时间和生产力的额外消耗，造成了超过1.8亿美元的损失。

由此可见，工作中的欺负行为后果的严重性，工作场所欺凌给员工和组织带来相当严重的破坏性后果，不仅会严重影响组织绩效，还会给受害者的身心健康造成严重影响。

第三节 组织安全氛围

组织安全氛围与组织文化密切相关，从某种程度上看，组织安全氛围就是组织文化的一个折射，其对员工行为与心理健康都将产生显著影响。本节我们将讨论组织安全氛围的相关研究成果。

一、组织氛围概述

工作事故是职业健康心理学领域的一个重要结果变量，它与员工的身心健康密切相关。同时，它对企业的生产效率和生产费用有着重要的影响。然而，尽管安全问题在经济和社会层面都具有显著的影响力，但是管理学学者们对安全问题的关注还远远不够。过去的研究一般都认为工作事故的主要原因是生理疲劳和操作不当，但是近年来的研究则指出，社会心理和行为相关的原因也占很重要的位置。这些研究的数据大量来自制造业、畜牧业和军队，都是事故高发的职业群，因而很快获得了学界的关注。在这些与员工心理相关的事故原因中，最受关注的是有关组织安全氛围的研究。

（一）什么是组织氛围

组织氛围是指组织成员对组织基本性质的共有知觉，这些基本性质包括政策、流程、制度等。一种多层次的理论框架认为，政策定义了组织的战略目标和达成目标的途径；流程为这些目标和途径相关的行动提供战术指导；而制度则与组织各阶层的管理者对政策和流程的执行有关。因为组织具有多重目标和多种达到目标的途径，高层管理者必须为组织的各个方面（如客户服务、产品质量、员工安全等）建立一套政策和流程。如果这些政策足够明确，员工将在政策的影响下对组织的性质形成共识。由于不同职位的员工在当前关注的组织功能各不相同，这些与员工职能相应的共识会使组织内部形成不同的氛围，如服务氛围、创新氛围和安全氛围等。

（二）组织氛围的测量

氛围是在一组个体中自然生成的情境特征。测量氛围的一般程序是先把个体的知觉汇总到所需要的分析单元中（如组织、部门、工作团队等），再用所有个体汇总后的均值来代表那个单元的氛围。例如，如果我们需要测量工厂某个车间的安全氛围，那我们就应该测量该车间中的每个员工对安全氛围的感知，然后将所有员工的得分平均，作为该车间的安全氛围得分。

至今为止，相关研究指出了3个保证该测量程序有效的标准。首先需要满足单元内的同质性或知觉的一致性。如果没有足够的同质性，均值分数就不能成为氛围的有效测量指标。因为氛围跟领导力、凝聚力类似，是一个群体水平上的变量，所以个体水平的分析方法不能用于氛围分析模型中。因此，有些个体水平的变量不应该被界定为氛围变量。

其次是氛围测量的结果必须在组织单元间有变异性。也就是说，不同的组织或者部门对于氛围的认知需要存在足够的差异。

最后是分析的单元应该与自然存在的社会单元相对应，如现存的工作团队、工作部门、公司单位。尽管在这一个标准上学界还存在争议，但大多数研究者认为该标准是进行氛围分析的必要条件。然而有学者认为该标准不符合心理学对氛围的界定，因为即使个体之间互不相识，他们共同隶属的组织氛围也还是可以将个体对其组织共享的知觉通过统计方法聚到一起。

二、组织安全氛围的核心意义

组织有多重目标和实现目标的途径，因此，高层管理者必须在各个方面建立具体的政策和工作流程，这就形成了多种具体的氛围。安全氛围是员工所持有的与安全政策、安全生产流程及安全制度相关的共识。但是，这些政策、流程、制度的评估可能非常复杂，需要区分正式公布的政策条文和工作流程以及实际必须实施的制度之间存在的差异。正式的政策是明确的，如明文规定的条款和正规的程序，而真正施行的政策和组织实践则是隐性的，是员工通过观察高、中、低各个管理层的管理模式和对相关政策的应对执行模式而自然形成的。从功能性角度来看，氛围的知觉应该仅仅包括实施中的政策，而不是那些条款里面规定的形式上的内容，因为只有真正执行的政策才能让员工了解安全行为的可能后果。因此，当管理者在安全问题上采取一致的应对处理办法时，即使这些处理办法与正式条款中的描述不同，员工也能形成对于安全政策或安全流程的一致性知觉。例如，一旦生产进度比预定的时间表滞后，只要不威胁到生命安全，一些底层管理人员可能就并不要求工人严格遵守公司的安全条例，甚至违背安全条例追赶进度，长此以往，就可能形成不良的安全氛围。

实施的安全政策和程序很大程度上取决于安全目标与生产目标的相对权重。由于相对权重为员工提供了用来理解政策失效意义的一个便捷的心理途径，安全氛围知觉被认为是那些真正能够表现出“安全”优先性的政策条文或执行方式。这与经济学中的最省力法则一致，即员工倾向于按照最经济便捷的方式来衡量公司执行的政策和程序。因此，安全氛围知觉的最终影响就体现在安全问题的优先性。因此，氛围水平，而非每个人对政策程序的认知，反映出人们公认的安全优先性的高低。从这个意义上讲，安全氛围被认为是一个社会性概念，是组织运行的整个动态过程的一部分，而不是对一些互不相干的安全流程的被动观察。例如，一旦安全问题被忽视或者要给产品生产过程让路，员工就会认为安全的优先级比较低。反之，只有当安全问题导致停工或停产，或与员工奖惩相联系时，员工对组织中安全问题优先性的知觉才会有所提高。

三、氛围与行为的关系

除了精确的定义，安全氛围的理论模型还应该关注氛围知觉与安全行为之间的关系。

（一）安全行为的测量

探讨安全氛围和安全行为间的关系，在明确了安全氛围的相关测量事项之后，要解决分析的就是如何实现对安全行为的测量。

行为的研究方法主要有观察法（也就是客观测量）和自陈法（也就是主观测量法）两种，对应的指标为客观指标和主观指标两类。观察法是由观察者通过观察直接获得被研究者行为数据的方法，即通过观察工人在一段时间内的安全行为和不安全行为，来反映工人的行为安全性。20世纪90年代后，研究者经常采用的行为安全性测量指标是“安全行为百分比”（Proportional Rating Seale，PRS），观察者经过了专门培训后，分别测量某一时间段内的工人作业中安全行为和不安全行为的个数，用安全行为占全部行为的比例作为指标。

张江石在探讨安全氛围和安全行为的关系时，对安全行为指标的研究采用的就是观察法。而自陈法则是由被研究者自己报告自己行为数据的方法，通过调查员工对自己或者工友安全行为的主观感受，如直接或间接测量工人“是否在作业时经常违反安全制度”，从工人对问题的反馈上来反映其行为安全性。常用的自陈法有访谈法和问卷法，这两个方法在不同程度上都有各自的缺点。例如，在自我报告的时候，有些行为会因社会赞许等因素的影响而有所偏差，而采用观察法则很可能无法观察到被研究者平时的真正行为。传统的安全行为的测量指标是“自我事故报告”和“受伤数据”，但是这些数据不够精确和灵敏，尽管如此，许多研究者仍然采用这些数据，并试图解释安全氛围和安全绩效的关系。

另外一种是行为抽样方法，这种方法是指研究者从所有员工行为中抽取样本行为进行观察，然后评估它们的安全性，很多研究者将安全行为抽样作为传统绩效测量的替代方案。但有研究者认为，行为抽样能够较好地体现员工的具体安全行为表现，观察的内容直接。但是行为抽样也有不足，一是测量费用相对高些；二是极有可能对被测量者有影响，可能会干扰员工的正常工作；三是与安全氛围调查配合使用时存在诸多不便，很可能参加安全行为抽样的员工无法参加安全氛围调查，反之亦然。尽管存在这些不足，它仍然是非常值得研究者采用的方法。这种非传统安全行为测量方法的局限性本质上还表现在仍然将没有事故当成良好安全行为的特征。

主观指标测量因其时效性、容易操作的特点而被很多研究人员采用，而客观指标测量虽然具有能更加客观准确地反映实际情况的特点，并且近年来逐渐受到研究人员的关注和尝试，但因为各个行业安全行为的差别较大，且测量过程较为复杂，仍未得到广泛应用。可以说，到目前为止，任何安全行为的测量方法都是有缺陷的。

（二）安全氛围对安全行为的影响机制

大部分研究者在探究安全氛围对安全行为的作用机制时，采用的都是结构方程建模（Structural Equation Model，SEM）的方法。但已有的、被广泛接受的模型很少，并且很多都是在经验基础上建立的，缺乏必要的理论基础来使安全氛围概念中复杂的方面清晰地呈现出来。左哈尔（Zohar）提出的模型一定程度上克服了这些缺陷，认为安全氛围通过三个步骤影响安全行为结果：①安全氛围感知影响行为期望；②行为期望改变安全行为的趋势；③安全行为影响一个组织的安全纪录。第一步暗含于安全氛围的定义中，安全氛围被定义为员工对组织中安全优先级的感知。员工对安全氛围感知和组织的安全政策有关，并且将影响员工的安全行为期望，即如果员工觉得组织有良好的安全氛围，那么他就可能认为，只要自己遵守组织中的规章制度就应该能够保证工作安全，这就是员工形成的行为期望。第二步与安全行为期望结果有关。基于社会学习和预期效益的构想，通过确定的行为得到某一结果的可能性越大，这一结果的效益越大，则遵守特定方法来行动的动机也就越强烈。最后一步是基于经验证据，这些证据来源于许多企业事故中员工的安全行为，已经明确员工的安全行为和企业中85%的事故有关，那么安全行为就应该与安全行为所导致的安全记录相关。这三步共同作用就形成了安全氛围和安全行为之间的作用关系。

在用结构方程建模的方法解释安全氛围和自我报告安全活动之间关系的研究中，安全活动的范围很广泛，包括员工对工作环境和工作场所危险性的主观评估、管理者对员工遵守安全规定与否的评估和员工对安全问题的参与等方面。尽管安全氛围因了结构都不尽相同，并且有的有很大的差异，但结果发现，安全氛围和自我报告的安全活动有关。

基本概念

1. 组织文化
2. 辱虐管理
3. 工作场所欺凌
4. 组织安全氛围

本章要点

要点一：组织文化的概念

组织文化是由一些基本假设所构成的模式。这些假设是由某个团体在探索解决对外部环境的适应和内部统合问题过程中所发现、创造和形成的，如果这个模式运行良好，可以认为是行之有效的，是新成员在认识、思考和感受问题时必须掌握的正确方向。

要点二：组织文化与心理健康的关系

组织文化对心理健康有很大的影响。领导的辱虐性管理文化会导致下属高水平的情感耗竭、离职倾向、工作家庭冲突以及低水平的工作满意度和组织承诺，进而影响工作绩效；工作中的人际问题、生活满意度、压力感与工作场所欺凌行为显著相关。

要点三：组织安全氛围

组织氛围是指组织成员对组织基本性质的共有知觉，这些基本性质包括政策、流程、制度等。组织安全氛围对安全行为和安全绩效都有影响。

思考题

1. 如何理解组织文化的定义？
2. 如何理解组织文化对心理健康的影响？
3. 研究组织安全氛围的意义是什么？
4. 组织安全氛围如何影响安全行为？

推荐阅读

宋国萍，汪默. 职业健康心理学. 南京：东南大学出版社，2010.

第八章

组织情境特征与心理健康

学习目标

1. 理解环境心理学的定义。
2. 了解环境与压力的关系。
3. 了解物理工作环境对心理健康的影响。

章节导引

美国《环境与健康展望》杂志刊登的一项新研究发现，室内办公环境影响人们的认知功能，改善空气质量有助于提高员工的反应和认知能力。这项新研究由哈佛大学公共卫生学院健康与环球环境中心、纽约州立大学医学院和塞拉寇斯大学研究人员合作完成。研究人员对包括建筑师、设计师、程序员、工程师、营销创意师等在内的24名参试者进行了为期6天的双盲重复试验及多项测试。参试者的工作环境为可控特定环境，他们在给定的办公室内完成正常工作。研究人员控制参试者所在办公室的多种环境因素，并设置了四种办公环境，包括挥发性有机化合物（VOC）浓度较高的"非绿色"办公室、VOC浓度较低的"绿色"办公室、VOC浓度低并增加强通风的"双绿色"办公室、人为提高二氧化碳水平的办公室。参试者在每天工作结束时接受认知测试。结果发现，在"双绿色"和"绿色"办公环境下工作的参试者的认知能力得分分别是在传统环境下工作的参试者的2倍和61%。通过对九大认知功能区域的测量，研究人员发现，改善最大的认知领域包括危机反应（分别提高131%和97%）、决策能力（分别高出288%和183%）以及信息使用能力（分别高出299%和172%）。

新研究负责人、哈佛大学研究员约瑟夫·艾伦博士表示，室内环境质量小幅度改善（如多种绿植、常通风等）就可能对员工的工作效率、认知能力和决策能力产生重要影响。

第一节 环境与心理

现代企业越来越注重员工导向的管理方式，企业管理人员通常尽力为员工创造一种舒适的工作氛围，希望以此提高员工的工作效率和工作满意度。环境心理学便是研究环境与人的心理和行为之间关系的一个应用社会心理学学科，又称人类生态学或生态心理学。这里所说的环境虽然也包括社会环境，但主要是指物理环境，包括噪声、拥挤、空气质量、温度、建筑设计、个人空间等。本节我们将探讨环境心理学的相关问题。

一、环境心理学概述

有学者将环境心理学定义为研究行为和物理环境之间相互关系的学科。使用“相互关系”一词是强调物理环境和行为之间的关系是动态的和交互影响的，即行为受物理环境的影响，同时，人类的行为有助于创造和改变环境。

想象一下，当你在火车上阅读一篇复杂的科学论文，如含有大量的多变统计内容的论文，你多么希望拥有一个相对安静的环境，把注意力完全集中在文章上。然而，此时坐在附近的一个人的随身听正在播放音乐。尽管你能听到的声音不大，但很快让你“心神不安”，逐渐分散了你的注意力，妨碍了你的阅读。这恰好说明，人与环境的关系是动态的互相影响的。车厢内的音乐直接影响你顺利完成阅读任务，某人有目的的行为（也就是听音乐）在某种程度上为你制造了一个特异的物理环境。

坎特尔和克雷克（Canter & Craik，1981）的研究进一步促进了我们对人和环境的关系所涉及的要素的理解。在他们看来，环境心理学是对人类经验行为与相关社会环境方面的相互关系、相互作用的分析。他们使用“相互作用”一词，表示物理环境和人类行为之间的双向关系。更重要的是，他们对经验和行为的格外关注意味着两点：一是在不同的物理环境中人们行为的目的性；二是环境感知的重要性，任何环境的质量或是否适宜都是根据对环境的感知来评判的。简单地说，物理环境的客观特征本身对人类行为的影响并不是很大，但是我们对这些特征的知觉和我们对这些特征与我们目前的需要和目标是否一致的评价，却对我们的行为有很大的影响。

举一个简单的社会密度，也就是人可用的空间比率的例子。人们对社会密度是否合适或恰当的感知不仅在不同社会情境中有明显的不同（如流行音乐会和演讲会），即使在同一社会情境下，随着需要和目标的不断变化，我们对社会密度的感知也会改变。例如，当我们在工作中受批评而不是受表扬的时候，或当我们需要一段安静的时间集中精力工作而不是与他人互动或协同工作的时候。

环境心理学的定义的另一个重要之处是，环境应该适合它们的社会用途，这个用途是由在那里执行必要任务和从事活动的人来判定的。因此，工作场所是否符合用途，不是由建筑师或设计师来评定，而是由在这里工作的人来评定。简言之，用户对物理设施的评估，如工作场所、图书馆、医院，正是人们与物理环境的关系或联系的中心。正是这个原因，使用状况评估对许多环境心理学的调查而言是一条基本原则。所谓使用状况评估，是指系统地评估人们实际使用建筑和其他设施的情况。

重要的是，环境评估受到个体差异和社会文化因素的影响。例如，弗恩海姆（Furnham，1997）推测办公室员工的工作满意度和绩效很可能受到他们的人格和环境属性之间的匹配度或合适程度的影响。环境属性是指开放式的或是封闭式的办公环境。他认为，性格外向的人如果渴望唤起和刺激，则可能认为一个喧闹的、人们走来走去的、丰富多彩的开放式办公室更符合他们的需要。内向的人可能更喜欢封闭式的没有多少外界刺激的办公环境。或许可以认为，外向的人在开放式办公室工作最好，他们报告的工作满意度会比较高，而内向的人在封闭式办公室工作最好而且也最感觉满意。

任何对物理设施的评估就像个体差异或只是一个单纯的技术规格一样，大多都是社会文化因素的产物。设计规格基本上是社会的判断。想一想监狱的设计，什么样的社会价值观会支配监狱的设计呢？萨默（Sommer）指出，通常有两个相互冲突的目标影响着监狱的设计，一个目标是丧失民事行为能力和惩罚，另一个目标是劳改和劳教。这两种相互冲突的哲学思想会影响设计师提出的监狱的建筑物、便利设施、设备和监狱要求的物理特征方面的设计规格。例如，前者是简陋的牢房设计，而后者是教室环境的设计。历史上，让罪犯丧失民事行为能力的哲学曾占主导地位，因此，监狱通常修建成像堡垒一样的建筑，象征着忏悔和毫无人性。

因此，任何工作场所或其他行为环境的评估或评价都是个人、社会和文化影响混合的产物，它们结合在一起，相互作用，因而对物理环境的评估不能脱离它的心理、社会和文化背景。正如有研究者指出的，物理环境同时象征、体现和制约着社会环境。

所有这一切对职场的环境心理学意味着什么？首先，从职业健康心理学的角度看，这意味着任何工作场所的环境心理学在根本上是要确定那些对员工的幸福和行为产生影响的工作场所的物理性质。其次，这意味着不管“放在显微镜”下的是什么物理性质或设计元素，如声音和噪声、空间布局、窗户、景观、颜色或建筑的细节，都不能脱离其全面的社会和组织背景来考虑。工作场所的设计要有一个特定的社会目的，即有利于员工以健康、安全、幸福和提高生产力的方式有效地完成指定任务。如果没有考虑到诸如个体差异、劳动力的人口学特征、要完成的任务的性质以及所设计的物理工作场所支持的组织结构和过程要素的共同作用，那么物理设计元素的评估就是不可靠和无效的。

最后，因为对工作环境质量的评定人和最终的决定人不是环境的设计者，而是环境的使用者，因此，物理工作场给员工的舒适性和满意度就成为人们重点关注的概念了，最关键的是人们对环境的评价而不是客观环境本身（Hedge，1982）。尽管两者之间的关系是可以识别的，但是要再次强调，对已有评价的工作场所环境的评估，必须对那些影响评价过程的已知的个人和社会因素给予应有的重视。例如，评价人的人格特点和其他的个体差异，需要、目标与动机，手头任务的特点，普遍的社会价值观，这些可能会左右人们对工作场所的看法和印象。

二、环境与行为的关系

（一）基本理论

1．唤起水平理论

关于物理环境如何影响人类行为的问题，由来已久的一种解释是它对唤起水平有影响。唤起是指从睡眠到高度觉醒活动之间的连续状态（Berlyne，1960），包括生理、行为和心理方面的变化，如心率、运动能力和情绪反应等。环境条件可以改变人们的唤起水平。例如，在拥挤的公共汽车或火车上，我们会感到不舒服和烦躁不安。相反，在我们心情愉快地散步时，唤起水平显著下降。实质上，唤起是环境刺激和行为之间的一个中介变量。

重要的是，唤起模型可以预测唤起水平对工作绩效的影响。具体来说，耶基斯—多德森定律假定唤起水平与工作绩效是倒“U”形关系（见图8-1）。从图中可以看出，当唤起处于中等水平时，工作绩效最好，而当唤起低于或高于这个最佳点时，工作绩效就逐渐变差。

当然，最大工作绩效的最佳唤起水平在一定程度上取决于工作任务的性质。例如，在别人交谈时抄写或誊写笔记要比进行数学计算容易得多。因而，对于复杂的工作任务，最佳的工作绩效出现在较低的唤起水平上（见图8-2）。

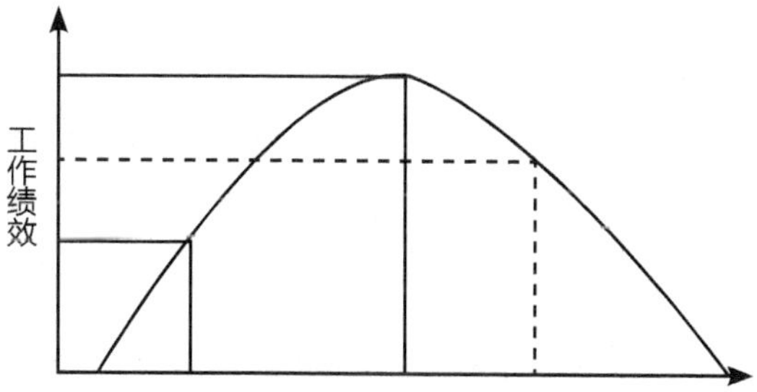

图8-1 唤起水平与工作绩效关系的耶基斯—多德森模型

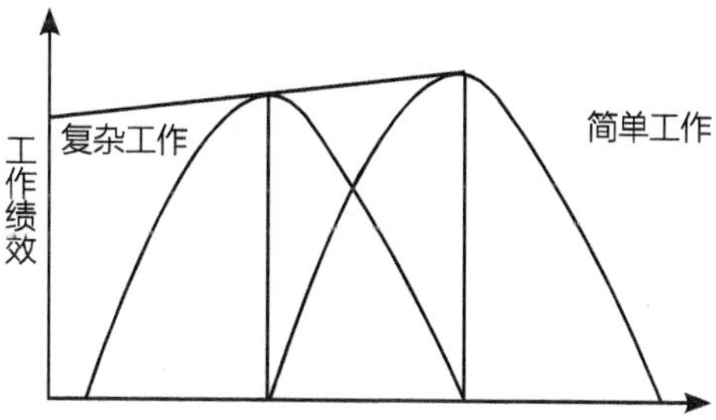

图8-2 耶基斯—多德森定律的最佳工作绩效点

这种唤起模型已经应用到工作场所。例如，开放式的办公室设计通常可以让员工之间的社会交往和听觉刺激增加从而导致唤起水平升高（Maher & Hipple，2005）。开放式办公室必然会让员工的位置彼此靠近，他们之间的人际交往常常不受约束。除了增加了社会刺激以外，每个员工都必然暴露于开放式办公室发出的各种声音刺激下。例如，电话的声音、同事之间的谈话和过多的办公设备发出的声响。开放式办公条件导致的较高唤醒水平的影响最终将取决于正在做的工作的性质、员工的工作经验和工作能力，以及工作时克服或抑制各种干扰的能力（Maher & Hipple，2005）。

2. 环境负荷理论

该理论的基本观点是人类处理信息的能力是有限的，也就是人们对多种相互冲突的输入刺激的加工是有一定限度的。当面对已超出了我们加工能力的多种外界刺激时，我们的认知系统需要对每个刺激都做出适应性的反应并监控反应的过程，以便决定采取何种应对策略。在这种情境中，人的“正常”策略通常是，忽略那些被认为与当前工作任务没有多大关系的输入刺激，而把更多的注意力放在与当前工作有关的输入刺激上。对后者有一点需要注意的是，注意力可用容量并不是恒定的，但如何变动取决于人们目前所做的工作。对要求长时间集中注意力的工作，注意力的广度就会相应降低。例如，撰写复杂的科学报告需要全神贯注，因此，人们很难再分散注意力去做其他的事情。

米尔格拉姆（Milgram，1970）使用环境负荷模式解释大城市社会生活恶化的原因。他提出，许多人认为城市居民“不友好”是事实，实际上这种不友好是充斥着大量社会刺激的城市生活的产物。因而，他给出的结论是，像见死不救或有难不帮这种现象在一定程度上是因为环境信息的负荷过大，喧嚣的城市生活牵扯人们太多的注意力，以至于没剩多少注意力给周围的社会问题。总的来说，就是无暇顾及。也可以使用同样的理由解释那些在开放式办公室工作的人的行为，他们只是选择“独善其身”，而不去与同事闲扯。

环境可能在社会生活层面提供很大的刺激，同时环境也可能在物理条件层面提供阈下刺激。例如，在纺织（服装）工厂的车间里播放音乐，可以作为一种增加刺激的手段，帮助纺织工人应对单调乏味的工作。当然，这里也适用唤起模型，也就是播放背景音乐是对枯燥单调的工作导致的低水平唤起的补充，这样可以提高唤起以接近取得最大绩效所需要的水平。

3. 适应水平理论

唤起水平和环境负荷理论都假设环境刺激太多或太少会对人的行为和情绪产生不良影响。两种理论直接或间接地主张中等水平的刺激是最理想的，这也是环境刺激适应水平理论的基本原则。环境刺激适应水平理论认为，对于任何形式的环境刺激，人类都喜欢其最佳水平，如噪声、温度、社会密度和风景。例如，大部分人都同意在一个狭窄拥挤的办公室工作是一种让人很不舒服的体验，但是我们也不愿意与社会隔离。

沃尔维尔（Wohlwill）指出，至少有三类环境行为关系符合刺激最佳水平的假说，它们是感官刺激、社会刺激和运动，每一种刺激太多或太少都不好。他认为这三类刺激中的每一类刺激的变化都离不开三个关键的维度，即刺激的强度（数量）、刺激的多样性（变化）和刺激的模式（顺序和结构的程度）。他认为，每个人根据过去的经验都有自己的一个最佳刺激水平，不管是感官刺激、社会刺激还是运动。重要的是，这种最佳的刺激水平可能而且也的确在不断变化。例如，许多人从一个安静的地方搬到靠近主要公路的地方居住，起初他们总是抱怨噪声太大，但他们或迟或早会习惯这种噪声，后来也就不注意它了。

转换最佳刺激水平的能力是持续暴露于一个刺激的函数，也就是我们所说的适应。适应就是我们调整自己来适应环境刺激，与这种适应相反的是改变刺激本身（Sonnenfeld，1966），如调节温度调节器或窗户来控制办公室的温度。

越来越多的办公室工作从封闭的办公环境搬迁到开放式的办公环境，这给我们提供了一个关于适应水平理论应用于工作场所的有趣案例研究。如果适应水平理论是正确的，那么任何开始对这种搬迁的不满意都会随着时间的流逝而消除，最终人们会适应新的环境安排。相反，如果人们不适应开放式的工作环境安排，那么任何负面的影响即使没有增加至少也会随着时间的推移一直持续下去。

4. 行为制约模式

行为制约模式有三种基本要素：失去控制的感知、抵触和习得性无助。这个模式的起点是认为周围环境中有某种东西限制或阻碍人们的能力，使人们不能做自己想做的事情。例如，我们之所以没有完成规定的工作任务是因为我们总是不停地被电话打断或者周围的噪声迫使我们分散注意力。这种制约可能是一种真实的障碍，如高峰时段车辆的拥堵导致交通瘫痪，也可能是一种认知，认为环境对我们是一种制约。例如，那些住在私人出租房里的人认为，附近生态城的建设将对他们的生活标准和质量产生灾难性的影响。重要的是，我们把情境解释为我们正在失去或已经失去控制力。

感知失去控制的结果首先是体验到不舒服和消极情感，其次是企图重新掌控局面，这就是我们已知的心理抵触（Brehm，1966）。例如，我们常见到在拥挤的列车上，乘客会在自己旁边的座位上故意放一件外套或行李，以阻止别人靠近他们。同样，用私人物品和纪念品装饰办公室也可以被视为一种重新确立自己的身份认同感和在工作场所的控制感的手段。

为重新掌控局面而进行的多次努力失败了，我们开始相信我们的行为无法影响当前的情况，因此不再努力重获控制了，甚至在有可能恢复我们的控制时也不做任何尝试。这就是塞利格曼（Seligman）所说的习得性无助，也就是学会相信我们是无助的。

（二）认知中介在环境行为关系模式中的作用

认知中介在唤起、环境负荷、适应水平和行为制约理论中扮演着重要的角色。例如，在唤起的时候，我们寻求内在状态信息。人们试图解释唤起的性质和唤起的原因。例如，是不是因为我们周围的人，或是因为我们察觉到环境中的某些威胁，或是因为环境中的某些物理因素。简言之，人们对问题的解释是至关重要的。同样，监测、评估和决策过程是环境负荷理论的中心。正如适应水平理论所说的，最佳刺激水平会随着我们的解释和对当前状况的评价的改变而改变。行为制约模式，就是对失去控制的感知激发我们尝试重新获取控制。

正如我们在讨论环境心理学的性质和定义时提到的，重要的是对环境的评价而不是客观环境。在用于解释环境与行为关系的大多数的理论模式和研究中我们看到，它们都强调评价举足轻重的地位。可以说评价过程是判断环境是否适合和支持我们的目前需要和目标的基石。如果环境条件能满足当前的工作需要和目的，那么完成工作目标就会容易一些，如果不能满足，那么目标的实现就比较困难。换句话说，一个不适宜的工作环境会增加工作的要求，而一个支持性的工作环境有助于应对这些工作要求。

三、环境与压力的关系

环境是压力理论的一个核心热点问题。具体来说，所有的生物系统，当然也包括人类，必须要随着自己所处的环境条件的变化而进行自我调整。压力源自对环境条件的某些评价和反应，也就是说，人们认为这些环境条件威胁到机体的健康、完整或生存。在两种情况下，环境条件对人的幸福产生不利的影响，一是环境条件的某些方面被视为是有害的；二是应对资源有限、不足或无法使用。压力可能是两方面因素之间认知不平衡导致的，一方面是察觉到的情境需求，另一方面是我们知觉自己满足或应对这些需求的能力。当所知觉的需求超过了所知觉的应对能力时（超载），或当所知觉的能力对我们要做的事根本派不上用场时（欠载），压力就产生了。因此，压力是一个过程，一种关系，而不是一个实体。任何影响所知觉的需求与所知觉的应对能力之间的平衡的因素都会成为我们所谓整体压力方程式的一部分。在与工作相关的压力模式中，社会支持的利用率、现有的制约组织政策和个人的预期都被视为影响所知觉的需求与应对能力平衡的重要因素。

维舍（Vischer，2007）指出，工作场所的压力研究往往关注工作环境的心理社会影响，而不太考虑物理环境的影响。她注意到，如果压力来自人与工作环境某种程度的“失配”，那么工作场所的物理资源可能就起了重要作用，如那些设计不当的办公家具和设备。有研究者同样描述了有压力的情境特征，在这种情境中，物理环境的成分会干扰工作绩效和工作目标的实现。

埃文斯（Evans）指出了物理环境的三个作用可能是造成压力的原因：①物理环境因素（如噪声、分心和缺乏空间）对系统的负荷或压力大，就像人口拥挤产生过度刺激的情况一样；②物理环境因素破坏或改善应对资源，如长期暴露于噪声而导致习得性无助；③物理环境因素引起不健康的应对策略，如嘈杂的工作环境会导致物质滥用增多。

拉扎勒斯和福克曼关注两大类型的应对资源：人的属性和环境的属性。职业压力研究中通常将环境属性理解为社会环境，而我们的观点是在考虑可利用的社会支持的同时也必须考虑工作场所的设计和可供性。

从压力的角度来看，物理环境对人们的健康和幸福感有直接和间接的影响，也就是说，环境本身可能会产生压力，或者环境与心理社会因素（如工作内容和工作环境）结合而产生影响。长时间在嘈杂的环境中工作就是一个简单的直接影响的例子，而一个安静的开放空间，让人在必要时可以使用以便集中精力工作，这是一个间接影响的例子，也就是某种设计要求（安宁和平静）的重要性取决于要完成的任务的性质。简言之，从用户的角度来看，物理工作环境应该有利于工作任务的完成。

很多研究者指出，许多建筑物的设计，包括工作场所的设计都强调功能的有效性，如果这种设计不能满足用户的心理需要，通常会影响用户的幸福感。他们认为，设计目标选择的物理环境应该对用户的需求、目标和动机给予一定的心理支持，通过这个环境促进用户的健康。压力在支持性物理环境的设计理念中起到了关键的解释作用。为了促进健康，工作场所的设计应能使员工更好地应对工作任务的要求，从而尽可能地减少压力。工作场所的设计要发挥支持性的作用，对此他们提出不同的建议，如帮助员工处理手头的工作任务、减少对员工手头工作的一些阻碍、不给员工增加压力、利用已知的减压元素。

第二节
物理工作环境与心理健康

上一节我们介绍了压力与心理健康的关系以及压力在环境心理学中的重要作用，那么有什么证据说明物理工作环境和人的幸福感相关呢？压力理论又是如何帮助我们理解这些相关的呢？

长久以来，工作场所的设计通常是由研究人员和从业人员来确定的，就像指定一个东西给我们，我们只有接受和适应的份儿。奥恩斯坦（Omstein）敏锐和机警地捕捉到这种令人不满意的现象，她曾写道，心理学家和管理人员对物理环境的忽视似乎是一种总体趋势，就好像常说的鱼不会理会周围的水一样。工作场所的物理设计可能忽略了人类的健康和行为产生的重大后果，尽管越来越多的证据表明，完成工作的物理环境（也经常被称为物理工作区或物理工作环境）对员工的幸福和工作结果具有显著的重大影响（Vischer，2007）。

本节我们将回顾支持这种主张的证据，即物理工作环境在对员工的健康、幸福和行为的影响上发挥着重要作用。为此，我们把压力作为一种启发式解释来指导研究探索。

在回顾中，我们主要关注三个具体的工作场所设计问题：开放式办公室、工作场所的窗户和噪声。

一、开放式办公室

随着越来越多的组织让职员搬进开放式的办公室，在这样的工作场所体验到的工作生活质量如何，以及这样的工作场所是否是有效工作业绩的基础，成为人们越来越关注的问题。开放式办公室是共享的工作场所，配有组合家具且工作站之间无隔断。半开放式或立方块式的办公室利用活动分区，即用隔板把办公室人员彼此分开。相比之下，传统的或封闭式的办公室是由地板到天花板的墙和一个门组成的，为办公室人员提供了一个独立的、完全私密的工作空间。

主张开放式办公室设计主要出自工程和经济方面的考虑。简单地说，开放式的设计能够使较小的空间容纳更多的员工，从而节约了建筑、维护和运行的费用。此外，它们构造了一个灵活的空间，因为可以根据工作安排的改变轻而易举地重新调整工作布局，因此也减少了建设和更新的时间。

除了这些经济利益，一些评论人士表示，员工之间没有隔断有利于提高员工的互动、沟通和社交能力（Allen & Gersberger，1973；Zahn，1991），结果可能会提高员工的满意度、士气和生产力（Maher & Hippel，2005）。但另一方面，开放式办公室设计也与一系列的负面影响有关，特别是增加了工作场所的噪声，干扰增多，注意力容易分散，工作被打断，缺乏私密性，感觉很拥挤。人们认为这些负面影响导致了工作效率下降，降低了员工的满意度，增加了他们的生理和心理压力（Evans & Johnson，2000；Lee & Brand，2005；Vischer，2007）。

卡洛皮奥和加德纳（Carlopio & Gardner，1992）提出了一个重要的观点，即物理工作环境的客观特征对满意度和绩效的影响取决于许多中介变量，尤其是个体对环境的知觉（评价）和当前工作的性质。知觉和评价就是中介变量的实例（Baron & Kenny，1986），因为它们解释了环境是怎样影响健康的，也就是通过我们赋予环境的意义和解释及对环境的归因对健康产生影响。另一方面，工作需求也是一个中介变量的实例（Baron & Kenny，1986），因为它解释了什么时候环境会产生影响。

根据这种调节模式，卡洛皮奥和加德纳假设，对于从事复杂工作的人来说，开放式办公室对满意度产生的负面影响最大，因为复杂的工作对干扰和分心更敏感。他们对228个在大银行的开放式、立方块式或传统办公室工作的经理、专业人员和办事员进行了比较，他们的假设得到了证实。研究结果显示，与立方形或开放式的办公室相比，经理们最满意的工作地点是传统的办公室。另外，办事员最满意在开放式和立方块式办公室工作，而专业人员看起来对传统办公室或立方块式办公环境同样感到满意，但对在开放式办公室工作不太满意。同样，管理人员对工作地点满意的程度从开放式、立方块式到传统的办公环境依次递增，与开放式办公环境相比，非管理人员对立方块式的办公环境更满意，最不满意的是传统的办公室。

卡洛皮奥和加德纳的研究结果意味着办公环境需要与在那里从事的工作任务相匹配。最适合某项任务的某种安排可能截然不同于最适合其他工作任务的某种安排，如文书工作的安排不同于经理工作的安排。这里的关键问题是顺利完成任务所需要的私密程度、安静的环境和没有干扰的独立空间与特定的办公环境所提供的私密程度、安静的环境和没有干扰的独立空间之间是否平衡。事实上，布里尔（Bril）等人报告说，不受干扰独立工作的条件属于对工作绩效和工作满意度都有影响的环境质量因素之一。马赫（Maher）和希佩尔（Hippel）认为，正是内在空间的丧失不可避免地增加了与同事的接触，使员工们对开放式办公室表现出消极的态度和行为反应。开放式办公室的设计使人们彼此接近，但是它也使人们很难避免人际接触，也难以维护个人的私密性。

私密性可以定义为控制输入刺激和人际接触并限制输出的信息的能力。因此，私密性与某些物理特征有密切的关系，这些特征可以自动隔离人们的视觉和听觉接触，如墙壁、屏幕、隔断、门以及同事间的物理距离。重要的是，私密是一种心理现象，它与工作空间设计提供的封闭程度密切相关，但不是完全取决于它。例如，有研究者发现，人们认为封闭式办公室比开放式的办公室有更多的私密性，这并不奇怪。但同时人们对私密的认知也与工作职位有关，也就是说，经理对封闭办公室私密性的评定要高于秘书的评定。组织地位越高，对社会交往的控制越强。一个经理走进秘书的办公室比一个秘书走进经理的办公室更容易。实际上，私密是评价过程的产物，它需要同时考虑许多因素。

从压力的角度来看，工作空间缺乏私密性会随着时间的流逝而产生累积的负面影响，即随着应对资源暴露于慢性压力源上而消耗得越来越多，对幸福感的伤害与日俱增。这与基于适应水平理论的预测相反。按照适应水平理论，人们在逐渐习惯了某种特定的环境条件后，负面的影响应该越来越少。杜瓦尔和本尼迪克特（Duvall & Benedict，1992）通过对130个秘书和行政助理的样本研究发现，私密性与总体满意度和工作满意度的许多内容有关，如奖励、晋升机会、监督等。换句话说，那些认为自己没有适度的私密空间的人报告他们对工作的满意度日益下降。

这些结果不仅支持了适应模式的压力观，而且引出了一个问题：为什么对物理工作场所的知觉会与工作的许多方面，如社会地位、公司政策、权威和独立性的满意度扯上关系？物理工作场所如此重要的一个可能的原因是员工认为这象征着他们在组织中的地位和重要性。实质上，物理工作环境的质量和维护被视为管理人员向员工传递的一个信号，表示组织对他们有多么重视。因此，一个高质量的物理工作场所意味着管理人员对劳动力的高度重视和尊重。因此，物理工作环境的意义与管理行为的重要性密切相关，也就是说，提供一个较好的工作环境本身就可能被视为管理层的支持性的表达。

有趣的是，杜瓦尔和本尼迪克特的研究报告了知觉到的私密性与实际的封闭程度存在着相关（r=0.71，p<0.001）。这个相关系数是根据对同事和监管者之间有没有墙壁、隔断、门以及彼此接近的程度或可视性的评估得来的。求得一个相关系数的平方作为决定系数，也就是一个变量方差能够用来说明另一个变量的方差的百分比。所知觉的私密性只有50%的方差来自封闭的环境，这再次表明我们除了要考虑单纯的物理因素以外，对物理环境的评价也是我们应该考虑的重要因素。

根据压力理论，还有一个因素可能影响对开放式办公室的评估，这就是个体差异。我们已经提到弗恩海姆（Furnham，1997）就影响员工对开放式办公室设计的反应这一问题，对内外倾向的作用进行了推断。马赫和希佩尔注意到，一些人比其他人更有能力应对过度的刺激，因此，影响员工对开放式办公室的反应的另一个重要的个体差异因素可能是抗干扰能力。他们认为，将不必要的刺激阻挡在意识之外并专注于手头工作的能力是选择性注意的基础，而注意和抑制这两个互补过程是选择性注意的前提。

这个观点建立在梅拉比安（Mehrabian，1977）研究的基础上。梅拉比安对筛选者和非筛选者进行了区分。筛选者是那些能有效按照优先次序减少过度刺激的人，而非筛选者则做不到这一点，因而出现过度唤起。因此，研究者假定那些能对传入信息进行有效筛查、按照优先次序处理输入信息和抑制干扰的人对开放式办公室固有的听觉刺激和社会刺激的消极反应要少一些，特别是当他们从事复杂的工作任务需要高度注意力和集中精力时。

马赫和希佩尔的研究支持这一假说。他们对109名来自两个开放式办公室的被试进行研究发现：①抑制力较强的员工知觉到的开放式办公室的私密性高一些；②刺激筛选能力（采用梅拉比安编制的刺激筛查量表测量）与经理评定的绩效和工作满意度有关；③当知觉到的私密性差且工作复杂度高时，抑制能力（采用Stroop测验测量）对工作满意度有影响，但对绩效没有影响。奇怪的是，刺激筛查量表的分数与Stroop测验的分数并不相关，这表明要么刺激筛查和抑制能力是各自独立的过程，要么Stroop测验不是一个测量操作抑制能力的好工具。更有趣的研究结果多少与我们的直觉相悖，当私密性高且工作复杂程度高时（而不是私密性差、复杂性高时），较差的刺激筛选能力对工作满意度有负面影响。马赫和希佩尔在解释这个奇怪的结果时指出，在研究场地使用的隔板只保证了视觉的私密性，但未能阻挡噪声。他们补充说，当没有可利用的视觉线索确定刺激来源时，噪声的干扰可能更强。因此，开放式办公室的隔断既可以解决问题，也可以产生问题。

控制的知觉在环境压力的起因中起着至关重要的作用。埃文斯等人指出，控制可以调整员工反应与环境条件之间的关系，而布兰德等人指出高工作控制与工作满意度、工作业绩、员工的心理健康呈正相关。当员工有控制环境的能力时，他们对开放式工作环境的反应会更积极。布兰德等人为了检验这个假说，对来自五个不同部门、主要在各种开放式办公室工作的228名被试进行了调查。这五个部门是汽车供应部门、总务管理局、制造业、电信部门和营销部门。研究结果表明，控制感确实对工作满意度和组织凝聚力有重要的、积极的影响。通过对“我能决定我的工作区域的布置”和“我可以进入我工作所需要的各种工作环境”等条目进行评估，确定被试的控制感。从结果来看，控制感似乎是一种有效的手段，它可以通过一个人在自己或对自己的工作空间能做什么（如个性化或重新安排工作空间），或者通过有权在必要的时候进入各种不同的工作空间，来顺应、改变或调整工作环境。

二、工作场所的窗户

人们普遍对工作场所的窗户有所期待，一般用户往往给离窗户比较近的大楼“比较舒服”的评价。另外，没有窗户或地下工作场所会引起许多负面反应，包括工作满意度下降和身体不适增加（Butler & Biner，1989）。员工调查表明，有许多理由说明人们对窗户的迫切要求，这些理由包括天气信息、照明、光线、美感和外观、通风、温度控制和外界信息等（Butler & Biner，1989）。

事实证明，窗户的设置并不只是一个简单的喜好问题。研究发现，在各种各样的环境设施中，包括医院、监狱以及工作场所，自然元素的景观始终有利于健康。

黑尔瓦根（Heerwagen，1986）认为，人们对窗户的需求如此强烈，以至于那些在没有窗户的办公室工作的人试图用“自然主题”（诸如风景画之类的东西）装点办公室的墙面，用隔板分隔工作室等方法来弥补缺失。研究结果印证了这个观点，与有窗户的办公室相比，没有窗户的办公室的视觉材料更多一些。然而，巴特勒（Butler）等人并没有证实这个“补偿假说”。他们发现，有窗户的和没有窗户的办公室的自然主题装点没有什么区别。相反，他们的数据表明，人们用人物画、自然风景画和植物画装饰工作空间主要有三个方面的理由：个人审美、个人纪念和对工作空间的人格化。

有研究者（Boubekri，Hull，& Boyer，1991）认为，工作场所的窗户的价值在于它们给房间带来明媚的阳光，也就是说，这是一个照明质量的问题，是自然光与人造光的问题，而不是光的强度问题。研究结果显示，阳光的照射的确可以让人放松，但只有当被试侧身坐在窗口的位置时才这样。他们还报告了阳光照射与放松是一个倒"U"形关系，也就是说，太少或太多的阳光都是有问题的。

莱瑟（Leather）等人注意到，工作场所的窗户导致了三个可能影响健康和行为的机制：一般水平的照明、照明质量（阳光的穿透力）和视野（能够进入视线的生态元素比例）。他们的研究包含对每个机制的测量。为了调查窗户对健康和行为产生直接和间接影响的可能性，他们对工作压力也进行了评估（Karasek，1979）。为了确定每个可能影响机制的因素，影响是直接的（即不依赖工作压力水平）还是间接的（与工作压力相互作用导致的），他们进行了一系列的相关分析和多元线性回归分析。他们的研究使用了三个结果变量，即工作满意度、离职意向和自我报告的总体幸福感，同时在统计分析中包含了性别、适应和工作状态。

他们用测光表对照明水平进行客观测量，并未发现照明水平与任何一种结果变量相关。他们发现，阳光照射对工作的满意度、离职意向和自我报告的总体幸福感有直接影响，但没有间接影响。另外，视野虽没有直接影响，但与工作压力的相互作用对离职意向和自我报告的幸福感产生了影响。他们发现，看到生态元素有助于抑制工作压力对离职意向和幸福感的消极影响。人们认为物理环境元素可能有助于应对资源。按照这种看法，似乎自然景观也有助于应对工作压力。他们提出，阳光照射可能会直接影响昼夜节律以及褪黑激素的分泌。

很多研究者探讨了类似的问题。他们对有窗户的办公室帮助人们应对开放式办公室的过度刺激和私密性缺乏的可能性进行了研究。结果显示，与工作位置远离窗户的员工相比，工作位置靠近窗户的员工对工作地点的认知更积极一些。而且那些离窗户远的员工则多抱怨受到同事的不断打扰；那些可以随意走到窗户外的员工，他们工作空间高高的隔断让他们有了适度的私密性，报告对工作地点的满意度比较高。能够靠近窗户，似乎有助于抵消开放式办公室的负面效应。

三、工作场所的噪声

噪声通常定义为不必要的声音。尽管噪声是一个客观事实，但也是一种心理现象。换言之，噪声是一种人们认为他们不需要的、不愉快的或者让他们分心的声音。噪声不取决于声音的强度或音量，而取决于当前的目标和环境赋予它的意义。噪声通常被视为环境压力源（Evans & Johnson，2000）。接触这种压力源会导致一系列消极的结果，如损害身体健康（听力受损、神经内分泌增加、心血管反应增加、高血压、缺血性心脏病等），心理不健康（精神不稳定、抑郁和全身紧张、愤怒和攻击等），破坏生活质量（干扰日常活动和睡眠紊乱等），损害儿童的语言发展、认知和学习。（Evans & Lepore，1993；Hiramatsu et al.，1997）。

关于噪声对动机、绩效、生理变化、烦恼等影响的研究显示，心血管系统的反应能够适应噪声，除非个人对噪声敏感或从事高要求的工作。研究还显示，暴露于无法控制的噪声会导致对后期工作绩效的压力源后效应（亏损），人们认为这种效应是由习得性无助引起的。这个解释得到了研究的支持。研究显示，操纵对噪声的控制感能够在很大程度上改善动机和绩效的负后效应（Evans & Johnson，2000）。

无论是在实验室还是在高强度噪声的声源地，如在大型机场附近居住或学习，大多数关于噪声非听觉影响的研究都集中于高强度噪声的影响。最近发表的研究显示了暴露在低强度噪声的结果，这种低强度噪声是现代办公室的特点。事实上，低强度噪声是办公室环境中最常报告的压力源之一。

有研究者研究了在嘈杂和安静的实验条件下完成3小时的实验作业，在接近3小时时，被试的肾上腺素分泌显著增加（Evans & Johnson，2000）。这种噪声条件与被试尝试解决谜题的能力下降有关，其相关程度具有统计学的显著意义，而且与作业期间被试姿势调整的减少有关。他们得出的结论是，暴露于高强度噪声而导致的动机下降的后效应也出现在暴露于低强度噪声中。他们还注意到，噪声接触对结果或因变量产生的影响并不总是一致的。例如，在研究中，尽管肾上腺素、动机和姿势的调整有显著差异，但是并没有发现自我报告的压力、皮质醇和去甲肾上腺素有显著改变。他们最后的结论是，噪声的强度并不重要，重要的是噪声的可控性。

有研究者（Leather，Beale，& Sullivan，2003）对英国在两个匹配城市中心办公室工作的128名地方政府职员受低强度噪声的影响进行了调查。他们收集了与三个预测变量有关的客观数据和问卷数据。这三个变量是客观的噪声水平、主观评定的噪声和工作压力。评估的三个因变量是工作满意度、对公司的承诺及自我报告的健康和幸福感。对两个办公室的声音强度进行客观评估的结果是45～63分贝，平均55分贝。

他们采用中位数分割法，将被试分为低噪声和高噪声两组（分别低于或高于中位数）。采用相同的程序将被试分为“低工作压力”和“高工作压力”两类，对得出的

2×2矩阵的结果采用双向方差分析，分别探究噪声对工作满意度、公司承诺和自我报告的健康和幸福感的直接和间接影响。结果显示，噪声对这三个结果变量并没有太大影响，但是与工作压力的相互作用对每个结果变量的作用都具有统计学的显著意义。研究表明，低水平的噪声或许本身不构成压力，但是对整个压力方程式来说是有作用的（Leather，Beale，& Sullivan，2003）。实际上，即便是低水平的背景噪声也让人们难以应对充满压力的工作任务。

第三节 工作环境与工作绩效

绩效一直是企业关心的问题，如何提高绩效也是领导者每天思考的问题。目前提高工作绩效的方法越来越多，而越来越多的人认为，通过设计工作环境来改善工作绩效是最方便、最直接也是最必要的方法。即便再独立、再强大的人也会受到环境的影响，良好的工作环境能为每个员工提供合适的工作基础。

一、工作环境类别

工作环境包括工作的物理环境、安全环境和社会环境。物理环境是指工作人员周围的设施、建筑物等物质系统，也包括工作人员周围的温度、湿度、照明度、震动、噪声、异味粉尘、空间、油渍以及工作人员每天与这些因素接触的时间。安全环境是指工作人员所处的环境存在的各种安全因素。社会环境是指工作人员周围互相作用的人的集合，它包含各种社会关系和社会因素。

安全环境是由工作本身的性质决定的，有的工作危险性小，有的工作危险性高。社会环境是互动双方构成的，需要双方交流、行动才能形成。良好的社会环境形成还需要以提高全体员工的素质为前提。工作的物理环境相对比较独立，只要领导者重视，就可加大投入建设，准确、积极、方便地营造环境、改善环境，从而达到提高工作绩效的目的。

二、环境对工作绩效的影响

从管理学的角度看，绩效是组织期望的结果，是组织为实现其目标而展现在不同层面上的有效输出，它包括个人绩效和组织绩效两方面。组织绩效的实现以个人绩效实现为基础，但个人绩效的实现并不能保证组织绩效同时实现。只有每一个人都达到组织要求的时候，才可保证组织绩效的实现。物理环境就是围绕员工个人绩效来操作的一种环境，恰当地设计物理环境才能在一定程度上改变员工的个人绩效。

影响绩效的物理环境可以分为以下几类：工作设施、室内（外）环境、生态环境。

工作设施是指工作所需要的设备、工具，包括办公桌、椅子、电话、电脑、传真、打印设备等。不同工作类型所需要的设备不同。例如，医疗工作需要医疗仪器，建筑工作需要施工工具，教育工作需要书籍资料等。

室内（外）环境是指工作地点，这主要是由工作本身的性质决定的，不同的工作性质有不同的工作地点。例如，工作地点在城市中心还是在偏远山区，在办公大楼还是在工厂车间，在现代化的工作间还是简单的办公室。室内环境虽然都是办公室型，但也划分为很多种。例如，单位或机构的专用办公楼由整栋大楼按本单位或机构的实际情况整体策划、设计空间。由发展商建设并管理的办公楼出租给不同的客户，各用户按各自的需要策划、设计空间。智能型和高科技的专业办公室的整体公共空间通道、楼梯、大堂由发展商统一策划、设计，各单位空间由用户自行设计。

生态环境是指工作人员周围的温度、湿度、照明度、震动、噪声、异味粉尘、空间、油渍以及工作人员每天与这些因素接触的时间。工作中的生态环境恶劣会影响工作人员的健康状态。

（一）生态环境与工作绩效

环境中的室内（外）环境是能够为领导者所控制的，与绩效有着密切的关系。室内（外）环境同时也与生态环境相互联系、相互融合。设计良好的室内环境，把握好生态环境，有利于工作，也有利于提高员工的工作绩效。

就办公室的绿化来说，清新自然的绿化装饰可以使人心情愉快，提高工作效率。根据科学家得到的有关数据，办公室适度绿化能提高室内空气环境质量，降低噪声和空气污染物，通过改善办公室环境也可以降低职员病假缺勤率。同样有调查显示，在“绿色办公室”里，员工工作紧张感会降低，创造力和活力得到提高，有助于提高工作效率。因此，整天待在一个烟雾缭绕的办公室，人是难以忍受的，更别谈积极地工作了。此时，我们需要对办公室进行绿化。在办公室放些绿叶繁茂的植物，通过光合作用来吸收二氧化碳，释放氧气，使封闭式办公室的空气变得新鲜，有利于提高工作效率。

在德国，那些与公众打交道最多的机构，如介绍工作的劳动局、办理户口登记的移民局等，鲜花盛开，植物成片。因为这些机构的工作人员每天都要与各式各样的人接触，容易形成不良心理。例如，在办理与失业相关的事务时，失业者常常带着情绪来，态度蛮横恶劣，在这种情况下，工作人员往往也会产生急躁心理。然而，当工作人员抬眼看看繁茂的嫩叶时，便会产生一种视觉效应，心中的烦闷也就消失了。作为服务机构，服务态度就是人们评价的重要指标。当工作人员能微笑着服务每位造访者时，那么对其机构的好评就会很多，愿意来接受服务的人也会越来越多，整个机构的绩效水平自然会越来越好。

室内装饰的植物可以点染自然之趣，使长期处在紧张环境中的员工能静心享受自然所带来的美感，感受到身处自然环境的轻松感，改变沉闷刻板的办公室环境，可以大大减轻上班族的压力，有助于员工放松心情，消除紧张，积极思考。

（二）室内环境与工作绩效

室内环境也与绩效有关。一个设计完善的、让员工感到舒适的办公室可以提高工作效率和组织生产力。由英国皇家建筑与建筑环境委员会发布的一项研究报告指出，即使是一些非常简单的事情，如在办公场所里安装一套良好的照明系统或是在日间保证充足的阳光，也能够提高生产率。

办公室布置不是简单的设施摆放，需要考虑是否有利于工作人员间的沟通和监督，以及工作人员在其间工作的舒适感。沟通是人与人之间思想、信息的传达和交换，通过这种传达和交换，使人们在目标、概念、意志、兴趣、情绪、感情等方面达到理解、协调一致。办公室作为一个工作系统，只有保证工作人员之间的充分沟通，才能实现信息及时有效地流转，系统内各因子、各环节才能协调运行。办公室是集体工作的场所，上下级之间、同事之间既需要沟通，也需要相互督促检查。每个人由于经历、学问、性格等方面的差异，都有各自的优点和缺点，而个人的缺点往往又是自己难以觉察到的，如不及时纠正，便会阻碍工作。同事之间的相互监督能够有效地避免这一问题。因此，办公室的布置必须有利于在工作中相互督促、相互提醒，从而把工作中的失误减少到最低。协调、舒适是办公室布置的一项基本准则。协调即办公室的布置与办公人员之间配合得当；舒适即人们在布置合理的办公场所工作时，身体各部位没有不适感，或不适感最小。协调是舒适的前提，只有协调，才会舒适。单位或机构的高管需要认真考虑良好的办公室环境和提高机构绩效之间的关系，并制订出一系列适合本单位文化、形象和未来发展的办公室环境设计方案。当然，这样的方案应该建立在机构自身发展的战略需求和有效的成本方案基础之上。

总的来说，现代化的办公室应该体现组织精神文化，是一个功能齐全、相互协调、能够输送大量有效信息的地方；是一个让人置身其中感觉舒适、不压抑也不豪华的场所；是一个能提高凝聚力，增进交流，有助于发挥员工积极性与创造性的办公环境。

无论是工作设施、室内环境还是生态环境，都会影响员工的工作效率。领导者在利用各种提高效率的方法时，不能忽视物理环境对人的作用。充分利用好物理环境，能使员工的效率有所提高。

基本概念

1. 环境心理学
2. 物理工作环境

本章要点

要点一：环境心理学的概念

环境心理学是研究环境与人的心理和行为之间关系的一个应用社会心理学学科，又称人类生态学或生态心理学。这里所说的环境虽然也包括社会环境，但主要是指物理环境，包括噪声、拥挤、空气质量、温度、建筑设计、个人空间等。

要点二：环境心理学的行为—环境解释框架

环境心理学对行为—环境的解释框架包括唤起水平理论、环境负荷理论、适应水平理论、行为制约模式以及认知中介在环境行为关系模式中的作用。

要点三：物理工作环境与心理健康的关系

开放式办公室、工作场所的窗户以及工作场所的噪声等环境因素都会影响员工的心理健康与工作状态。

思考题

1. 如何理解环境心理学的定义？
2. 如何理解压力对心理健康的影响？
3. 环境心理学如何解释环境与行为的关系？
4. 物理工作环境如何影响心理健康？
5. 工作环境如何影响工作绩效？

推荐阅读

莱卡，乌德蒙．职业健康心理学．傅文青，赵幸福，译．北京：中国轻工业出版社，2014.

第九章
职业倦怠综合征

学习目标

1. 了解职业倦怠发展的历程。
2. 掌握职业倦怠的理论机制及其影响因素。
3. 熟悉职业倦怠的测量方法和干预措施。
4. 了解职业倦怠研究的发展趋势。

章节导引

职业倦怠也称工作倦怠，国内也翻译为工作耗竭、职业枯竭等。它是与工作相关的一系列症状，通常认为是工作中的慢性情绪和人际压力的延迟反应。这一概念最早用于形容长期药物滥用后出现的一系列症状，如情绪耗竭、动机丧失等。20世纪70年代，美国的一篇小说中使用该词描述主角厌倦工作后的种种表现，此后引起了各领域的广泛重视。2001年的一项调查在美国、加拿大、德国、英国和苏格兰5个国家的医院展开，发现医院中的职业倦怠现象非常严重。在参与调查的5个国家中，有4个国家40%的护士对目前工作不满意。在美国，所有护士中有1/5声称将在一年内停止工作，而年轻护士则有1/3表示将在近期辞职。据估计，有30%～35%的美国教师对自己的职业强烈不满，而5%～20%的人则已在职业倦怠状态。一项由中国人力资源开发网主持完成的题为《2008中国职场人士职业倦怠指数调查》的报告显示：职场人士总体职业倦怠程度不容乐观；男性职业倦怠比例与程度要高于女性；本、专科学历人群成为职业倦怠状态的主流群体；三资企业的职场人士职业倦怠程度最高；企业中市场部人员的职业倦怠现象最严重；高级专业人员的职业倦怠程度位居前列；25岁以下的年轻人职业倦怠程度最高。

第一节
职业倦怠及其理论机制

一、职业倦怠概述

（一）发展历程

1974年，美国临床心理学家弗罗伊登伯格（Freudenberger）首次将职业倦怠作为一个术语，用来专指个体在面对过度的工作需求时，产生的身体和情绪的极度疲劳状态。最初他用倦怠描述那些关注健康的机构中的工作者因长期与药物滥用者接触而体验到的一组负性症状，如长期的情感耗竭、身体疲劳、工作卷入程度降低、对待服务对象态度差和降低的工作成就感等。因此，弗罗伊登伯格被认为是现代心理学关于倦怠感研究的创始人。

在后来的研究进程中，派因斯和阿伦森（Pines & Aronson，1989）把职业倦怠定义为由于个体长期处在对其情绪资源过度要求的情境之下所产生的一种生理、情绪和精神衰竭的状态。他们认为，职业倦怠可能出现在对人服务的行业中，也可能出现在管理工作、婚姻或政治冲突的活动中。与此观点相似，有研究者认为，职业倦怠应被看作个体的精力用尽的一种情感状态，表现为生理疲劳、情绪衰竭以及认知厌倦。社会学家德沃金（Dworkin，2001）则认为，倦怠是指对特定工作的疏离感，包括无意义感、无权力感、孤独、无规范感。工作中的疏离本是组织行为学中一个独立的概念，因而德沃金认为，要消除个体职业倦怠，应该从组织结构的变革着手。

研究中被引用最多的是马勒诗的定义，他把职业倦怠定义为服务于助人行业的从业者因为不能有效地应对工作上持续不断的压力而产生的一种包括情绪衰竭、去个性化和个人成就感低落在内的综合症状。其中情绪衰竭是职业倦怠最明显的表现症状和核心内容，是指个人认为自己所有的情绪资源都已耗尽，代表倦怠的压力维度；去人格化是指对人持有一种消极的、否定的和讥讽的态度，代表了人际情境维度；个人成就感低落是指个体对工作的价值和自己的胜任力持否定态度，代表了自我评价维度。随着研究的深入，马勒诗修正了这一概念，认为职业倦怠包括衰竭、讥消态度（或玩世不恭）及低职业效能感三个维度。其中讥消态度是指对自己的工作（包括人在内）持消极态度，而低职业效能感与个人成就感低落相似，是指自我效能感降低以及倾向于对自己社会性和非社会性的职业成就做出消极评价。

尽管研究者对职业倦怠的定义不一，却在某些方面达成了共识：首先，职业倦怠是与工作有关的一系列症状，一定发生在职业领域中；其次，倦怠的主体是正常人，没有器质性病变和精神病理学方面的症状；最后，倦怠伴随着各种心理和生理的疲劳症状，即身心耗竭再加一系列负性情绪、态度体验。

（二）相关概念

1. 工作压力

工作倦怠和工作压力是两个内容上有着某些重叠而又不同的概念。首先，从概念上来看，工作压力是由于个体所知觉到的工作要求与应对资源之间的不一致而产生的一种即时反应，伴随心理和生理上的症状，而工作倦怠是长期工作压力的结果，除了心理和生理症状外，还伴有对工作（包括工作中的人）的消极态度和不利行为。其次，从产生过程来看，工作压力的形成经过三个阶段：警觉阶段、抗拒阶段和衰竭阶段，而工作倦怠则是发生在工作压力的最后阶段。总之，工作倦怠可以说是一种特殊的、长期的、多侧面的工作压力的结果。

2. 抑郁

工作倦怠与特定的工作情境有关，而抑郁则不受特定情境因素的限制。与工作倦怠产生的原因不同，抑郁是各种负性生活事件和生活创伤的结果，这些事件可能发生在家庭环境、人际关系和工作情境等生活的各个领域，抑郁的表现形式包括疲倦、不愉快、易怒、悲伤、社会退缩、低自我效能感和失败感等症状。虽然工作倦怠和抑郁是两个不同的概念，但大量研究者发现这两者之间在内容上有很多重叠。工作倦怠中的一些症状，如疲劳、疏离、社会退缩和低自我效能感等，都是抑郁的典型表现。

二、职业倦怠的理论机制

（一）职业倦怠的社会—文化—历史观

职业倦怠是现代生产方式下劳动异化的产物，劳动异化的一些特征，如劳动者无法控制工作过程，无法将个人目标和工作、组织目标结合，缺乏组织归属感等表现，与职业倦怠的内涵十分相似。持社会—文化—历史观的人认为，职业倦怠是整个社会属性反映在个体身上的一种复杂的心理特性。现代社会在文化价值上日益强调个人的独立性和自我价值，强调物质成就，而忽视工作中的压力和孤独感，无法建立社会支持网络，难以关注社会福祉、团体事物和他人感受，无法对工作做出某种强烈的承诺，于是就产生了职业倦怠。

（二）精神分析的倦怠观

精神分析假定，那些几乎能够承担任何环境中（除了仅有的如奴役性的和监禁式的工作环境外）的任务的人，在某种程度上是由个人在意识水平上的选择（受无意识的控制）而决定的。人们选择不同的职业是为了解决那些童年未能解决的问题，如一个人选择教师作为自己的职业可能是为了解决自己童年因为长辈（如父母、教师等）的存在而未能受到别人的尊敬与瞩目这一问题。对教师而言，倦怠经常因学生的纪律问题、学习没有动力以及被忽视等原因而引起。精神分析认为，任何职业选择的无意识决定反映了个体本身以及家庭的历史，人们通常会选择那些能够让他们复制童年重要经历的职业。弗罗伊登伯格也认为，那些极度富有责任感和具有献身精神的人，把工作作为他们社会生活的一种替代品，这些人最有可能对工作产生倦怠感，当他们屈服于苛刻的要求和恶劣的工作环境，但是预先的期望没有顺利实现时，也就是说童年的某些“未完成情结”仍没得到解决，倦怠就不可避免地发生了。

（三）行为主义的倦怠观

从华生、斯金纳到班杜拉，行为主义强调条件反射、强化、社会学习与模仿。从行为主义的角度来看，倦怠的产生是外部学习的结果。当工作压力、上司的评价、同事关系、企业的前途、工作对象的不合作等种种压力扑面而来的时候，身体上的疲劳、心理上的疲惫会油然而生，当办公室里迷漫着这样一种气氛的时候，人们相互之间看到的、听到的都是负面的情绪、负面的反馈，彼此之间学到的应对方式也是消极的（唐昕辉，李君春，耿文秀，2005）。

（四）与资源有关的倦怠观

资源存储理论认为，人们往往会寻找、保持、保护以及积累资源，资源可能由作为个体达到目标的个人性格、条件或精力组成（Hobfoll，1989）。从该理论来看，职业倦怠可以界定为，内在能量资源（主要是情感资源）的耗尽和情感、生理、认知能量的侵蚀。压力和倦怠的产生源于资源持续不断的丧失，使得个体或组织抵抗新的压力源的能力逐渐减弱，并体验到了倦怠和其他与压力有关的问题。

另一种与资源有关的就是工作需求—资源理论，该理论认为，工作条件可从广义上分为两类：工作需求与工作资源，它们分别与特定的结果相联系。有学者研究发现，工作需求与职业倦怠中的情感耗竭有着主要的联系，工作资源的缺乏与工作脱离有着主要的关系，当工作要求过高时，个体体验到的是日益增长的耗竭（不是脱离），当工作资源缺乏时，脱离水平（不是耗竭）就会升高。在一份工作中，当过高的工作需求与缺少的工作资源同时存在时，耗竭与脱离就会同时发生。特定的工作需求与资源对解释职业倦怠的相对作用可能因职业的交叉而发生变化，因为工作需求和工作资源可能存在着某些差异。倦怠与脱离之间是相关的，而不是必然的因果关系，但它们都与特定的工作条件存在着因果性的联系。该理论认为，倦怠的发展遵循两个过程：第一个过程，要求苛刻的工作（如极端的工作要求）引起了持续的负担过重的耗竭；第二个过程，资源的缺失让工作需求的满足复杂化，并导致了退缩行为的发生，这种退缩的长期影响就是对工作的脱离。

在这两种资源论指导下的倦怠理论，似乎显得更加简约，只包括几种有限的成分，如工作需求、工作资源以及职业倦怠中的耗竭、脱离等。同时，这两种倦怠范式具有跨行业的一致性。

（五）工作情境指导下的倦怠

有研究者（Maslach，Schaufeli，& Leiter，2001）从个体与工作情境匹配角度出发，提出了整合人与工作情境因素的工作情境—人匹配理论。与工作需求—资源理论单纯的环境决定论相比，它强调了人与组织工作的交互作用。该理论认为，职业倦怠由个人与工作之间的一种非建设性关系所致，并非由工作或本人单方面原因所致，而是由它们之间的匹配程度来决定的，匹配差距越大，越易产生职业倦怠。根据这一理论，个人和组织在以下六个方面越不匹配，就越容易产生倦怠感。①工作负荷：工作任务多、难度大。②控制感：个体对工作中的资源没有足够的控制，或者指个体无法自主选择他们认为最有效的工作方式。③报酬：除了经济方面的，还包括一定生活方面的报酬。④团队：员工与同事以及上级之间的人际关系，以及沟通和协作。⑤公平：包括工作量或报酬上的不公平，以及评价和升迁的不公平等。⑥价值观：员工和周围的同事、上级或整个组织的价值观不一致。

（六）存在主义的倦怠观

存在主义的倦怠观认为，职业倦怠的根源在于人们相信生活是有意义的，他们从事的工作很有价值，所投身的职业非常重要。持这种观念的人会带着理想化的期望和高涨的热情投入工作。当他们遇到挫折或失败，当他们发现现实与期望并不一致（如工作其实毫无意义）时，他们会失望和无助，发现自己的存在并没有预期的那么重要，这时倦怠就会发生（Malach，2002）。此外，也有研究者从环境、解决策略、自助神经系统反馈等方面解释了职业倦怠的产生机制。

第二节 职业倦怠的测量和界定标准

一、职业倦怠的测量

（一）马氏职业倦怠量表

马勒诗和杰克逊（Maslach & Jackson，1981）在对专业助人行业进行观察及个案研究的基础上编制了马氏职业倦怠量表（Maslach Burnout Inventory，MBI）。该量表共22个项目，包括三个分量表：情绪衰竭（9个项目）、去个性化（5个项目）和个人成就感低落（8个项目）。所有项目在回答时都采用频率评价的方法，0～6七点计分：0代表“从来没有出现”，6代表“每天都出现”。三个分量表的得分相互独立，不能相加。其中情绪衰竭和去个性化的分量表采用正向计分法，分量表的平均数越大，职业倦怠程度越强；低成就感的分量表采用反向计分法，平均数越小，职业倦怠程度越低。前两个分量表有中等程度的相关，第三个分量表与前两个分量表均无相关或相关度很低。

MBI共有三个修订版：MBI- HSS（MBI Human Services Survey）、MBI- ES（MBI- Educators Survey）和MBI- GS（MBI- General Survey）。一些研究显示，当把MBI的前两个修订版本用于非专业助人行业时，去人性化与情绪衰竭两个维度的重叠性很大。因此，马勒诗等人对MBI再次进行修订，形成了MBI的第三个版本，即MBI- GS，包括三个子量表：耗竭（5个项目）、玩世不恭（5个项目）及职业效能感（6个项目），与MBI其他版本的区别在于前者强调人与工作间的关系，后者强调人与人之间的关系。

我国学者李永鑫和吴明证（2005）在此基础上编制的CMBI（Chinese Maslach Burnout Inventory），探索性因素分析结果表明，职业倦怠问卷由耗竭、去人性化和成就感降低三个因素构成。问卷的信度和效度都达到了心理测量学的要求。

MBI是目前世界上应用广泛的职业倦怠测量工具，在已发表的有关职业倦怠的实证研究中，90%以上的论文和研究报告都采用MBI作为测量工具。大量研究都证实，MBI系列量表有较好的信度和效度。但MBI也存在一个心理测量学的问题：每一个分量表使用的是同一方向的术语，即情绪衰竭和去人格化维度的项目都是消极的，而个人成就感低落项目都是积极的。这种单一方向的测验效度较差，可能导致测量结果在某种程度上的虚假。

（二）BM职业倦怠量表

另一个应用广泛的测量工具是派因斯（Pines）根据自己的临床经验及个案研究形成的自己的倦怠量表（BM量表）。BM量表编制过程中，派因斯对职业倦怠进行了操作性定义，即把职业倦怠定义为包含无望、无助、陷入困境、热情降低、易激惹和低自我价值感在内的综合症状。这与派因斯给职业倦怠下的理论上的定义有很大的区别。BM量表由三部分组成：生理耗竭、情绪耗竭和心理耗竭，每个部分均包含7个项目，所有项目都采取7点记分，0代表“从不”，6代表“总是”，职业倦怠的程度采用BM量表的总分来表示。派因斯只从衰竭维度对倦怠进行定义，因而该量表也被称为单维度量表。

派因斯并没有对BM量表的信度、效度做过检验，但恩兹曼（Enzmann et al.，1998）通过对其进行探索性因素分析发现，BM的项目并不是负荷在单个因子上，而是负荷在三个因子上，它们分别是衰竭、士气低落与动机丧失。这说明BM量表与其单维度的理论构想并不符合。此外，有人使用BM量表与沮丧、焦虑和自尊所做的研究显示其判别效度也不够理想。虽然BM量表的构建有利于学者对职业倦怠结构研究进行更深入的探讨，但它的信度、效度却一直受到许多研究者的质疑。

（三）OLBI职业倦怠量表

由于MBI在去人格化维度上的内部一致性很低，且项目都使用同一方向的术语，因而会在一定程度上影响其效度。为了避免MBI在心理测量学上的局限性，有研究者（Demerouti et al.，2001）建构了另外一个量表，即OLBI量表，它包括两个分量表：衰竭（7个项目）和疏离工作（18个项目），每个分量表都使用了正反向的术语，采用四点记分：1代表“完全不同意”，4代表“完全同意”。其中耗竭被定义为过度的体力、情感和认知紧张的结果。与BM不同，OLBI不仅包括情感方面的耗竭，同时也包含躯体以及认知方面的耗竭，这使它可以应用于那些从事体力工作以及信息加工职业的人群。疏离工作维度是指疏远了自己的工作，对于自己的工作目标、工作内容甚至整个工作产生了消极的态度，如对工作没有兴趣，认为自己的工作没有挑战性，或者低估自己工作的价值以及机械性地执行工作，而不仅仅是指对客户的态度，所以可应用于更广泛的领域。艾宾浩斯（Ebbinghaus）对OLBI量表的心理测量学特性进行了研究，发现其结构效度、汇聚效度和判别效度都较好。

（四）心理测量枯竭量表

以色列心理学家谢尔曼（Shirom）和梅拉米德（Melamed）在2002年基于资源守恒理论开发了谢尔曼-梅拉米德枯竭量表（Shirom-Melamed Burnout Measure, SMBM）。该量表共16个项目，由3个部分组成：生理疲乏、情感耗竭、认知疲惫。其中情感耗竭有4个项目，其余两部分各有6个条目，被试在从1（从来或几乎没有）到7（总是或几乎总是）的七点量表上打分。总分越高则枯竭程度越高，因此，SMBM是一个单维量表。

二、职业倦怠的界定标准

国外的学者提出了不同的职业倦怠的评价方法。加拿大的心理分析学家、社会学家和人类学家曾经提出了一个职业倦怠的评价标准，认为可以以个体疲劳的程度作为职业倦怠的主观指标，具体包括三个方面：①由于工作不满意感和职业的不胜任感所导致的自尊的丧失；②出现多种身体症状，而没有可以识别的器质性病变；③注意力难以集中、易怒和负性情绪，并以个体在长达数月的时间内工作绩效的显著降低作为职业倦怠的客观指标。也有学者采用疾病的国际分类标准（ICD-10）中关于神经衰弱的标准来对职业倦怠加以评价，认为除必须符合神经衰弱的各项评价标准之外，这些症状必须是与工作相关的。这些方法都属于定性的判断方式，界定的准确性需要依赖主试的个人特性（李永鑫，李艺敏，2006）。

李永鑫和李艺敏采用本土化的CMBI量表，进行了先后两次问卷调查得出临界值（见表9-1），从而初步制定了职业倦怠的评价标准为：耗竭分数＞25、人格解体分数＞11、成就感降低分数＞16，且该评价标准具有较好的区分效度。

表9-1　职业倦怠各因素的临界值

因素	低	中	高
耗竭	＜17	17～25	＞25
人格解体	＜7	7～11	＞11
成就感降低	＜12	12～16	＞16

第三节
职业倦怠的影响因素

从职业倦怠形成的理论机制的介绍中可以看出，职业倦怠的形成受到诸多因素的综合作用，但总体上来讲，受到工作和组织方面的影响较大，下面将从工作特征、组织情境、个体特征和社会家庭四个方面介绍影响职业倦怠的因素。

一、工作特征因素

（一）工作量

在工作特征方面，工作要求的数量是与职业倦怠有重要关系的变量。研究表明，工作量和时间上的压力与职业倦怠存在高相关，尤其是衰竭这一维度。此外，工作中的日常要求多少即工作的质量要求也对职业倦怠的产生有重要影响，当工作质量的要求超过了个体具备的技能时，职业倦怠就会产生。

（二）信息和控制感

在工作中的信息方面，缺少反馈表现出与倦怠的三个维度都相关。而在控制感上，参与决策以及自主权的多少也与职业倦怠相关。有研究者（Karasek & Theorell，1990）提出了“需求控制模型”，也叫“工作紧张模型”。在这个模型中，员工自主决定的范围和工作要求是决定工作紧张的两个因素。

（三）工作中的人际情绪压力

职业倦怠的概念最早产生于服务行业，早期研究假设，那些有情绪压力的、与人打交道的工作更易产生倦怠。后期的研究也证明，情绪因素确实是解释工作压力之外引起职业倦怠的额外变量。宾夕法尼亚州立大学在2000年的一项研究表明，强迫的或伪造的表情，如要求对一个粗鲁的顾客微笑，会对职业倦怠有直接影响（Gabris & Ihrke，2001）。

（四）工作类别

随着职业倦怠的研究从服务业扩展到各个行业，研究者发现，不同种类的工作在职业倦怠的产生上也存在差异。一项研究比较了美国和荷兰的五种工作类型（教师、社会服务、医药、心理健康、司法执行）的职业倦怠状况，结果表明，职业倦怠在两个国家有相似的工作特征。在司法界，职员表现出高工作怠慢和高无效感，而衰竭水平较低；教师却表现出高衰竭，以及一般水平的工作怠慢和无效感；在医药业则呈现出较高的无效感以及低水平的衰竭和工作怠慢（Maslach，Schaufeli，& Leiter，2001）。

二、组织情境因素

组织情境因素主要包括角色压力、组织承诺、组织公平和组织支持等方面，这些也是影响职业倦怠的重要因素。

角色压力分为角色冲突、角色模糊和角色超载三个维度。李金波等人的研究显示，角色压力是作用于职业倦怠的核心维度，无论是对情感衰竭、无效能感还是消极怠慢，均存在显著的影响效应，并且这种影响以直接作用方式为主。分维度的分析发现，角色压力主要通过角色冲突这个维度来影响无效能感。另外，角色模糊对情感衰竭的影响非常显著，角色冲突和角色模糊对消极怠慢的影响显著。由此可见，角色冲突会导致员工对工作的热情降低，进而降低工作的效率和绩效。角色模糊则会影响员工的精力和热情，使员工不知道如何去工作。

此外，他们的研究还发现，员工的组织承诺水平越高，职业倦怠水平就会越低；组织公平水平越高，员工的职业倦怠水平就越低，但组织公平对职业倦怠的影响更大程度上是通过间接的影响；组织支持对职业倦怠没有产生显著的影响，但组织支持能够促进员工的组织承诺。李金波等人绘制了组织情境因素对职业倦怠影响的路径图，如图9-1所示。

三、个体特征

（一）人口学变量

已有研究证明的一些相关的人口学变量有年龄、性别、婚姻状况、教育程度等。关于年龄的研究普遍表明，年轻人的职业倦怠高于中年人；关于性别的研究尚无定

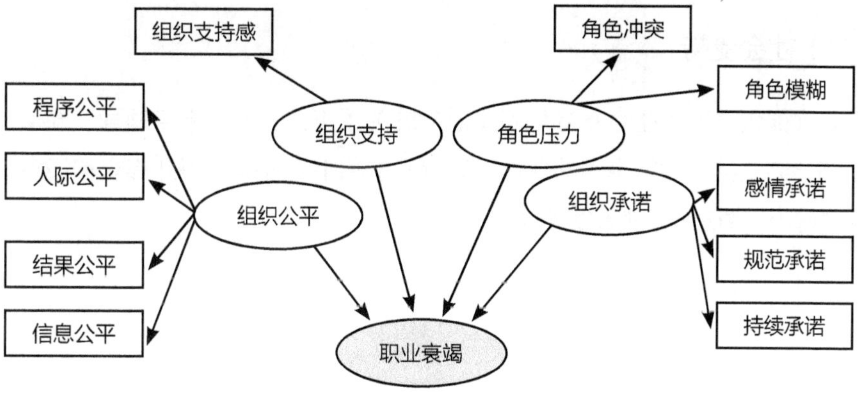

图9-1　组织情境因素对职业倦怠的影响

论，但有一项已被确定，即女性的工作怠慢分数高于男性；涉及婚姻状况的研究表明，未婚者的倦怠得分更高，而且单身者比离婚者高；在教育程度上，受教育程度高者的倦怠状况更严重。

（二）人格特质

以往研究显示，人格特质是影响个体职业倦怠的重要内部因素之一，是相同工作环境下的个体并不全都产生职业倦怠感的原因之一。我国学者郭月平、杨程甲和许明智（2015）的最新研究发现，神经质对情感耗竭、玩世不恭有显著的正向预测作用，个体的神经质得分越高，其职业倦怠水平越高；精神质对玩世不恭有显著的正向预测作用，个体的精神质得分越高，其职业倦怠水平越高；内外向对情感耗竭、玩世不恭及成就感降低均有显著的负向预测作用，个体内外向得分越高，其职业倦怠水平越低，提示神经质、精神质会激化或加剧个体的职业倦怠感，而内外向则能降低个体的职业倦怠感。

四、社会与家庭

（一）工作家庭冲突

近年来，越来越多的职业健康方面的研究开始关注工作家庭冲突对员工身心健康以及工作绩效的影响。有研究显示，工作家庭冲突是导致职业倦怠的重要因素，并会进一步影响心理健康，职业倦怠在其中充当中介因素。

（二）社会支持

不同来源和类型的社会支持与职业倦怠的关系研究发现，来自领导、同事、朋友或家庭的社会支持，对减少情感耗竭、玩世不恭和个人成就感提升都有积极意义。在支持的类型上，情感支持的积极意义更显著。

第四节
职业倦怠的干预

一、基于理论的干预措施

如前所述，职业倦怠给个体和组织都带来了众多的负面影响，因而有必要采取积极的措施对其进行干预。在职业倦怠的研究中，研究者对职业倦怠的产生机制提出了不同的理论，下面将分别介绍几种对应的干预措施。

（一）基于COR理论的干预措施

有研究者（Maslach & Goldberg，1998）曾指出，倦怠干预主要从个体和工作两个方面进行。具体到COR理论上，则分别强调保持个人资源与以人为中心的干预策略相一致，以及保持工作资源和减少工作需求与以工作情境为中心的干预策略相一致。

以人为中心的干预策略强调加强员工的内部资源，该策略易于实施，在干预研究中占了大半数比例。从认知角度，改变个人应对压力源的反应，包括减少期望、重新解释工作意义等认知重组策略。从应对策略角度，培养乐观态度、组织承诺感、正情绪和主动应对策略（问题解决的积极导向）。此外，进行营养支持、心理调节、运动保健等养生措施，能促进身心健康；平衡工作生活休息时间，发展放松的生活方式，都能增强应对倦怠的个人资源。

以工作情境干预为中心的策略，强调从减少工作负荷、角色冲突、角色模糊等工作需求和加强社会支持、组织公平和工作自主性等工作资源两个方面干预。工作需求干预措施对衰竭维度更有针对性。

（二）基于JD-R理论模型的干预措施

根据JD-R模型，在实际工作中，调整工作要求包括减少工作负荷、时间压力、轮班任务、人际服务任务和有害的环境5个方面，对降低情感衰竭维度更具有针对性；丰富工作资源包括授予员工参与决策权，及时提供正确的绩效反馈、合理的奖酬、工作控制感、职业稳定感和领导支持，更有利于去人格化和职业效能感降低这两个维度的干预。根据JD-R的拓展模型，减少工作需求比增加工作资源对减少倦怠更有效，提供丰富的工作资源更有助于工作投入的提高。但是，JD-R模型指导的干预措施，只是纯粹从工作特征出发，缺乏结合个体特征，又走向了另一极端。COR模型只是强调了个体和工作生活各自作为资源，应对过高要求，但是没有强调个体与工作特征的交互作用。新的干预措施应该整合人和工作条件两方面的因素，强调个人在工作情境下的行为，针对不同员工实施不同的干预措施。

（三）基于工作—人匹配理论的干预措施

人与工作六个方面的不匹配扩大了干预措施的范围。例如，如果有人珍重工作意义和对努力的奖励，能容忍较大的工作负荷，相应地，干预措施主要从价值和奖酬方面设计。同时，结合组织特征干预与教育干预，不仅改变组织的六个方面，还通过培训教育，改变员工态度和技能，实现工作和人的匹配。

在工作负荷匹配方面，培训员工，合理分配工作，使之在员工能力、时间和精力范围之内，最有效地减少情感衰竭。在控制感匹配方面，实现工作现实与个人所需的工作控制权力、决策参与等匹配，可以更有效地提高工作效能感。在奖酬匹配方面，提供与员工努力相匹配的报酬（内在和外在奖酬），对提高工作效能感最有效。在社会交往匹配方面，进行人际交往培训，提供丰富的组织支持资源，满足员工社会联系、交往分享的需求，减轻倦怠感。在公平匹配方面，不仅需要公平合理的任务分配和奖酬分配制度，而且在程序公平上，允许员工发言，建立参与管理和合理的绩效考核体系。在价值观匹配措施方面，招募价值观与组织一致的员工，可以降低员工在后来工作中倦怠感发生的概率；进行工作再设计和任务分配时，提高员工的价值观和任务特征匹配度。

研究发现，不现实的工作期望会导致倦怠感，从员工与组织匹配的组织干预角度，对招聘新员工进行现实工作预览和期望降低计划，调整新员工的期望值，与接下来的工作经历相适应，不仅干预倦怠感，而且增加员工组织承诺，降低离职率。

（四）基于ERI理论模型的干预措施

ERI模型（Effort-Reward Imbalance model，ERI模型），包括个性和情境两大类。“过度承诺”是一种主动应对工作需求的个性成分，有A型人格的风格；“努力”和“回报”属于工作情境成分。该模型假设“高努力—低报酬”不平衡对身心健康有主效应；“过度承诺”对身心健康有主效应；“高努力—低报酬”与“过度承诺”对身心健康有交互效应。

基于这一理论的主要干预措施有：减少工作时间，提供休息室、修养娱乐设备，保证公正的物质性报酬，提供非物质性报酬。领导通过倾听、及时反馈员工绩效和提供社会支持，让员工再认自己工作角色的重要性，获得自尊。ERI模型涉及下岗、裁员等社会因素对健康的影响，强调企业社会责任感，因此，从招聘渠道、保障就业公平，到组织内，通过诚信交流和公开的绩效评估系统提高公平感。另外，实施员工帮助计划（EAP），包括压力管理、裁员心理危机、职业生涯发展、饮食习惯等方面的综合性服务，降低工作不安全感，提高自尊，减轻员工压力，提高员工的工作绩效（张燕，马剑虹，2006）。

二、具体干预措施

除了上述基于理论模型提出的干预措施，实践中还有一些具体系统的干预模式，如放松训练、社交训练、归因训练等，这里主要介绍由美国医师艾德蒙·雅各布森（Edmund Jacobson）于20世纪20年代发明的渐进式放松训练。这一训练方法主要是通过逐步调动全身肌肉群，来达到消除身体紧张状态、缓解焦虑情绪的效果。渐进式放松训练的关键在于，要按照全身肌肉群循序渐进地运动，主要方式是先用力收紧某处的肌肉群，再放松下来，重复几次后转向下一处肌肉群。这样做主要是因为切身体验过肌肉的收缩和松弛后，更能明显感觉到由之产生的放松感。

渐进式放松法的具体步骤如下。

锻炼时一般按照“紧张，放松，更紧张，更放松，最紧张，最放松”的原则，由上至下进行放松。您可以试试采用以下步骤牵动头痛部位：

选择一个不受干扰的地方，或坐或躺，保持脊背舒展。

做几个深呼吸：用鼻子慢慢吸气，再用嘴慢慢呼气，由此重复几遍。

抬起眉毛，向上挤压前额肌肉，或者用力皱眉，再缓慢松开，由此重复几遍。

紧闭双眼，再慢慢睁开。

大笑，然后慢慢停下。

紧咬下颚，然后放松。

舌头抵住上颚，然后慢慢放下。

紧闭双唇，再慢慢放松。

用头顶住地板或椅背，继而放松。

耸肩膀，让肩膀尽量接近耳朵，然后放下，重复几次。

时间充裕的话，继续向下活动到脚趾，进行全身放松训练，放松时要注意深呼吸。

渐进式放松训练通常的建议顺序是：头、双眼、脸部、脖颈、肩膀、上臂、前臂、双手、背部、胸部、躯干、后腰、臀部、大腿、膝盖、小腿、脚踝、双足。不过这并非死要求，你也可以倒过来从脚开始。很多人喜欢从头开始，是因为锻炼头部和眼部可以使他们彻底进入放松状态。

第五节 职业倦怠的研究趋势

职业倦怠的研究最初集中于对人际能力要求较高的服务行业，后来研究的职业领域不断扩大到各行各业。同样，研究者们基于职业倦怠也发展出了很多新的研究视角，下面将简要介绍职业倦怠研究的发展趋势。

一、职业倦怠的拓展研究

传统上，心理学的焦点在于对人的负性状态的研究，而不是对人的积极方面的研究。然而，现在人们更倾向于研究人类的长处和积极的功能，“积极的心理学”这一新兴的分支也得到越来越多研究者的关注。从这种观点出发，倦怠的概念被它的相反的积极方面的工作投入这一概念加以扩展是一个必然的研究趋势。

马勒诗后来将倦怠重新描述为对工作投入的销蚀。它使重要的、有意义的和有挑战性的工作变得不愉快、无成就感和没有意义。倦怠与投入可以看作一个三维连续体的两个极端点，这三个维度是精力、卷入和效能。位于其中一端的是工作投入，一种感觉充满精力，并能有效地进入工作状态并与他人和谐相处的状态。这是一种对个体与组织都是积极的、高效的工作状态。而在相反的另一个极端则是倦怠，一种感觉无效能、耗竭以及与工作及他人疏离的状态。在这种状态下，个体的精力变得耗竭，卷入变得玩世不恭，效能变得无效。在应用上，投入可以通过MBI三个维度的得分的相反模式来评估。

萧费利（Schaufeli）则采用另一种途径来定义投入的概念。尽管投入仍被界定为倦怠的积极的对立面，但是它没有被假定为用MBI相反的状况来加以估价，而把它建立在幸福感的两个维度，即快乐和激发这一更易理解的分类系统基础上。按照这一框架，倦怠以低水平的快乐和激发为特征，而投入则以高度的快乐和激发为特征。基于理论推导和实际访谈，萧费利和他的同事将投入定义为员工的一种充满着持久的、积极的情绪与动机的完美状态，它以活力、奉献和专注为特征。活力是指具有出众的精力与韧性，愿意在自己的工作上付出努力，不容易疲倦，面对困难时具有容忍力等。奉献是指一种对于工作的强烈的卷入，伴随着对工作意义的肯定及强烈的热情，以及自豪和鼓舞的感觉。而专注则是一种全身心投入工作的愉悦的状态，感觉时间过得很快，不愿意从工作中脱离出来。图9-2为萧费利的倦怠和投入关系模型。

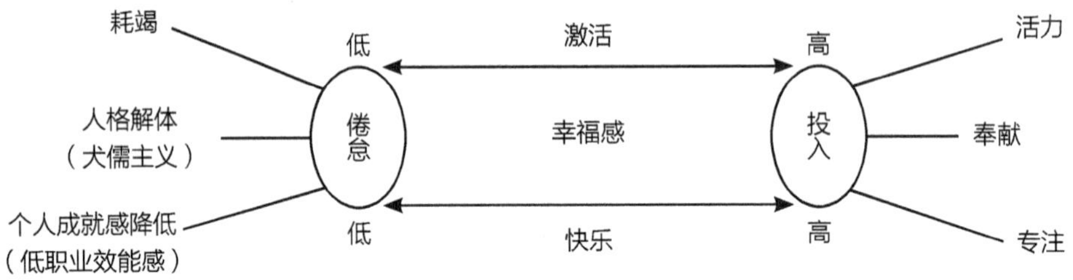

图9-2　萧费利的倦怠和投入关系模型

因此，职业倦怠的研究就从消极扩展到了积极的工作投入，这一扩展不仅引入了新的研究视角，还为职业倦怠的干预开辟了新的道路，即可以尝试通过提高员工的工作投入来降低职业倦怠感。

二、新型组织形式下的倦怠问题

当前的企业正处于一个不断变化的外部环境之中，这些变化使传统的组织结构形式受到了严峻的挑战，众多的新型组织形式，如团队、虚拟组织、无边界组织等纷纷涌现。组织结构的变革，必然引起组织成员心理上的种种变化，职业倦怠的影响因素及具体表现也会有所不同，这也要求组织和个体采用相应的应对措施来加以控制和干预。

以自我管理型工作团队为例，这种一群组织成员被完全赋予完成整个任务的责任，并且可以决定如何去完成它的新型组织形式，正受到众多企业的青睐。一项关于员工卷入程度的调查发现，世界500强企业中有47%的企业至少在一部分员工中正在运用自我管理型的工作团队；并且60%的公司计划在后两年增加它的运用。研究表明，自我管理型工作团队有利于提升员工的工作满意和任务卷入程度，同时有利于提升产量、角色确定性以及出勤率。然而，这种组织形式也产生了传统组织形式设计所没有的职业倦怠产生的条件。例如，除了要完成技术上的任务外，团队成员还要分心出来决定与工作任务相关的其他事情，如任务的分配、执行任务的方法、活动的计划等，团队成员有时要花费大量的时间在团队会议上，去解决与工作相关的人际事务。与传统组织设计中个人一般面对一个关系（如与管理者）不同，自我管理工作团队中的个体必须要同时关注多个关系，特别是与团队其他成员的关系，当然也有与管理者之间的关系。这样，由于团队成员要与其他成员之间进行更为频繁与密集的互动，这很可能成为职业倦怠的重要引发因素。当然，自我管理型团队也有一些因素对于减轻职业倦怠是有帮助的，如个体的任务非常清晰、个体的绩效情况能得到及时全面的反馈、成员之间能得到较多的社会支持等。

总的来说，新型组织形式不断出现，职业倦怠的研究也应该精细化到具体形式的组织，进而可以获得更有针对性的研究成果并开发出更有效的干预措施。

三、区域的扩展：倦怠的跨文化研究

工作倦怠研究的另一个重要变化是从原来只有美国学者的研究，转变为各国研究者的普遍关注，跨文化的比较研究也日益得到重视，并已取得了一些成果。例如，在欧洲工人中进行的几项研究已经发现，在情绪耗竭和讥诮态度维度上，欧洲的样本要比北美样本的得分低一些。差异的原因目前还很难给出绝对的结论。可能有不同文化价值观的原因，因为公开表达自己关于倦怠，特别是讥诮态度方面的一些观念，在强烈个人主义的北美社会中要比更注重群体一致性的欧洲社会中更容易被他人接受。也有可能是，成就导向更强的北美社会对他们的工作感觉到更大的压力。倦怠水平与北美国家同样高的欧洲国家是波兰，那里的工作条件比其他西欧国家要差一些。

然而，工作倦怠的跨文化比较研究目前还处于起步阶段。从研究内容与方法上，还基本上是继承美国学者所建立的概念体系及研究方法，测量亦多采用MBI的各国翻译版本。因此，从学术上对于倦怠的探讨还不够宽泛，适合各国国情的倦怠的替代性测量工具还很少。研究中样本的选择还往往缺乏代表性，所得到的国家间的差异的结论以及相应原因的推断尚需进一步得到加强。

四、本土化模型的发展

职业倦怠的研究始于美国，这一领域的经典理论模型也大多基于西方的文化背景之下。但是工作环境受文化因素的影响较大，直接将西方文化背景下的理论模型移植到其他文化下可能会出现“水土不服”的现象，因此，出现了一些关注职业倦怠本土化模型的发展的研究。

我国研究者黄杰等人以中部及沿海3家大型股份制企业的员工作为研究对象，从2012年6月到2013年6月进行了跨度为一年的三次追踪纵向调查。研究表明，国外学者提出的几种发展模型都有其合理之处，但也存在一定的局限性，如戈伦别夫斯基（Golembiewski）模型和迪伦德诺克（Dierendonck）模型提出的成就感降低影响情绪衰竭和去人性化，塔里斯（Taris）模型提出的情绪衰竭影响成就感降低等未得到我国文化背景下的数据支持。研究结果还表明，去人性化使成就感降低，且这种影响具有跨时间一致性；但是，情绪衰竭和去人性化相互影响的跨时间一致性较低。这种不一致性可能与员工所处的特定工作情境有一定的关系。例如，工作要求—资源模型认为，工作要求促进职业倦怠的发展，而工作资源则可延缓职业倦怠的发展。

总之，未来的研究还需要更多地根植于特定的文化背景，深入探索具体背景下职业倦怠产生的机制及其特点，发展出文化适应性更强的理论模型和干预模式。

第六节 职业倦怠讨论案例

一、案例对象

金老师，男，初中数学教师，34岁，参加工作11年。

二、来访者自述

事情的起因是一次期中考试，考前看到模拟试卷中有一道题目是从来没有教过学生的，当时很想在复习时讲给学生，但又怕违反纪律，就没讲。但考后发现自己的学生此题得分很低，而其他班学生此题得分高。于是猜想，其他教师一定都在考前复习了这样的题目，感觉很失落，觉得自己太傻。想到领导以“分”取人的态度，就更加沮丧。本来自己是对教师职业充满热情的，但现在感觉当教师太辛苦，从早到晚守着学生，苦口婆心却不一定有效果。此外，近两三年经常因为和学生生气而夜不能寐，因为学生成绩低于年级平均分而大发雷霆。他曾让全班学生罚站一节课，还动手打过调皮的学生，但依然不见起色。现在感觉世态炎凉，厌倦教师职业，但离开学校又不知自己能做什么。

三、原因分析

（一）教师评价体系

尽管素质教育施行已久，但一直以来，分数都是衡量教师教学水平的重要工具。然而，教师的工作对象是成长中的个体，看上去他们年龄相当、身心发展相似，但实际上学生的知识准备程度、心智发展水平、兴趣和个性特点差异很大。在仅用考试成绩这个唯一受社会认同的指标来评价教师工作的情况下，教师注定要付出比其他职业更多的时间和精力用于教育和教学，以致造成时间、体力和精力的透支。有些时候，学生所发生的改变与教师所付出的努力并不一定成正比。金老师从教十余年，早已没了刚工作时的热情和抱负，长期的付出与回报不成比例，导致负面情绪增加。让全班学生罚站，动手打调皮学生，都是自己对于评价体系无能为力而找到的不合理的宣泄途径。而教育教学效果的不确定性，使教师的很多隐性劳动无法量化显示，职业倦怠便因此而生。

（二）动机和认知偏差

金老师对教学充满热情，付出过极大的努力，希望自己能出人头地，成为教学名师，为学校争光，也光耀门楣。因此，他十分看重学生的成绩，也很在意同事对自己的评价。金老师需要通过学生成绩和同事认可来实现自我价值，但教学水平取决于专业知识和技能，对教材，尤其是对考试内在规律的熟悉程度、整体把握、抽象和批判思考方面又有很多技巧。这不是每个付出努力的教师能掌握的。当教师渴望在学生、家长、同事中被充分认可的愿望得不到满足之后，“理想自我”高于“现实自我”，于是形成内心激化，引发高焦虑。这一次期中考试不理想，导致金老师心理严重失衡。在他的认知中，不合理倾向比较严重。关于学生成绩和教师职业都有以偏概全的倾向。

（三）人际关系障碍

在中学工作的教师几乎都是大专以上学历，在知识分子成群的地方有时会“文人相轻”。再加上现在许多学校仍采用末位淘汰制，学生成绩与教师的晋升、降级、奖金、聘任等挂钩，这种不健全的评价制度使得教师特别关心自己的最终评价结果，以及自己在教师团体中的位次如何，而忽略良好人际关系的构建。在这种情况下，每个人都是孤独的“星球”，每间教室都在独立运转，相同的问题在不同的班内反复出现，教师们在各自的教室里独自奋斗却不善于互相帮助与合作。金老师发现其他班级学生会做没讲过的题目后，对同事产生了怀疑，可没有证据又不能去与之理论，只能自怨自艾，感慨世态炎凉，加剧了作为教师的孤独感。在这种压抑的氛围里，金老师很难不产生职业倦怠。

四、治疗和干预措施

通过上述的原因分析，研究者初步诊断金老师的心理问题，是由于不合理的信念和焦虑情绪所导致的职业倦怠，主要对其进行合理情绪疗法治疗。合理情绪疗法是美国心理学家艾利斯在20世纪50年代创立的，后经过不断完善，成为一种很有影响力的心理治疗和咨询的方法。

（一）治疗的基本原理

合理情绪疗法主张以理性治疗非理性，帮助患者以合理的思维方式代替不合理的思维方式，以合理的信念代替不合理的信念，最大限度地减少不合理信念带来的情感困扰。

（二）治疗的基本过程

合理情绪疗法的过程是很复杂的。首先，强调治疗者积极主动地引导被治疗者诉说自己的不幸及不良情绪，充分宣泄本身就能减轻患者的精神压力。其次，向患者指出其思维方式是不合理的，帮助他弄清楚为什么会这样。再次，要指出患者的困扰是由于自身的不合理信念与想法导致的，对于这一点自己应当负责任。最后，通过与不合理信念置辩的治疗技术，帮助患者认清信念的不合理，进而放弃这种不合理的信念，重回健康的工作状态。

五、治疗结果

通过一段时间的交流疏导，金老师的情绪趋于稳定，偏激言语逐渐减少，主动找领导谈过两次话，自觉有些想法是庸人自扰；尝试在同事面前不加掩饰地表达自己的喜怒哀乐；以平常心看待学生成绩，过度焦虑得到缓解，逐步走出了职业倦怠的阴影。

（案例来源：崔玉中，陈志伟，闫加民. 教师职业倦怠的个案分析与治疗. 现代预防医学，2010，37（6）：1082-1083.）

基本概念

1. 职业倦怠
2. 渐进式放松法

本章要点

要点一：职业倦怠的概念

职业倦怠由美国临床心理学家弗罗伊登伯格引入，用来专指个体在面对过度的工作需求时，产生的身体和情绪的极度疲劳状态。目前被引用最多的是马勒诗的定义。他把职业倦怠定义为服务于助人行业的从业者因为不能有效地应对工作上持续不断的压力而产生的一种包括情绪衰竭、去个性化和个人成就感低落在内的综合症状。

要点二：职业倦怠的作用机制

对于职业倦怠的作用机制，研究者从不同的角度提出了众多的理论，目前较为流行的理论有职业倦怠的社会—文化—历史观、精神分析的倦怠观、行为主义的倦怠观、与资源有关的倦怠观、工作情境指导下的倦怠和存在主义的倦怠观。

要点三：职业倦怠的影响因素

职业倦怠受到诸多因素的影响，最主要的有以下四个方面：工作特征、组织情境、个体特征和社会家庭。

要点四：职业倦怠的干预措施

基于理论的职业倦怠干预措施主要有基于COR理论的干预措施、基于JD-R理论模型的干预措施、基于工作—人匹配理论的干预措施和基于ERI理论模型的干预措施。此外，具体的干预手段中常用的是渐进式放松法。

思考题

1. 如何理解职业倦怠的概念？
2. 比较不同倦怠观的适用范围。
3. 哪些因素会导致职业倦怠的产生？
4. 职业倦怠的干预措施有哪些？
5. 如何理解职业倦怠的研究趋势？

推荐阅读

李永鑫. 工作倦怠的心理学研究. 北京：中国社会科学出版社，2008.

第十章

职场异常心理与行为

学习目标

1. 了解职场中存在哪些异常心理与行为。
2. 熟悉职场中异常心理与行为的影响。
3. 了解针对这些异常心理与行为的干预措施。
4. 了解这些异常心理与行为的测量或评估方法。

章节导引

抑郁症在工作场所的众多心理疾病中，是很普遍且危害性极大的精神问题之一。有数据表明，抑郁症是工作场所中最普遍且让组织损失最大的一种心理疾病，每年可能造成440亿美元的损失（Lerner et al.，2004）。抑郁症是全球一种常见病，估计共有3.5亿名患者。抑郁症不同于平常的情绪波动和对日常生活中挑战产生的短暂情绪反应。尤其是，长期的中度或重度抑郁可能成为一个严重的疾患。患者可能会受极大影响，在工作中以及在学校和家中表现不佳。最严重时，抑郁症可引起自杀。根据美国心理学会的界定，抑郁症作为一种情绪障碍，主要表现为情绪沮丧、兴趣缺失、睡眠障碍、体重变化、疲劳、精力减少、行动迟缓、有负罪感或觉得生活无意义，思考、集中注意力和决策能力降低，最为严重的表现是出现自杀倾向。抑郁症是世界上普遍的精神疾病之一，为社会带来了巨大的负担和损失，被列为全球所有疾病中造成社会负担的第四大疾病。

第一节
异常心理

工作场所是心理问题的高发地，当前压力管理的难点在于，对于员工较严重的心理问题和机制缺乏专门的研究，这属于组织行为学与工业精神病理学的交叉领域，过去很少涉及。我国目前处在社会经济转型期，而且随着加入WTO，企业在不断融入市场和适应国际环境的过程中，面对的竞争更加激烈。在此背景下，企业只有通过不断变革才能适应这种快速的变化，这使得工作要求的不确定性增加，加之竞争使企业更多地强调经济目标也会导致对员工需求的忽视，企业员工的心理、行为健康问题日益增多。

一、职场抑郁

有抑郁倾向的职场人，其身体、情感、思维和行为都会受到影响。同正常人相比，有抑郁倾向的人明显有记忆、注意力障碍，有工作兴趣严重丧失的情况。如果这种抑郁倾向在较长时间内得不到调节和干预，极有可能发展为严重影响员工心理健康的心理疾病——抑郁症。而一旦患上抑郁症，往往只有专业治疗才能控制病情。导致抑郁倾向的原因比较复杂，其中可能有遗传因素、生物化学因素、社会文化环境因素、性格因素，如完美型性格的人比较容易出现抑郁倾向等。除此之外，生活或工作中发生较大变故，如被解雇、亲人亡故、事情长时间得不到解决等，也可能造成抑郁倾向。

（一）职场抑郁的影响因素

1. 心理易感性

个体内部的心理易感性，即认知风格和个性特征，会让个体对某些压力源特别敏感和脆弱，或促使个体以特定方式（通常是非功能性的）去认知和应对压力情境，而应对结果通常也是负性的、消极的，这样恶性地循环往复，最终使个体患上心理疾病。

与抑郁症相关的心理易感性有：负性归因风格（Abramson et al.，2002），即认为压力情境会一直存在且难以改变，而且负性后果会波及生活的各个领域，并认为是自己的无能造成的；神经质（Riso，Miyatake，& Thase，2002），即对负性情境很敏感，且有较强的反应；依赖—自律人格，即依赖的个体会对社会关系的挫折较为敏感和脆弱，而自律型人格则比较经不起成就上的挫折；非功能性的应对（Cohen et al., 2005），具体表现为反刍、回避、非问题解决导向、情绪智力低等特征。以上这些心理易感性会使员工对工作压力的承受能力降低，并在遇到工作中的负性事件时，更易产生抑郁症状。因此，在探讨抑郁症状在员工中的发生机制时，要充分考虑上述精神病理学带来的问题，从跨学科研究的角度，即工业精神病学的角度，来探索员工抑郁症状的发生机制。

2. 情绪劳动职业

很多研究表明，情绪劳动职业的从业人员容易产生工作倦怠，因此，从工作倦怠与抑郁症状的紧密关系来说，这类职业也可能成为抑郁症的易感职业。情绪劳动职业以工作者在工作责任中的情绪卷入为特征，如对于流露的具体特定情绪的要求或让服务对象满意的要求（如担心服务对象不满，这种担心会带来巨大的压力）等。这类职业都具备客户导向的、与人相关的工作本质。此外，易感职业通常对于沟通、频繁的客户接触和决策判断方面有很高的工作要求，因此，其工作绩效更加易于受到抑郁症状的损害（Lerner et al., 2004）。目前，对于这类职业的研究主要集中在教师、医生、护士、金融服务行业和其他服务行业人员等。研究结果显示，这些职业与其他与人非相关的职业有更多的压力症状，包括职业倦怠、抑郁等。

（二）职场抑郁的预防与治疗

1. 基于抗逆力的组织预防系统

抗逆力指个人面对生活逆境、创伤、悲剧、威胁及其他生活重大压力的良好适应，也是个人面对生活压力和挫折的“反弹能力”（Siu, 2006）。抗逆力是应激与应对的和谐统一，是良性应激的突出表现，在压力管理中可以起到激发潜能、振奋情绪，甚至增进健康的作用。当工作出现困境时，建立组织中的多层次抗逆力系统有助于防止其对员工心理健康和生产力的损害。从个体层面来说，某些认知因素（乐观主义、治理、创造力、幽默等）和个性层面的胜任特征都被认为可以导致更高水平的抗逆力。从家庭层面来看，承诺、家庭成员之间的亲密关系和来自邻里的社会支持也可以帮助民众在面临变化和危机时抑制心理瓦解状态。从社区层面来看，抗逆力是对抗灾难的强有力资源。在“9·11”、SARS、海啸等事件发生后，一些研究开始进一步关注国家层面的抗逆力模型建设。

基于以上多层次的抗逆力模型理念，结合组织管理因素，有学者（Siu, 2006）在香港针对一些高工作压力的职业进行了干预研究，在进行了一系列的培训后，被试均报告感受到的工作压力减少，生理或心理症状减少，工作倦怠减小，抗逆力提高。这说明，组织中，从员工层面、团队层面、部门层面和组织层面中建立多层次的抗逆力系统，将有助于缓解工作压力对于员工心理健康的损耗，从而预防精神症状（如抑郁症状、焦虑症状等）的产生。

2. 员工抑郁症状的心理社会治疗与个性化综合干预

抑郁症的治疗与康复主要包括两种：药物治疗和心理社会治疗。药物治疗主要对已经达到临床诊断标准的重度抑郁症具有较好的疗效，能短期内显著缓解临床症状。然而，药物治疗具有一定的副作用，并且对于长期的社会与认知功能疗效并不是非常显著。心理社会治疗则主要针对康复者的社会和认知功能，包括情绪障碍、人际沟通障碍、认知能力、自信心等方面的治疗和重构。因此，众多学者都主张精神药物治疗与心理社会治疗联合起来，形成一种综合性干预系统，也称“生物—心理—社会性干预”（Wallace & Tauber，2004）。

心理社会治疗是各种心理性和社会性干预措施与手段的总称，只要是根据明确的干预原则帮助有心理症状的人群，提高其心理和社会功能的方法，都可以称为心理社会治疗。有研究者从研究进展的角度，将心理社会治疗分为六类：认知行为治疗、个案管理、职业康复、家庭干预、双重障碍的综合性处置、技能训练和疾病自我处置训练。但是，不同的心理社会治疗的着眼点不同，具有各自的优势和局限性。有研究也显示了将不同的心理社会治疗方法整合后的优势（McGurk，Mueser，& Pascaris，2005）。这表明，不同的心理社会治疗方法之间并不完全独立，恰当的整合将使心理社会治疗产生更大的效果。这也是未来心理社会治疗方法的发展趋势。

目前，对于工作场所具有轻中度抑郁症状的员工的干预措施相对缺乏。从研究和实践角度来看，存在的问题主要有以下几个。①以药物治疗为主，心理社会干预较少，而根据工作场所轻中度抑郁症状的特殊情况，采用心理社会治疗较为合适。②缺乏个体化的干预措施。从积极心理学角度考虑，应该给予每个患者以积极的、个体化的支持与干预。美国个性化辅助就业（Individual Placement and Support，IPS）的实证经验表明，个性化干预具有更好的康复效果。此外，员工即使有轻中度的抑郁症状，也不同于抑郁症患者。员工有自主判断能力，因此，干预方案的制订和实施也要尊重其决定。③缺乏综合干预措施。由于导致员工抑郁症状的因素较多，包括组织管理、工作环境中的因素和精神病理方面的因素，而单一干预方法或单方面的干预只能针对特定的影响因素，以致影响整体的干预效果。因此，恰当地整合组织层面的各种干预模式，将使心理社会治疗产生更大的效果。总而言之，针对工作轻中度抑郁症状的员工，需要采取个性化的综合干预方法；引入心理社会干预，借鉴国外的个性化干预方案，根据我国实际工作场所的特点，针对员工个体或具有相似表现的员工，设计具有针对性的个性化综合干预方法（王筱璐，王桢，时勘，2009）。

二、工作场所负面人格特质

人格特质是指能使人的行为倾向表现出持久性、稳定性、一致性的心理结构，是人格构成的基本因素。在工业组织心理学领域，早在20世纪初就有学者针对人格特质与领导力、绩效的关系展开了研究。这些研究立足于大五人格体系上，主要关注人格特质的积极面，即重点考察使个体获得成功的人格特质。但人格特质不仅有积极面，也有消极面。在压力与变化较大的情境下，负面人格特质往往以一种异于一般性的、具有破坏性的行为模式表现出来，从而对个体的工作产出和工作体验产生影响。在1967年本茨（Bentz）提出人格缺陷会导致领导者失败这一观点后，研究者越来越重视与工作绩效相关的负面人格特质及其结构的研究。在组织中，员工，特别是管理者的行为会对组织绩效产生重要影响。一些研究指出，由负面人格特质引发的行为是个体，特别是管理者失败的重要原因。因此，组织可以通过考察负面人格特质来辨识那些可能产生职场偏差行为、职业脱轨、低绩效水平的员工（黄攸立，刘筱，2011）。

（一）工作场所负面人格特质的概念

讨论人格特质，从某种意义上说是探讨人格的结构，即应该从哪些维度去分析人格或人格由哪些因素构成。研究者在20世纪90年代对正常的人格特质达成了一个共识的结构，这一共识被描述为五因素模型（Five-Factor Model，FFM）或大五人格模型。大五人格模型为研究人格特质与领导力之间的关系提供了一个有益的框架性的工具，该模型包括外倾性、宜人性、责任心、神经质和经验开放性五个维度，他们与绩效的关系已通过实证研究的检验。有研究者（Hogan,Curphy, & Hogan,1994）认为，大五人格模型描述的是人们处于最佳状态时的人格特质，并称之为正面人格特质。同时，以大五人格模型为基础的绩效研究也存在一些问题，如以大五人格模型为代表的正面人格特质体系的测量范围过于宽泛，并不能把失败的个体与成功的个体区分开来。更重要的是，大五人格模型无法用来衡量在压力与变化较大的情境下个体的人格特质与行为之间的关系。因此，一些学者探索了一条与正面人格特质体系不同的研究路径，即工作场所的负面人格特质研究。

最早对工作场所负面人格特质进行综合性研究的是霍根（Hogan）等人，他们的研究发现，浮夸、嫉妒、自恋这些人格特质与管理者绩效显著相关，并认为它们可能是管理者潜在的负面人格特质，但他们未对所使用的量表进行内部效度研究，从而令该研究在严谨性上受到了质疑。霍根等人于20世纪90年代初正式提出了负面人格特质这一心理建构。他们认为，负面人格特质是指在压力或危机下个体表现出的趋向人格障碍的个性特质，这些个性特质会令个体行为趋于破坏自身的人际关系，降低下属的忠诚度与同事的信任。对领导者而言，这些行为令他们无法建立和保持一支高效的团队，而这正是管理无效与失败的主要原因。

（二）工作场所负面人格特质与医学领域人格障碍

负面人格特质的传统研究主要集中于临床医学领域，即人格障碍。人格障碍反映了人格特质显著偏离正常，使个体形成了特有的行为模式，导致无法适应环境，以致影响个体的社会功能。目前，国际上流行的主要诊断标准是“疾病和有关健康问题的国际统计分类（第十次修订本）”（The International Statistical Classification of Diseases and Related Health Problems 10th Revision，ICD-10）和“美国精神疾病诊断与统计手册（第四版）”（Diagnostic and Statistical Manual of Mental Disorders，DSM-Ⅳ），以及“明尼苏达多项人格测验”（Minnesota Multiphasic Personality Inventory，MMPI）。

在这些人格障碍诊断标准中，与工作场所负面人格特质联系最密切的是DSM-Ⅳ。在该分类标准中，根据行为模式确定了边缘型、偏执型、回避型、分裂型、被动攻击型、自恋型、反社会型、表演型、分裂型、强迫型、依赖型共11种人格障碍，它为同样以行为模式为分类基础的工作场所负面人格特质的研究提供了理论依据和参考。

由于人格障碍反映的是一种异常人格，因此，在工业组织心理学领域研究中的运用范围比较狭小。工作场所负面人格特质作为人格障碍的边缘形态，是常态下的个体行为模式，反映了个体在工作场所压力情境下的行为模式，较人格障碍对工作产出的解释更具合理性。但由于工作场所负面人格特质脱胎于人格障碍，它们之间往往存在较高的相关性。同时，由于工作场所负面人格特质的建构并非以医学诊断和治疗为目的，故而采用了更紧凑的行为判断标准，使它与人格障碍存在跨维度的相关性。例如，相关研究发现，霍根发展调查负面人格特质结构中的激动维度与MMPI中的疑病症、抑郁、精神病态、妄想、精神衰弱、精神分裂、内向等都具有较高的相关。

（三）工作场所负面人格特质的维度

由于目前有关工作场所负面人格特质的相关结构均建立在DSM-Ⅳ的分类基础上，

故相关的维度研究及讨论也借用了DSM-Ⅳ的行为模型，也是基于行为进行讨论。

有学者（Moscoso & Salgado，2004）在DSM-Ⅳ和DSM-Ⅲ-R两个版本的医学人格障碍诊断标准的基础上，建立了一个包括14个子维度的工作场所负面人格特质体系。这个体系包含14种非医学的人格特质，其中利己主义、怀疑、害羞、古怪、矛盾、孤僻、可靠、开朗、危险、尽职10个维度建立在DSM-Ⅳ的分类基础上；自信、悲哀、悲观、被害4个维度建立在DSM-Ⅲ的分类基础上。

霍根等人提出的负面人格特质包含11种在工作场所中能够影响绩效的负面人格特质：激动、怀疑、谨慎、自制、自在、傲慢、恶意、剧化、妄想、勤奋、尽职。根据霍根对该量表所做的因子分析，这11种人格特质可以按照其趋势被划分在自我谦避、自负、顺从三大维度下。这三大维度来源于霍尼（Horney）的缺陷人际趋势模型。自我谦避包括激动、怀疑、谨慎、自制、自在5个子维度，反映了个体因不安而回避管理的行为所体现出的人格特质；自负包括傲慢、恶意、剧化、妄想4个子维度，反映了具有竞争性和自信的个体通过控制和威胁以求减轻不安的行为所体现出的人格特质；顺从包括勤奋和尽职2个子维度，反映了个体依附他人以求获得赞许和安全感的行为所体现出的人格特质。值得注意的是，在顺从维度中，勤奋和尽职2个子维度在正常的情境中通常被认为是与绩效呈正相关的人格特质。但在压力情境下，勤奋会以小题大做、微观管理、控制他人的工作等完美主义的行为表现出来；而尽职则可能令个体表现出一味接受他人的指示，因过于依赖他人而丧失主动性和决断的行为倾向。

有研究者（Schmit，Kihm,& Robie 2000）也对工作场所的负面人格特质进行了独立研究。他们提出的负面人格特质结构包含5种导致管理者脱轨的负面人格特质，这5种人格特质包括自我中心、操纵、微观管理、威胁、消极攻击。这些负面人格特质维度的划分和霍根的观点相似，也是通过分析个体行为模式来区分负面人格特质的维度。

有研究者通过案例分析对领导者的负面人格特质进行了研究，发现管理者的脱轨主要源于其特定人格特质造成的负面行为，即使是具备胜任力的管理者也可能会因为负面人格特质导致的毁害型行为而改变其职业发展轨迹。这些研究者从行为模式的角度提出了负面人格特质的11个维度：傲慢自大、夸张剧化、反复无常、过度谨慎、多疑猜忌、冷漠孤僻、顽皮淘气、特立独行、消极抵抗、完美主义、一味取悦他人。他们还认为，所有管理者的领导风格和行为都会受到这些负面人格特质的影响。表10-1为几种主要负面人格特质维度研究结果的比较（黄攸立，刘筱，2011）。

表10-1 几种主要负面人格特质维度研究结果比较

Horney	DSM-IV	Hogan, R.& Hogan, J, 2001	Moscosco & Salgado, 2004	Dotlich & Cairo，2003	Schmit, Kilm, & Robie, 2000
自我谦虚	边缘型	激动	矛盾	反复无常	威胁
	偏执型	怀疑	怀疑	多疑猜忌	
	回避型	谨慎	害羞	过度谨慎	
	分裂样	自制	孤僻	冷漠孤僻	消极抵抗
	被动攻击型	自在	悲观	消极抵抗	
自负	自恋型	傲慢	利己主义	傲慢自大	自我中心
	反社会性	恶意	危险	顽皮淘气	操纵
	表演型	剧化	开朗	夸张剧化	
	分裂型	妄想	古怪	特立独行	
顺从	强迫型	勤奋	可靠	完美主义	微观管理
	依赖型	尽职	尽职	一味取悦他人	

（四）工作场所负面人格特质的测量

在目前的研究中，对工作场所负面人格特质的测量主要采用量表法，使用较广的量表包括霍根发展调查问卷（Hogan Development Survey，HDS）、全球人格问卷（Global Personality Inventory，GPI）以及人格调查问卷-Ⅲ（Personality Exploratory Questionnaire-Ⅲ,CEQ-Ⅲ）。它们的特征比较见表10-2。2010年，企业心理咨询公司PCL发表了名为《负面人格特质10年追踪研究》的报告。该报告对过去10年高级经理人所做的1.8万份心理测试进行了研究。测试使用了霍根发展调查问卷与其他测试方法的不同之处，它分析了领导人失败的原因，而不只是针对个人的优缺点进行客观描述。HDS问卷显示，很少有领导人既自信又自大，既热情又暴躁，既勤奋又完美主义。大多数人的人格往往处于一个行为区间，比如，一端是无可挑剔、有充分理由的自信，另一端是具有破坏性的过度傲慢。坚强而独特的人格特质既可以是正面的，也可以是负面的。心理学家迈克尔·麦科比曾在《华盛顿邮报》撰文指出，高效的自恋狂可能富有魅力，擅长鼓舞士气。他们有眼光，敢冒险。他们会利用变革混乱时期的不确定性，采取相应的行动。

表10-2 HDS、GPI与CEQ-Ⅲ量表特征比较

	HDS	GPI	CEQ-Ⅲ
文化适应性	西方文化	全球通用性	欧洲文化
医学量表基础	DSM-Ⅳ	DSM-Ⅳ	DSM-IV与DSM-Ⅲ-R
答案设置	李克特五点式	李克特五点式	二项式
适用职业范围	主要针对管理者	管理者	无限制

三、职场孤独感

孤独感这一代表负性情绪的词语在日常生活中随处可见，每个人都或多或少经历过。人的一生，工作占了大部分的时间和精力，因此，研究个体在工作场所中的孤独感，对于个体和组织健康都十分重要。分析职场孤独感产生的原因及其后果，有助于预防职场孤独感。

（一）职场孤独感的概念

孤独感是一种由于个人社交关系在质量或者数量上的缺失所导致的心理状态。20世纪70年代，研究者认识到文化价值和社会机构可能会加剧孤独感。此外，一些社会机构强调个人主义和个人成功，不利于满足人们对于归属感的需求，即个人主义和通过竞争达到成功的社会机构可能会引发员工的孤独感。

冈珀特和博伊德（Gumpert & Boyd，1984）提出了职场孤独感的概念。他们发现，小型企业的企业主管和员工在工作中普遍感受到孤独感，他们将个体在工作场所中体验到的孤独感称为职场孤独感。后来，赖特（Wright）对职场孤独感给出更加明确的定义，他认为，职场孤独感是由于个体在工作场所中所期望的人际关系与现实中获得的人际关系在数量或质量上存在差异，且个体缺乏弥补这种差异的能力而导致的一种孤独体验，这种孤独体验会使员工缺乏对组织成员身份的认同，使他们在组织中的情感需求被剥夺，并造成一系列的消极后果。赖特对职场孤独感的定义十分清晰，在国外得到普遍的认同。

（二）职场孤独感的影响因素

1. 组织规模

以往关于组织规模与职场孤独感关系的研究得到了不同的结论。冈珀特和博伊德以249名企业员工为被试，通过直接询问被试“你是否经常有孤独的感觉”研究了组织规模和孤独感的关系。结果显示，被试中孤独体验最深的是从大的组织环境转变到小的组织环境的人。他们解释说，小规模的组织中，成员间的人际关系受到限制，员工出现职场孤独感的可能性较高。但奥兹里克和巴塞德（Ozcelik & Barsade，2011）通过团体测评法研究，发现组织规模并不会影响员工的职场孤独感。他们认为，组织中的员工追求的不是人际关系的数量，而是质量，在组织中即使只拥有少数的亲密关系，也会降低其产生职场孤独感的可能性。

2. 人格特征

人格特征是相对稳定的因素，那么哪些人格特征在职场中更易引发高程度的职场孤独感呢？对两者关系的研究对人岗匹配的实现有重要意义。赖特选择了外向性、情绪稳定性以及竞争心态3种人格特征变量。研究结果显示，外向性和职场孤独感呈显著负相关，情绪稳定性和职场孤独感呈显著负相关，而竞争心态和职场孤独感呈显著正相关。他认为，外向且情绪稳定的个体更受组织成员的欢迎，他们较易在组织中获得令自己满意的人际关系和亲密关系。而竞争心态正向预测了员工的职场孤独感，这也正说明了现有多数企业推崇的竞争取向的组织文化并不利于员工心理健康的发展。

3. 其他因素

此外，组织层次、组织气氛、工作绩效、领导成员交换、团队成员交换以及员工的经济地位和教育水平等，都会对员工的职场孤独感产生影响。

（三）职场孤独感的测量

职场孤独感的概念提出之后，研究者们以各种职场孤独感的理论结构为基础，开发了不同的测量方法。其中以单维度说为基础的测量方式主要有团体测评和问卷调查。团体测评法是由奥兹里克和巴塞德提出的，其做法是让组织中的直属领导和其他员工评价“该员工在工作中看起来有多大程度的孤独感”，之后将分数相加，作为被评价员工职场孤独感的得分。研究表明，用团体测评法和用问卷调查法得到的数据是一样可靠的。

以单维度说为基础的问卷，主要有两种做法。一些研究者通过将“工作中”作为每个项目的先导，修改了现成的孤独感量表来测量职场孤独感。另一些研究者采用直接询问的方式来测量组织中的孤独感。这些在单维度说基础上的问卷并不考虑个体在什么环境下产生了孤独感，因此，无法区分孤独感的来源。

以二元结构说为基础的测量方式得到普遍认可，其中以赖特的职场孤独感问卷最为有名。他在文献分析和理论分析的基础上，借鉴了状态—特质孤独感量表、情绪孤独和社会孤独量表等，编制了多维职场孤独感量表，包括情感剥夺9个题目、组织成员身份缺失7个题目，实测报告总量表的α系数为0.94，总量表的重测信度为0.80，情感剥夺分量表和组织成员身份缺失分量表的重测信度都为0.83，累计方差贡献率为61.81%。赖特在2006年对此量表进行了修订，称为LAWS量表（Loneliness At Work Scale），具有良好的信效度，得到普遍使用。

第二节
异常行为

一、职场排斥

排斥是人类社会的常见行为，大多数人都有过排斥别人和被排斥的经历。作为社会排斥在组织中的表现，职场排斥是指在工作场所中，个体主观感知到的他人对自己的忽略、排挤和拒绝。这是一种普遍存在于组织内且具有隐蔽性的消极行为。有研究者（Hitlan, Cliffton, & Desoto, 2006）调查了5000多名员工，13%的被调查者报告在过去6个月中曾遭受过职场排斥。2009年，国内智联招聘调查了万余名员工，40.8%的人表示在过去一年中被别人忽视，像是“隐形人”。

（一）职场排斥的影响

职场排斥会给组织带来消极影响。有研究者认为，排斥是组织内一种典型的破坏行为，会降低员工的组织承诺和组织公民行为，与员工的工作满意度呈显著负相关；遭受他人言语排斥的员工不喜欢自己的同事，并认为自己的团队不可能取得成功。职场排斥也会对个体产生影响。在生理方面，在实验室中启动排斥体验，发现个体大脑皮层受激活的区域与遭受生理疼痛时一致；在心理方面，排斥会威胁个体的归属感、自尊、控制感和生存意义感等基本心理需求，引起多种负性情绪，如焦虑、抑郁、孤独、生气和伤心等，进而影响个体的心理健康水平；在认知层面，遭受他人排斥会使个体出现暂时的认知解构状态，只注重眼前利益而忽略长远目标，损害个体的逻辑推理、自我调节和延迟满足能力（蒋奖，张雯，王卓，等，2011）。

（二）职场排斥影响的个体差异

威廉姆斯（Williams, 2007）在研究中发现个体特征，如对排斥的敏感性、人格特质等，会影响个体受排斥后产生的反应。另有实验室研究证实排斥反应存在性别差异。例如，在实验室中进行头脑风暴任务时，男性在被排斥和被接纳的情境下都表现出社会化，而女性感觉到自己被同伴排斥后表现得更加努力，出现更多的社会补偿行为，这种差异可能源于不同性别在个体和集体取向上的差异。据此可以推测，不同性别员工在受到职场排斥后的反应可能存在一定的差异。

蒋奖等人的研究结果显示，职场排斥对女性的消极影响更大。一方面，男性更重视工作的自主性和个人责任，而女性更重视与下属、上级和同事的共事关系。研究表明，人际互动的缺乏以及由此导致的冷漠和忽视严重损害了女性的关系需求。组织作为满足个体需要的主要来源，当无法满足员工的关系需要时，势必影响员工对其的归属感和认可度，所以受到更多排斥的女性员工的工作满意度更低。另一方面，个体在应对排斥这一压力事件时，需要消耗资源，而社会支持网络作为重要的应对资源，对女性而言有着更重要的意义。但受到排斥的个体往往被孤立在群体之外，属于被拒绝的一类人，缺少他人的关心和帮助，其社会支持往往较少。因此，受到排斥的女性由于社会支持资源的匮乏，其心理健康水平也较低。

因此，职场排斥是职场中不可忽视的负面现象，应予以关注和解决，尤其应重视遭受排斥的女性员工。此外，组织应针对不同性别的员工酌情处理排斥行为，针对女性更重视工作中人际网络这一特点，管理者应从协调人际关系入手，帮助员工积极应对排斥行为。而鉴于男性员工更重视自我评定的特点，管理者则应从肯定其工作业绩入手，帮助员工积极应对职场排斥。

（三）职场排斥与抑郁

程苏（2011）的研究结果显示，职场排斥与抑郁呈中等程度的正相关，同时，职场排斥与自我概念清晰性呈显著负相关，而自我概念清晰性与抑郁具有中等程度的负相关。中介效应检验结果则表明，职场排斥对抑郁和自我概念清晰性都有预测作用，说明职场排斥降低了员工的心理健康。虽然职场排斥主要以沉默对待、忽视、不给予回应等相对隐蔽的形式出现，但是它对心理健康的影响很大。其深层次原因可能是社会排斥影响了四种基本需要：归属感、自尊、控制感和存在意义，而这些需要得不到满足就可能导致心理问题的发生。作为社会排斥的一种，职场排斥也具有同样的负性影响。职场排斥与自我概念清晰性的关系说明，遭到职场排斥的员工，其自我概念清晰性可能会降低，对于自己到底是个怎样的人感到迷茫。自我概念清晰性是自我概念的一种重要的结构特征，这也说明，职场排斥可能影响了员工的自我概念。自我概念的形成受到生活中重要他人，如父母、教师、同伴的影响，在社会交往中，社会文化所赞许的内容对自我概念也产生着潜移默化的影响。排斥使得员工已有的自我概念受到冲击，暂时处于不稳定状态。此外，受到职场排斥会直接导致个体更加抑郁，同时，职场排斥还通过自我概念清晰性对抑郁有间接效应，即受到职场排斥后，个体的自我概念清晰性下降，自我概念清晰性的下降可能又加重了抑郁程度。职场排斥降低了自我概念清晰性，使其无法发挥缓冲压力的作用，从而导致抑郁程度加深。

（四）职场排斥的预防与控制

组织可以从事前、事中和事后控制的角度来采取相应的措施。

1. 事前控制

创建良好的组织文化，营造公平、透明、包容、理解的竞争环境和互帮互助的合作环境，相信在这种组织文化的引导和熏陶下，上司与下属，同事与同事之间，都能形成开诚布公的信任氛围，从源头上根本遏制住职场排斥滋生的土壤。此外，企业需要制定和完善规章制度，将员工的日常行为纳入个人考核范围，以此来规范员工在工作场所中的行为，防患于未然，有效预防排斥现象的出现。同时，企业在防治职场排斥时，应该结合员工的个性特征。我们建议管理者重点关注那些神经质高的员工，主动倾听他们的想法和意见，因为这些员工对职场排斥更加敏感，也容易受到职场排斥的伤害。在招聘环节，组织可以将神经质的测量作为选拔标准之一，尽可能选拔神经质低的员工。

2. 事中控制

组织要适时地对工作环境进行检测和评价，一有职场排斥苗头就要尽快采取适当的干预政策或措施将其抑制住，以防止范围扩大，危害加重。此外，采用多种途径增加员工关怀，鼓励员工多参加社交活动，增加员工工作之外的交际和接触，以沟通感情，促进互相理解，为将来更好地开展工作增添一层润滑剂。相关研究表明，有机式的组织结构、多样化的基于团队的工作设计和良好的人际互动都有助于提升员工的组织自尊水平。因此，组织应努力采用多样化的基于团队的工作设计，给予员工更多的自主性，并促进组织成员之间的沟通与合作，使得员工维持高水平的组织自尊，从而能够积极投入主动性行为。

3. 事后控制

若组织中的职场排斥已无法避免，其危害性又已显现，组织要及时地为被排斥员工提供心理咨询服务，在心理上予以支持和疏导，以减轻职场排斥给其带来的伤害，修复被排斥员工心灵上的创伤。必要的时候组织可以出面对排斥者和被排斥者之间的矛盾进行调节，促成双方的相互谅解，推动组织和谐人际关系的建立。

从员工的角度出发，也可以通过对职场排斥进行准确的归因来良好应对此种情况。员工不仅要学会融入组织这个大环境，也要适应“圈子”，有些人恃才傲物、特立独行、格格不入，或者锋芒毕露，急于表现，做出头椽子，这样很容易引起组织中其他员工的不满、嫉妒，增加彼此之间的嫌隙，最后逐渐被孤立或冷冻。若员工已经明显感受到自己被排斥了，应该正视这一问题并积极地应对。一方面，要善于从各方面找原因，然后再采取有效的措施来改变这一被动的局面，切忌进入一种恶性循环的怪圈。如果问题源自对方，可以找准机会与对方进行沟通以促成理解。如果觉得自己遭到了不公平的职场排斥，可以巧妙沟通提醒排挤者其行为的伤害性。如果是他人恶意进行职场排斥，适当的时候可以“以其人之道”回敬他，让对方知道别人同样可以用不友好的方式伤害他。但若问题是出在自己身上，则需及时自省，虚心改正。另一方面，如果遇到职场排斥，员工也不用过于敏感或捕风捉影，不能懈怠自己的工作，需要调整自己的心态，维护自己的自尊水平，做好本职工作（刘小禹，刘军，许浚，等，2015）。

二、职场欺凌

20世纪90年代，有学者率先对工作场所中的欺凌行为产生了浓厚的兴趣，后来该议题受到欧洲、美国乃至世界上越来越多学者的关注，成为工业与组织心理学和健康心理学研究的一个热点。

（一）职场欺凌的概念

工作场所欺凌是指骚扰、侵犯、排斥某人或对某人的工作造成负面影响，它重复发生并将持续一段时间。美国工作场所欺凌研究所（Workplace Bullying Institute，WBI）2010年对约6300名在职员工的调查显示，35%的员工报告在工作中曾被欺凌，15%的人曾目睹欺凌的发生。与非法的职场骚扰（Illegal Harassment），如性骚扰、职场暴力相比，欺凌的发生率更高。

职场欺凌与其他消极行为相比，具有以下几个方面的特征（付美云，乐国安，马华维，2013）。

1. 发生频率

欺凌行为与不礼貌行为、暴力行为的区别在于，欺凌行为持续时间较长（如6个月以上）且重复发生（如至少一周一次）。因此，仅是一次孤立的人际冲突事件不能称为职场欺凌。

2. 危害程度

有研究者（Namie，2003）指出，攻击行为按照强度由小到大，可分为1～10不同等级的行为类型。其中，1～3强度等级的攻击行为可称为不礼貌行为，4～9强度等级干扰了组织合法利益实现的行为属于欺凌行为，而强度最大的攻击行为（如杀人等暴力行为）则会使工作被迫停止。由此可见，职场欺凌对组织成员身心健康和组织效能的危害程度介于职场不礼貌行为和职场暴力行为之间。

3. 指向性

与其他反生产行为、工作场所偏差行为相比，职场欺凌主要是人际交往的一种敌意行为，实施者主要针对的是组织中的其他成员，较少直接指向组织。

4. 权力的不均衡性

受欺凌者通常难以反抗实施者的欺凌行为，双方存在权力的不均衡性。这种权力的不均衡性不仅来自组织等级结构中正式的权力距离（上级对下级），还可能来自其他的个体、情境和社会特征，如专业知识、信息和人脉资源等个人获得非正式资源的权力。为此，同事之间也存在权力的不均衡，甚至在一些情况下，下属（尤其是以群体的形式）可能激发足够的权力不均衡来欺凌上级。这样就产生了不仅来自组织垂直结构中自上而下的欺凌，还存在水平结构中同事间的欺凌，甚至是自下而上的欺凌。

（二）职场欺凌产生的原因

1. 职场欺凌是当事人双方对工作压力消极应对的结果

对于欺凌实施者而言，个体感知到工作压力（或挫折）后，如果无法采取积极有效的自我调节方式来应对，往往会通过将压力（或挫折）转嫁到其他人身上的方式（如寻找替罪羊）来缓解压力。因为通过投射的过程可使个体的紧张和挫折感降低。

对于受欺凌对象而言，个体面对工作压力时，可能会采取违反工作相关的期望和社会规范的方式（如逃避工作责任）使自己尽量远离压力源，但这反过来会使自己受到来自同事或组织中其他成员的消极对待。也就是说，以违反规范的方式来逃避工作压力的个体可能成为受欺凌者。

2. 职场欺凌是当事人双方人际冲突升级的结果

冲突双方在最初阶段关注冲突的内容（如问题在哪里），寻求理智的方式来解决冲突。逐渐地，双方意识到并强调各自的立场差异，对冲突的关注由“问题本身”转变为“人的原因”（如谁是问题制造者），员工间的攻击性增强。接下来，冲突双方中处于权力强势的一方出于保护受到威胁的自尊、避免被社会竞争所淘汰、开展组织政治行为等方面的考虑，采取职场欺凌的方式来化解冲突对自我地位造成的消极影响（Zapf & Einarsen，2011），使处于权力弱势的一方成为受欺凌者，并使组织中的其他人对受欺凌者的个体偏见不断加深，从而进一步加剧欺凌行为。而处于权力弱势方的受欺凌者由于缺乏有效的冲突管理能力，无法对职场欺凌行为进行反抗，并逐渐对持续发生的欺凌行为感到习得性无助，进而认为自己被欺凌是理所当然的，这种消极情绪体验和被动的态度又会进一步加剧欺凌行为的持续性和重复性。

3. 职场欺凌是组织刺激的结果

由于职场欺凌是建立在当事人双方权力不均衡基础上的，组织的不当管理可能导致权力强势方滥用权力、权力弱势方感到习得性无助，进而诱发职场欺凌产生并持续重复发生。组织的相关管理制度以及组织文化如果缺乏对权力强势方的有效监督控制和对权力弱势方的有力社会支持（例如，采取放任自流的态度，不对职场欺凌行为进行制止），不仅会进一步助长权力强势方的威风，使其认为欺凌是组织允许甚至期望的（即是符合群体规范和组织文化的），还会进一步使处于权力弱势方的受欺凌对象感到习得性无助，认为群体成员已对欺凌达成共识，自己被欺凌是注定的，从而使职场欺凌得以持续重复发生。

（三）职场欺凌的影响

1. 职场欺凌对受欺凌者的影响

根据受欺凌者的自我报告，职场欺凌会导致员工酗酒、滥用药物和失眠的加重，身体素质下降，心脑血管疾病以及慢性病的发病率增加，受欺凌者很容易感到筋疲力尽、心烦意乱、失去耐心、被疏远孤立、自我效能感下降以及无助感增强。此外，职场欺凌给受欺凌者带来的焦虑、悲伤、恐惧和愤怒等消极情绪体验可能会进一步导致创伤后应激障碍（PTSD）及自杀等恶性后果（Namie，2003）。

2. 职场欺凌对实施者的影响

虽然目前学术界对于职场欺凌实施者的意图研究还未形成一致意见，但无论实施者最初是否意识到职场欺凌的危害性，都有充足的理由让他将这一行为持续下去，甚至变本加厉，进一步扩大其实施范围和程度。因为根据强化理论，即使一些职场欺凌实施者并未意识到（或承认）自己的行为具有危害性，但当其实施了欺凌行为之后，并未受到来自受欺凌者、组织管理当局或其他组织成员的及时制止，以使其意识到自己的行为是有危害的。相反，通过实施欺凌行为反而向其提供了正向的反馈信息（例如，缓解了自身的工作压力、维护了自尊及自己的权力优势地位），那么实施者将努力合理化自己的行为，将自己的这一行为理解为是被允许甚至是期望的，因而会尽可能地创造条件（例如，操控沟通反馈渠道以减少对受欺凌者的社会支持）使这一行为能够重复发生并持续下去。

3. 职场欺凌对旁观者的影响

根据社会互动理论，持续发生的职场欺凌不仅对行为当事人双方有影响，而且还会通过社会互动过程影响与他们处于同一职场环境中的其他成员——职场欺凌的旁观者。已有研究指出，虽然不是直接受害者，但目睹职场欺凌会对员工的身心健康、工作态度和行为造成不良影响。英国一项对公共部门761名工会成员的研究表明，73%的旁观者报告了他们目睹欺凌的压力，并且44%的受访者担心自己会成为下一个被欺凌的目标（Rayner，1999）。

4．职场欺凌对组织效能的影响

一方面，遭受职场欺凌的员工大多报告了低水平的组织承诺、工作满意度、工作士气、工作绩效水平以及故意缺勤、工作倦怠、创新潜能丧失、离职等问题。同时，受欺凌者还可能隐秘地做出“反生产行为”。

另一方面，处于职场欺凌氛围中的旁观者也报告了较高水平的离职意愿；目睹职场欺凌与员工的工作满意度和组织承诺之间存在负相关（Sims & Sun，2012）。而且根据社会学习理论，人们通过观察来获得或修正自己的行为。旁观者通过目睹职场欺凌行为，学习到了如何成为不被欺凌者，相对地也可能学习到了如何欺凌他人，从而可能成为实施者。

三、不文明行为

职场欺凌强度大，伤害意图明显，严重影响员工的身心健康。然而，越来越多的现象表明，一些表现方式相对温和的行为也在不断侵蚀工作环境，却长期以来被人们忽视。于是近年来，西方一批学者开始关注工作场所不文明行为这一违背人与人之间相互尊重原则的低强度负面行为。研究表明，71%的美国被调查者在近五年内曾遭受过工作场所不文明行为。相对于其他负面行为，不文明行为对员工的工作状态和身心健康具有更广泛的慢性危害。在中国，智联招聘的调查显示，70%的被调查者曾受过来自上司或同事的精神打压、冷漠忽视等不文明行为，半数以上的被调查者表示这种遭遇严重影响了自己的工作积极性和身心健康（毛畅果，孙健敏，2012）。

（一）不文明行为的概念与特点

工作场所不文明行为是指强度低、伤害意图不明显，但违背工作场所中相互尊重这一基本规范的行为。典型的不文明行为包括在工作场所高声讲话，让手机发出巨大声音，交谈时居高临下或心不在焉，随意打断别人的谈话，尖刻地批评他人，无视他人的意见或贡献，背地里闲言碎语或传播谣言，排斥团队成员，污染工作环境等。工作场所不文明行为有三个重要的特点。

1. 违背规范

不文明行为违背了现代组织中人际尊重的准则，表现为语言、非言语或非肢体上的粗鲁、轻视、麻木不仁、不顾及他人感受。

2. 伤害意图模糊

无论是受害者还是旁观者，都难以判断不文明行为实施者是否具有伤害意图。实施者可能确实是想故意危害组织、伤害他人、有利自己，但也可能是完全出于无意识。例如，在访谈中，很多实施者被告知自己曾做过某种不文明行为后，都说“真的不是自己的本意”“不是想轻视他人，而是确实没顾及”等。

3. 强度低

不文明行为具有低强迫性，不涉及肢体攻击或言语冒犯，这使得不文明行为的实施成本低，更为普遍，也往往让受害者有“怨气”而难抒“怨言”。

（二）不文明行为的影响

不文明行为表现形式温和，其影响通常被误认为是微弱且短暂的，极少受到组织管理者的重视。然而，这种看似微不足道的“小事”在工作场所中却为员工带来极大的危害。

大多数遭受不文明行为的员工都会感到难受、失望、气愤、被孤立。由于很难被立即发泄出来，这些消极情绪会不断积累成为更大的压力和焦虑感，损害员工的身心健康，而且这种伤害往往会持续好几年。另外，不文明行为遭遇会损害人际公平感和组织公正感，影响员工对他人的诚实与宽容、对组织的信任与责任感。再者，不文明行为会对员工的满意度和幸福感造成持续性的负面影响，增强离职意愿。最后，不文明行为引起的消极情绪会破坏认知过程（如记忆提取），对员工的任务绩效和创造力产生负面影响；不文明行为的受害者还会减少助人行为，甚至通过越轨行为来释放不满情绪。

（三）受害者的应对策略

有研究者（Cortina & Magley，2009）总结了受害者应对不文明行为常见的五种策略：一是回避直接冲突；二是自我心理调整；三是寻求非正式的社会支持；四是寻求非正式的组织支持；五是直接对抗。研究表明，50%以上的员工会选择离职来避免继续受到伤害（Pearson & Porath，2005），也有一些受害者会选择还击报复，甚至实施攻击或暴力行为。此外，比起正式的组织支持，受害者更倾向于求助非正式的社会支持。

受害者对不文明行为应对策略的选择受两方面因素的影响。一是受害者的特征。从性别来看，男性受害者更可能对实施者进行直接的攻击报复，而女性受害者则会尽量避免与实施者的进一步见面与接触；从个人特征来看，急脾气、自我约束能力差的人更可能实施直接报复。此外，拥有资源较少的人不太可能选择报复，因为自己的报复可能导致实施者更强有力的反击。二是实施者的特征。比起来自普通同事的不文明行为，上司的不文明行为往往会带来更大的心理压力（Cortina & Magley，2009）。这种自上而下的压力较难通过报复来发泄，因此，受害者更可能向家人宣泄不满，引发工作家庭冲突。

基本概念

1. 职场抑郁
2. 负面人格特质
3. 职场孤独感
4. 职场排斥
5. 职场欺凌
6. 不文明行为

本章要点

要点一：职场抑郁的影响因素

影响职场抑郁的因素主要有心理易感性（包括负性归因风格、神经质、依赖—自律人格和非功能性的应对）和情绪劳动职业。

要点二：职场孤独感的影响因素

影响职场孤独感的因素主要有：组织规模、人格特征、组织层次、组织气氛、工作绩效、领导成员交换、团队成员交换以及员工的经济地位和教育水平等。

要点三：职场排斥的预防与控制措施

组织可以通过事前、事中和事后三个阶段来预防和控制职场排斥。事前控制首先要创建良好的组织文化，营造公平、透明、包容、理解的竞争环境和互帮互助的合作环境。此外，企业需要制定和完善规章制度，将员工的日常行为纳入个人考核范围。事中控制中，组织要适时地对工作环境进行检测和评价，采用多种途径增加员工关怀，鼓励员工多参加社交活动，增加员工工作之外的交际和接触。最后，如果职场排斥已无法避免，其危害性又已显现，组织要及时地为被排斥员工提供心理咨询服务，在心理上予以支持和疏导，以减轻职场排斥给其带来的伤害，修复被排斥员工心灵上的创伤。

要点四：职场欺凌的产生原因

职场欺凌产生的原因主要有：当事人双方对工作压力消极应对，一方面欺凌实施者将压力（或挫折）转嫁到其他人身上；另一方面欺凌对象自己远离压力源，却使自己受到来自同事或组织中其他成员的消极对待。其他的原因还有当事人双方人际冲突升级以及组织刺激。

要点五：职场不文明行为的特点

职场不文明行为的特点有：违背规范，即不文明行为违背现代组织中人际尊重的准则，表现为语言、非言语或非肢体上的粗鲁、轻视、麻木不仁、不顾及他人感受；伤害意图模糊，无论是受害者还是旁观者，都难以判断不文明行为实施者是否具有伤害意图；强度低，不文明行为具有低强迫性，不涉及肢体攻击或言语冒犯，这使得不文明行为的实施成本低，更为普遍，也往往让受害者有“怨气”而难抒“怨言”。

思考题

1. 职场抑郁的员工有哪些症状表现？
2. 如何预防和治疗职场抑郁？
3. 职场中有哪些负面人格特质？
4. 试比较职场孤独感测量的单维度说和二元结构说。
5. 员工个人如何预防和控制职场排斥？
6. 职场欺凌会给组织带来哪些影响？

推荐阅读

杜兰德，巴隆. 异常心理学. 杨霞，等，译. 北京：中国轻工业出版社，2006.

第十一章
自杀及其组织干预

学习目标

1. 理解自杀的定义及其危险因素。
2. 了解自杀的解释模型。
3. 了解自杀的应对方法，特别是企业可以采取的措施。

章节导引

据深圳市公安局宝安分局证实，2010年5月21日凌晨四点多钟，富士康一名年仅21岁的男性员工从F4栋跳下身亡，这是2010年以来富士康科技集团第十个坠楼的员工，这些坠楼者8死2伤。凌晨四点五十分，该男性员工被送到深圳龙华人民医院，确诊已经死亡。据医生介绍，系头颅受到重创致死。2010年5月25日凌晨，富士康科技集团观澜园区华南培训中心一名员工坠楼死亡。

这是富士康的一起员工坠楼事件，是继第十跳之后的又一次引发社会连续关注的跳楼事件。深圳市公安局确认了上述坠亡案件，但尚未确认是自杀还是意外事件，死者是一名19岁的男性。据消息人士称，该男子今早6:30从富士康观澜园区的一幢楼房上跳下。他是一名19岁的职业学校毕业生，来自中国中部地区，在富士康工作一个半月。据新华社援引消息人士的话称，该男子留下了一封遗书，并在信中向其父亲道歉。富士康尚未回复要求置评的电话和邮件。

第一节
自杀概述

自杀是一个突出的社会问题。根据世界卫生组织的资料，每年有80万以上的人死于自杀，还有更多的人企图自杀。因此，每年有数以百万计的人经历自杀带来的丧亲之痛。自杀在整个生命过程中都有可能发生，是2012年全球15～29岁人群的第二大死因。

什么是自杀？人们为什么会自杀？在组织环境中，有哪些可能导致自杀的因素？本节将详细解答这些问题。

一、自杀的定义

自杀的定义有狭义和广义两种。狭义的自杀是指故意杀死自己的行为。例如，世界卫生组织对于自杀的定义是，一个人有意识地企图伤害自己的身体，以达到结束自己生命的行为。而广义的自杀则包括所有与自杀相关的行为和思想，即一个完整意义上的自杀应该包括从产生消极的死亡想法到完成自杀行为结束生命的全过程。这个过程主要由自杀意念、自杀未遂、重复自杀行为和自杀死亡四部分组成（Bridge, Goldstein, & Brent, 2006）。

自杀意念是指有关伤害和杀害的想法，按其严重程度可从死亡想法和消极意念发展到具体的并伴有相应计划的自杀意念。自杀未遂是个体自己造成的伴有明确的或可推测的死亡意愿的非致命的破坏性行为。从人的一生来看，有1.3%～3.8%的男性在青少年期有过自杀企图，女性的比例比男性要高，为1.5%～10.1%。而实际的数字由于很多人不会寻求治疗或相关的帮助而被远远低估（Lewinsohn, Rohde, & Seeley, 1994）。自杀行为有重复出现的趋势，并且可能成为自杀的前兆。每年在重复自杀行为者中会有0.5%～1%的人随后完成自杀行为（Hawton, Zahl, & Weatherall, 2003）。自杀完成是指最终真正将自杀行为付诸实践并且结束自己的生命。

关于自杀的分类方法，历史上有很多学者提出了很多不同的分类方式。迪尔凯姆（Durkheim）是最早专心从事自杀与文化模式关系研究的学者，他根据当时的统计资料对自杀现象进行了系统分析，并把自杀分为三种类型：①利己型自杀，由于缺乏与社会（家庭、宗教组织、国家）的融合以自杀作为反抗社会压力（如负债、失恋等）的一种对策；②利他型自杀，个体在社会中体现出过分强烈的群体意识，如在武士道精神的影响下，日本军人的自杀现象；③反常型自杀，由于精神创伤、自然灾害、巨大损失等导致的自杀（如经济危机时期自杀人数的大量增加）。

有学者（Dorpat & Boswell，1963）根据故意的程度，由低到高将自杀分为四种：①自杀姿态，即有自杀的姿态但是没有死亡的意愿，这样的人通过自己的行为操控他人或是加强自己与目的物的联系；②矛盾的自杀未遂，这一部分人对于死亡的意愿是摇摆不定的，他们冒着死亡的危险可能是为了试探他人的情感；③严重的自杀未遂，即由于抑郁、绝望或者缺乏社会联系等而有了坚决的死亡意愿却因为一些意外原因没有达到自杀目的；④完全性自杀，即从思想到结果都了结了自己的生命。

当然，当时有关自杀行为的分类和认定最精细详尽的理论是由施耐德曼（Shneidman）提出来的。他对当时存在的各种分类和认定方法都颇有微词。因此，他引入了一种带有精确定义的新的术语学。通过这一方法，他希望能够描述生命终止的基本取向。他认为其中一共有四种这样的基本取向：第一种是有意识的，即其本人在自己的死亡中起直接而清晰的作用；第二种是下意识的，指当事人在自杀事件中起着间接的、隐蔽的、部分的和不清晰的作用；第三种是无意识的，指对于所有的目的或者意图，个体心理上对于自己的死亡完全没有起到任何作用；第四种是相反意识，指的是个体对于自己的自杀事件是清醒的，完全没有致死的意图。

限制接触自杀的渠道是预防自杀的重要组成部分。为了提高预防的效率，我们有必要对国家的、地区的和局部区域的自杀模式有更完善的了解。

二、自杀的研究现状

国际上现有的对于自杀的研究显示，自杀行为，尤其是被选择较多的自杀方式，在国与国之间存在着不可忽视的差异。其中有些模式我们比较熟悉，如在美国，枪支自杀占的比例很高（Brent & Bridge ,2003）。另外，自20世纪90年代以来，农药自杀在亚洲国家所占的比例逐渐变大（Eddleston，2000）。

有研究者在2008年以世界卫生组织提供的数据为基础，对全世界范围的自杀方式做了细致的研究。研究显示，上吊自尽的方式在绝大多数国家的自杀案例中占主导地位。东欧一些国家（如爱沙尼亚、拉脱维亚、立陶宛、波兰和罗马尼亚）的数据显示，90%自杀的男性和80%自杀的女性都选择了上吊自杀。当然也有一些不同于主要模式的差异模式的存在。正如大家所熟悉的，由于对枪支的管制有所不同，枪支自杀的方式在美国是最普遍的，在阿根廷、瑞士和乌拉圭这种方式也很普遍。跳楼的方式则在一些小型的城市比较普遍，如卢森堡和马耳他。相反，在拉丁美洲的农村国家（如萨尔瓦多、尼加拉瓜和秘鲁）、亚洲国家（如韩国和泰国）以及在欧洲西南部的葡萄牙，由于农药中毒而引发的自杀身亡则更为多见，特别是在女性群体中。

男性和女性选择的自杀方式的暴力和致命程度的差异也是众所周知的。男性更多地选择暴力的、高致命性的自杀方式，如枪支自杀和上吊。而女性则更多地选择中毒死亡或溺亡等不那么暴力并且致命性较弱的自杀方式。

总体来说，各国各文化之间对于自杀方式的选择还是存在很大差异的。但是，从整体上来看，上吊、农药自杀和枪支自杀是最主要的三种方式。从高处坠亡和其他类型的中毒死亡是除此之外出现率较高的备选方式。

我国在2000年的自杀率为19.4/10万，2012年为7.8/10万，下降了59.6%。按照我国超过13亿的人口计算，每年自杀死亡的人数至少是13万，再加上10～20倍的自杀未遂人数，采取自杀行为的人可能有百万之众。值得注意的是，我国农村自杀率是城市的2倍，男性自杀率是女性的1.0～1.2倍，老年人特别是农村老年人自杀率上升。杨甫德教授表示，在自杀的危险因素中，抑郁症与自杀密切相关，40%的自杀死亡者在自杀时患有抑郁症。据统计，情感障碍患者的自杀死亡风险是其他精神疾病的4～10倍，重性抑郁患者的自伤行为终身发生率高达86.8%。

2014年在京举办的自杀预防研究学术交流会透露，最近十几年，我国人群自杀状况呈现新的变化，传统的女性高于男性、农村高于城市的自杀死亡率状况正在发生改变。目前，我国城乡人群自杀死亡率都在下降，城市人群中男性自杀死亡率已高于女性，农村人群中女性自杀死亡率已与男性接近。

三、自杀的危险因素

自杀行为具有复杂性，它是多种诱因相互作用的结果，这些诱因包括生物学因素、社会学因素、心理学因素等。1977年，美国纽约州罗彻斯特大学精神和内科教授恩格尔（Engel）提出生物—心理—社会医学模式来取代传统的生物医学模式，他认为应从生物、心理、社会的角度看待病人以及疾病的发生发展过程。

（一）生物学因素

有研究者提出，遗传因素对自杀行为的发生起30%～50%的作用，而且这种作用是独立于心理障碍和心理压力的。有研究者认为，一些个体生来就具有自杀易感基因，这种易感基因可能会导致个体形成具有遗传性的人格特质，如冲动和攻击性。自杀受遗传和基因的影响这一观点，已经在很多家系研究、双生子研究和寄养子研究中得到证实。

人的精神活动由大脑调控，人们的记忆、思维、情感、行为等皆为大脑功能。大脑结构和功能的异常会导致精神活动的异常，而精神活动也可以通过各种机制影响躯体的功能状态。近十年来，对自杀行为的脑功能成像研究逐渐增加。脑功能成像技术一方面可用于证实某些脑区和神经递质系统如羟色胺功能异常在自杀行为的作用，另一方面也为探索自杀心理过程中相关脑区的激活模式提供了可能。较多的研究证据表明，自杀个体存在前额叶等脑区的结构与功能的异常。在结构方面，自杀个体的双侧额叶5-HT_{2A}受体结合区明显减少；眶额前脑皮层和左侧颞上回灰质密度降低，脑室周围白质密度增高，胼胝体体积较小。在功能方面，有自杀企图的抑郁症患者与无自杀企图患者相比，存在前额叶（PFC）低激活状态（Oquendo et al.，2003）。但也有研究发现，有自杀企图的抑郁症患者前扣带回（ACC）和眶额皮质激活增强（Reisch et al.，2010）。这些研究结果显示：①5-羟色胺递质系统功能下降是抑郁发生的重要神经机制，在自杀过程中起重要作用；②灰质神经元数量减少，白质纤维束增粗，可使个体对某些信息传导速度过快，对行为的控制力减弱，进而增加自杀风险；③处理情绪和行为决策的右脑与进行逻辑分析的左脑半球纤维联系减弱，也可能增加自杀风险。

在分子遗传学研究中，探索自杀行为的致病基因或易感基因的研究日益增多。许多研究者指出，自杀行为的发病机制可能涉及一些基因表达的信号异常（Hishimoto et al.，2006）。从有关自杀的生化研究中，已知自杀行为的发生与5-HT功能减退、下丘脑—垂体—肾上腺轴及多巴胺功能系统的异常有关。因此，与这些生化物质或系统有关的基因也成为研究自杀的重要候选基因。虽然目前的研究结果并不完全一致，但大致可以分为几类：5-HT相关基因、μ-阿片受体基因、COMT（儿茶酚胺氧位甲基转移酶）基因和SSAT（精胺/精脒乙酰转移酶）基因（李欢欢，2015）。

（二）心理学因素

1. 抑郁

抑郁作为自杀的风险因素之一，长久以来备受关注。抑郁症患者自杀的可能性比其他任何精神疾病都要高，是普通人群的90倍。根据贝克的抑郁认知模型，抑郁是由于个体对自我、外界、未来这三者的消极认知产生的。当个体的消极认知，尤其是对未来的消极认知达到了难以忍受的地步时，就会考虑把自杀作为摆脱抑郁的手段。有研究者（Abramson，Metalsky，& Alloy，1989）指出，贝克的抑郁认知模型中，仅抑郁中“未来的因素”——无望感（而非抑郁本身）与自杀相关联，由此他们提出“抑郁的绝望理论”，认为绝望抑郁才是预测自杀的因素。有两个因素共同作用会导致绝望抑郁：一是对事件结果的消极预期，二是认定自己做什么都无法改变事情的走向和结局。而陷入绝望抑郁的个体往往会有反应迟钝、缺乏动力、情感冷漠、情绪悲伤、存在严重的自杀意念和自杀行为等症状。到目前为止，已经有不少研究结果支持上述理论。例如，一项13年的纵向研究发现，无望感是自杀意念、自杀未遂和自杀死亡的长期预测因素。那些报告存在无望感的个体在13年后自杀死亡的概率是对照组的11倍。另外，无望感和自杀的关系比抑郁与自杀的关系更紧密、更持久。

2. 人格

人格特点自20世纪50年代就被纳入自杀风险的考虑范围。以往的研究多集中于人格易感因素在自杀未遂者身上的体现，主要涵盖的方面有攻击性、冲动、神经质、知觉偏差、社交能力等。

具体而言，首先，自杀人群的问题解决能力相比普通人有显著差异。有研究者（Horesh et al.,1996）发现，与非自我伤害人群相比，自杀患者缺乏收集外界积极信号的能力，更难从压力事件中走出来。具体而言，他们很难调用最小化、替代思维、逆向思维等有效的应对方式，而更多地选择压抑、抱怨等方式。同时，他们的解决方式包含更多的消极情感，并且缺少对未来的考虑。

其次，自杀高危人群存在认知僵化的问题。认知僵化致使个体难以根据环境要求适应性地选择和调整思维和处事方式，从而提高了自杀风险（Bartfai et al.,1990）。

再次，攻击性，不管是从心理学定义、精神病学诊断性定义，还是外显的暴力行为定义，都证明能够对自杀行为有预测作用。并且那些长期存在攻击性行为的个体更易采取暴力、致命性的自杀方式（Dumais et al.,2005）。

最后，自我表露能力缺陷，即不善于将自己的情绪和想法与身边的人分享，可能是产生自杀意念的风险因素之一（Horesh & Apter,2006）。一种可能的解释是，自我表露缺陷导致孤独感，而孤独感和社会支持的缺乏会诱使致命性自杀行为的发生。索拉诺（Solano）认为，只要身边有一个亲密的人，甚至在与外界隔离的情况下，人们也不会感到孤独。一个能够诉衷肠的伴侣可以帮助我们及时纠正对自身和环境的消极认知，减轻抑郁、焦虑和愤怒的情绪，从而降低自杀的风险。另一种解释是，与他人的沟通能够帮助个体以一个更加客观公正的视角审视自己的痛苦。因此，那些不会交流的人往往沉浸在对自己处境的扭曲认知之中。不与他人吐露自己的痛苦，不向外界寻求帮助，自然就无法获得帮助。事实上，在这种情况下，自杀者的亲朋好友完全意识不到身边有个存在自杀风险的人，自杀行为的出现对他们来说完全是出乎意料的。

3. 物质滥用

酒精滥用和酒精依赖都是自杀行为的风险因素。在自杀人群中，20%的人曾有过酒精滥用史，每20个酒精滥用者中就有一个出现自杀行为（Murphy & Wetzel，1990）。仅考虑自杀未遂（不包含自杀致死）情况时，酒精滥用者的比例很高，有30%～40%的男性自杀未遂者和15%～20%的女性自杀未遂者存在酒精滥用情况。而在酒精依赖人群中，自杀致死率高达10%（Rossow，1996）。据流行病学统计，酒精依赖者的自杀风险是正常人群的60～120倍。

由酒精依赖和酒精滥用导致的酒精兴奋性中毒分别作为自杀的长期风险因素和临近风险因素，对自杀行为有不同的影响，下面将把这两种情况分开介绍。

酒精依赖，作为长期的因素（即事件发生或存在时间与自杀行为相隔较远），大大提高了自杀风险。但是，酒精依赖通常和一些并发因素一起，才能更好地预测自杀行为。例如，从人格特质角度看，更高的冲动性和反社会人格会提高自杀风险；从心境障碍角度看，很多自杀的酒精依赖者都存在不同程度的抑郁情绪，且他们有强烈的无望感，对未来的控制感低；从应激性事件角度看，丧亲、长期的家庭问题、婚姻问题等都能诱使酒精依赖的复发，从而引发自杀行为。而且酒精依赖者很可能遭到社会的拒绝和排斥，社会支持的缺乏也是自杀的诱因之一。另外，酒精依赖伴随其他躯体疾病可能导致低自尊和无望感，也对自杀行为有所贡献。酒精依赖程度越重，特别是伴有其他药物滥用的情况时，风险也会明显提高（Preuss，et al.，2002）。

酒精中毒是自杀的临近风险因素。对自杀死亡案例的尸检研究和自杀未遂者的血样研究发现，相当比例（33%～77%）人群的血液酒精浓度检查结果呈阳性，这表明很大一部分自杀者在行动前摄入酒精。有研究者对临床病人的研究发现，饮用酒精的量越多，随后出现自杀行为的概率越大，而酒精中毒相比未饮用酒精能使自杀风险提高90倍。还有研究发现，自杀行为前的饮酒和急性酒精中毒比习惯性饮酒更能预测自杀行为（Borges & Rosovsky，1996）。

饮酒对情绪的影响往往是双向的，少量的酒精被认为可以减轻负性情绪，而过量饮酒会麻痹中枢神经，使其兴奋性降低，进而加重抑郁情绪。绝大多数人想要用喝酒来缓解悲伤情绪，然而饮用过量反而导致抑郁情绪加重，这种事与愿违的痛苦容易诱发自杀行为。饮酒会使人冲动和攻击行为增多，进而可能以自杀的方式来处理内心的攻击欲望和冲动。

饮酒还会影响个体的认知能力和信息处理能力，有研究者提出了“酒精近视”这一概念，用来描述饮酒后的目光短浅和浅层信息加工的特点影响人的情绪和行为。具体而言，醉酒一方面使我们的认知资源减少，只能注意和编码少量的内外部信号，另一方面使我们对这些信号精细加工和从中提取意义的能力显著降低。酒精对认知能力的损害可能导致极端行为。高风险行为往往利弊参半，在实施风险决策时需要权衡利弊，而在缺乏外部刺激来打破相对平衡的动机的情况下，人们一般不选择实施这项高风险决策，这种现象叫作“冲突抑制”。但醉酒后的情况就不同了，醉酒使人无法理性评估情境，使之更加冲动，冲突抑制解除，个体就会选择快速减轻痛苦的方法（即自杀）来解决问题。

一些研究还指出，某些自杀者饮酒的动机就是为了帮助自己将自杀意念转换成自杀行为。首先，有自杀意念的个体认为，饮酒能够帮助他们冲破某些自然限制，获得实施自杀行动的动力；其次，他们渴望饮酒能麻痹自己，从而减轻随后自杀过程中的痛苦。这两个原因在某种程度上能解释有自杀意念者在自杀前的饮酒行为。

除了酒精以外，其他毒品，如海洛因/鸦片类药物、大麻、可卡因等都会引发自杀行为。有研究者指出，几乎所有的毒品对自杀的预测作用都是相似的，关键因素不在药物种类而在使用不同药物的种类数。药物滥用，第一可能导致人际关系破裂，第二可能使心境发生变化，第三是药物的毒性作用使认知和判断能力受损，冲动攻击性增强，这三种作用都提高了自杀行为出现的概率。另外，从神经生化角度看，药物使用导致5-HT系统的功能紊乱，进而出现认知、情绪、行为控制问题，使自杀可能性升高。

4．心理痛苦

心理痛苦是指个体对多种负性情绪（包括内疚、绝望、恐惧和丧失感等）的内省体验。施耐德曼（Shneidman，1999）首次提出自杀的心理痛苦理论，强调没有心理痛苦就没有自杀。而且自杀是以“逃避痛苦”为目标导向的行为，是个体为了逃避难以忍受的心理痛苦而采取的唯一解决手段。近十年来，关于这一理论的大量行为学证据逐渐积累：心理痛苦是自杀个体笔记中最常见的主观描述；慢性心理痛苦与自杀关系密切，可能是抑郁与自杀关系的关键中介变量；在非临床群体（大学生、罪犯和流浪人群）的横断面研究以及针对抑郁症患者的纵向研究中均发现，心理痛苦对自杀的预测力远高于抑郁和无望感，尤其是在患者的抑郁发作期。这些研究结果使得心理痛苦成为自杀领域的常见话题。施耐德曼认为，类似于身体的物理痛，每个人对心理痛苦有不同的承受阈限。对于那些自杀的个体，当心理痛苦达到无法忍受的程度时，自杀似乎就成了唯一一种逃避痛苦折磨的方式。从这个角度来看，自杀就是一种有目的性的行为。因此，一个人所受的心理痛苦越严重，自杀的风险也越大，尤其是当他遭受的痛苦来源于抑郁疾病、身体疾病或严重的社会应激源（如丧亲、经济困难、就业问题等）

时（Olié et al.,2010；Mee et al.,2006）。

心理痛苦往往是由于对个体来说很重要的心理需求得不到满足或严重受挫而产生的（Shneidman,1999）。施耐德曼提出了五种诱发自杀的心理痛苦来源。一是得不到的爱、接纳和归属感；二是对未来和成功的失控感和不确定感；三是自身形象受损导致的羞愧和窘迫感；四是重要关系破裂引发挫败和痛苦；五是由于强势感和控制感得不到满足激起的愤怒、敌意和攻击性。具体哪一种需求受挫会引起心理痛苦是因人而异的。要降低自杀的风险，或使个体不采取致命性的自杀方式，这些受挫的心理需求必须在一定程度上得到满足，从而减轻心理痛苦（Shneidman，1999）。

（三）社会学因素

要谈自杀的社会学因素，不得不提的一个人是迪尔凯姆（Durkheim），他的著作《自杀论》批判了以个体心理学解释自杀现象的传统理论，建立了用社会事实的因果关系分析自杀的理论，阐述了社会与个人的关系，认为当个体同社会团体或整个社会之间的联系发生障碍或产生离异时，便会产生自杀现象。在书中，作者运用了社会统计的方法，特别是以统计交互表格的形式展现了大量的经验资料，用以说明自杀现象受到民族、自然环境、性别、婚姻状况、宗教信仰、社会的稳定和繁荣程度等社会事实的影响，从而建立了社会事实的因果关系。根据自杀的社会原因不同，迪尔凯姆将自杀分为四种类型：利己型、利他型、失范型以及宿命型。

1. 利己型自杀

迪尔凯姆从宗教教派的自杀率差异入手，对天主教和新教的教会群体进行了比较，发现社会环境相似的国家和地区，自杀人数和新教徒的人数成正比，与天主教徒人数成反比。对此，他的解释是新教崇尚“自由思考”，导致传统信仰动摇，集体力量削弱，社会生活中共同的、神圣不可侵犯的、强制性的东西减少，同时自由、分裂、个人主义和利己主义上升。而天主教会是非常整体化的教会，内聚力和生命力很强，这对自杀起到预防和节制的作用。把同样的方法和思路运用到家庭和政治社会中，也得到一致的结果：整合性强的社会群体通过共同的规范和强有力的权威控制着成员的思想行为，使成员完全归属于群体。在个人遇到挫折时，可以得到群体的保护和支持。因此，群体的整合是遏制成员自杀倾向的社会因素。相反，个人主义的兴起增强了个人的独立性，削弱了群体对个人的约束和控制，降低了成员对群体的归属感，减弱了成员之间的相互联系。在这种情况下，那些遭遇不幸的人很容易陷入沮丧、绝望而难以自拔，进而采取自杀方式以求解脱。

由于个人主义和利己心态对群体整合起着削弱的作用，这类自杀被称为利己型自杀。总结而言，群体的一体化程度越高，得到的社会支持越多，自杀率越低。

2. 利他型自杀

个人脱离社会时会发生利己型自杀，相反，当他与社会过分融合时，也很容易自杀，这种情况下的自杀称为利他型自杀。利他型自杀分为三种：①义务性利他主义自杀，即社会明确要求人们离开社会，迫使人们承担自杀的义务，如果不履行义务，就会受到侮辱和惩罚，如原始社会的妻子在丈夫去世后的自杀；②非强制性利他主义的自杀，这种自杀也起因于无个性的状态，起因于利他主义，但不是社会强制的，不自杀会导致“不太严重的惩罚”，如得不到尊重，这种社会往往是不重视生命的，人们赞扬稍微受到一点环境刺激就放弃生命的人；③强烈的利他主义自杀，个人渴望放弃自己的生命，以便进入他认为的真正本质的东西中，这时无个性达到了最大限度。总体而言，利他型自杀与“文雅的伦理观念”联系在一起，高度的社会整合使得个性受到相当程度的压抑，个人的权利被认为是微不足道的，他们被期待完全服从群体的需要和利益。执行者对群体和任务的认同十分强烈，完全献身于群体，服从群体，为了群体利益即使付出生命也在所不惜。

3. 失范型自杀

迪尔凯姆发现，经济危机使自杀率上升，但一个国家突然繁荣昌盛起来的幸运机遇也使自杀率上升。因此，并非危机和贫困使然，而是社会动荡打乱了集体秩序，破坏了平衡，这种平衡指的是“他的需要/欲望”与“他能得到的”之间的平衡。在社会动荡之时，传统的规则制度失去了权威，各种反常的状态得到强化。人们不知道什么是可能做到的，什么是不可能的，什么是公平的，什么是不公平的，什么是合理的要求和希望，什么是超过限度的欲望，此时人的野心无限膨胀，却没有警告和约束。当愿望无法得到满足，努力可能变得毫无意义的时候，活下去的愿望怎能不减弱呢？

失范型自杀不取决于个人和社会的联系方式，而取决于社会管理个人的方式。社会道德规范最重要的功能在于给社会成员指明生活方向，因此，一旦规范松弛就意味着削弱了对个人欲望的限制，就会导致欲望的膨胀。不切实际的欲望得不到满足，经常遭受失望和挫折的打击，生活也丧失了目的和意义，人们心中充满了悲观和否定情绪，无法面对各种失望和挫折的打击，会倾向于自杀。

4. 宿命型自杀

与失范型自杀相反，这种自杀源于社会过分的限制，其社会原因来自不可抗拒的、使人们无能为力的社会规则。将迪尔凯姆的理论综合起来，社会整合状态与社会道德规范共同影响着一个社会的自杀倾向，它们的平衡状态对社会自杀倾向具有一定的遏制作用，如果二者处于适度、稳定状态，社会自杀率就处于一个稳定的低水平上，一旦整合与规范超出了适度范围，无论是不足还是过度，都会引起自杀率上升。

因此，迪尔凯姆根据可能出现的“非适度”情况，确立了自杀理论的四个基本命题。将迪尔凯姆的自杀社会学研究运用于组织和企业当中，我们可以得到什么启示呢？一方面，企业要注重提升内部的凝聚力，使员工产生归属感，及时给员工提供经济和情感上的支持，降低社会孤立感。社会关系的稳定和持久对自杀有显著的预防作用。另一方面，企业要建立适度的规章制度，给员工一个适度的外部约束力。

（四）其他风险因素

1. 经济状况

当人们对生活的恐惧超过对死亡的恐惧时，自杀的风险就可能提高。有学者认为，经济压力可能对自杀存在影响，如贫困和失业，这些经济挫折可能会直接影响自杀行为，也可能通过其他一些途径间接地增加个体的自杀风险。例如，当个体承受较大的经济压力时，可能会出现酒精依赖或滥用行为，从而增加自杀风险。再者，失业者可能会背井离乡去外地或外国寻找就业机会，这可能导致社会支持系统的削弱或缺失（如与家人和朋友分离）。因此，个体的经济状况也是影响自杀行为的一个重要因素。

与组织中的自杀最相关的是“失业”。许多实证研究也证实了失业可以提高个体的自杀风险。有研究者对比了75例自杀死亡者和150例对照组的工作史，结果发现，自杀组的失业率更高，因病缺岗率更高，换工作的频率更高以及维持同一工作的时间更短。这一结果证实了迪尔凯姆的观点，即隶属于某一组织的工作可以降低自杀风险，相反，则可能使自杀风险升高。

这给企业的启示是，裁员时要做好相关的准备工作，要“人性化”裁员，给员工一定的心理准备，并适当给予被裁员工经济和情感上的补助。

2. 维特效应

自杀模仿现象又称维特效应（Werther Effect）。1774年，德国作家歌德发表了一部名为《少年维特之烦恼》的小说，讲述一个青年因失恋而自杀的故事。小说发表后，在欧洲造成极大的轰动，这不仅使歌德声名大噪，而且在许多欧洲国家出现了模仿维特自杀的风潮，维特效应因此得名，后来也称为模仿效应。这一现象的实例比比皆是，如美国著名影星玛丽莲·梦露自杀的新闻报道之后引发的自杀率上升，我国深圳富士康连续跳楼事件等。

最早对媒体报道与自杀的关系进行大规模生态研究的是菲利普斯（Phillips），他统计了1947—1968年间英国和美国报纸报道自杀事件的情况以及随后出现的自杀率。结果发现，当报纸报道一个自杀故事后，立即出现自杀率增高的现象，且报道持续的时间越长，随后出现的自杀率增幅越大。研究者还发现，这种效应主要出现在对自杀事件过度宣扬和报道的地区，且在年轻群体中更为明显。此后，国际上出现了大量类似的研究，除了关于报纸新闻报道自杀事故对自杀率的影响，还有一些关于电视新闻和非小说书籍对自杀事件的细节描述导致自杀率上升的研究。

媒体报道引起的自杀模仿效应具有以下几个特点。首先，自杀模仿效应随时间变化。模仿效应在报道后的前3天达到一个高峰，而在大约两周时开始下降。其次，大篇幅的描绘自杀过程，详细地描述自杀手段，以及把自杀事件描绘成有魅力的或轰动的，都更有可能导致社会群体发生自杀模仿效应。最后，对于一些特定群体，如年轻女性，与其同属一个群体的自杀事件和名人自杀事件尤其具有影响效应（Stack，1993）。

研究者用多种理论来解释媒体报道与社会自杀率之间关系的机制。其中，最普遍的是班杜拉的社会学习理论。社会学习理论认为，媒体可能会强化某些本该抑制的行为，媒体的不当报道可能把自杀行为描述成可接受的，甚至美化自杀行为。另外，关于自杀的榜样效应，社会学习理论认为，普通人群可能会在某种程度上尊敬榜样（如他的身份地位），或觉得自己的处境与榜样的处境类似（如共同具有某一特质），因此在决定是否要模仿自杀时就可能被强化。社会学习理论还可以用来解释自杀的剂量反应效应，个体暴露于某一特定榜样行为的强度越大（如通过大篇幅或显眼的报道），模仿这一行为的可能性就越大。

综上所述，媒体的不当报道可能导致社会的自杀模仿效应，这提示我们在报道自杀事件时需要仔细斟酌，特别是名人自杀事件。当然，这并不意味着这些自杀事件不能报道，而是提醒我们，应对这类事件需要心理健康工作者和媒体专业人士的通力合作，保证报道的真实性和合理性，最大限度地降低自杀模仿效应发生的风险。

第二节 自杀的解释模型

自杀的原因存在于人的生物机体里，存在于人们的心理，存在于社会环境之中。那么，对自杀行为的解释，我们当然需要进行全方位的考察。关于自杀的解释模型，我们主要介绍应激—易感模型和心理痛苦三因素模型。

一、应激—易感模型

曼等人（Mann et al.，1999）首次提出应激—易感模型。该理论认为，暴露于应激事件与个体生理易感素质的交互作用决定自杀行为的产生。该模型重视自杀易感的生物性因素，包括下丘脑—垂体—肾上腺皮质轴（Hypothalamus-Pituitary-Adrenal，HPA）、5-羟色胺、去甲肾上腺素系统的功能失调等。

应激因素包括负性事件以及由其引发的精神上的、心理上的和生理上的现象，如早年痛苦的生活经历、慢性疾病、物质依赖等。而易感素质则指身心的一种持续稳定的倾向或者先天特质，使个体倾向于“选择”自杀，如5-羟色胺的低水平或HPA轴功能失调。由于5-羟色胺的表达水平、糖皮质激素受体甲基化导致HPA轴功能失调更多的是受到基因调控，而非状态性因素的影响。因此，当生活事件诱发应激，起到导火线的作用时，个体的易感素质被启动，产生不同程度的抑郁、焦虑、绝望等情绪，从而采取不同的应对策略，进而增加或降低了自杀意图，最终影响自杀行为的发生。易感素质倾向决定了不同个体在一些应激的影响下，自杀是否会发生。曼等人的研究显示，易感素质对自杀过程的影响大于外部因素，它决定了个体对外界的知觉和体验，决定了个体的反应。

自杀行为是一种复杂的现象，并非单一因素、单一变量作用的结果。应激—易感模型涉及生理方面、精神方面、心理方面的因素，打破了自杀单纯是某种危机应对的结果，或者某种精神疾病引发的传统看法，同时注意到易感性的生物和心理两个层面，并将易感素质放在了不同群体、社会环境（自杀工具的可获得性）、文化背景等角度加以考虑，为自杀的评估和治疗提供了一个整合的视角。然而，随着研究的深入，人们逐渐认识到HPA轴和神经递质功能失调可能是抑郁发作的生理后果，而非自杀的预测因素。此外，绝大多数以致命方式完成自杀的个体，在事前均有详细的自杀计划，动机明确而强烈，与应激事件的时间效应关系并不密切，这些发现对应激—易感模型提出挑战。图11-1为自杀的应激—易感模型图。

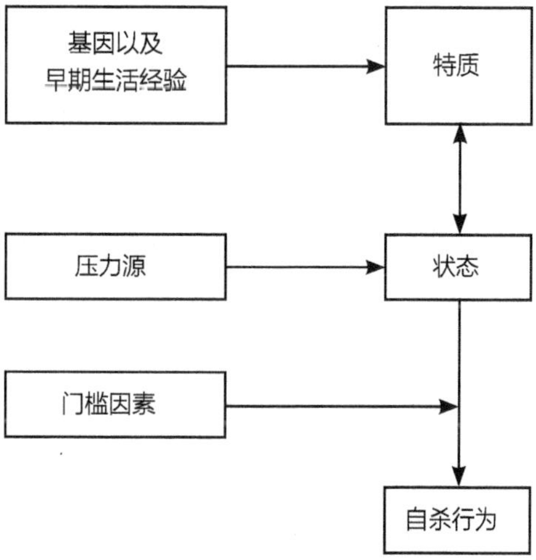

图11-1　自杀的应激—易感模型

二、心理痛苦三因素模型

自杀的心理痛苦三因素模型包括痛苦唤醒、痛苦体验和痛苦逃避三个维度（见图11-2）。

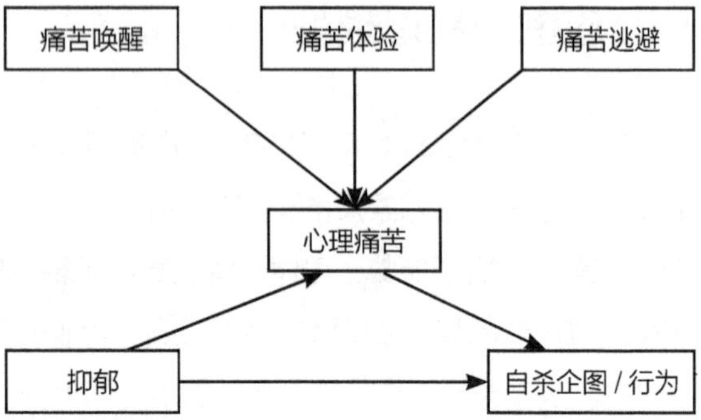

图11-2　自杀的心理痛苦理论模型

该理论认为，痛苦唤醒维度是指个体的心理痛苦认知成分，对既往负性生活事件或创伤经历的负性评价和加工，持续诱发心理痛苦，涉及自我差异理论中环境或记忆线索启动负性情绪的观点；痛苦体验维度是指个体的心理痛苦的心理和生理成分，与应激—易感模型的关键要素吻合；而痛苦逃避维度是个体心理痛苦的行动趋向，即个体有强烈的逃避心理痛苦的动机水平，而且自杀是个体选择的唯一解决方法，提出逃避痛苦是自杀行为的动机。其中，痛苦逃避可能是对自杀企图或自杀行为有直接驱动力的关键因素。

第三节
组织中的危机干预

组织和企业需要思考如何通过采取特定的手段和方法来减少员工自杀现象的发生。本节我们将介绍一种用于临床治疗的心理咨询技术——危机干预。通过对危机干预的介绍，我们将进一步思考如何将其运用于组织自杀频发的危机中。

一、危机的界定

心理危机的概念由美国心理学家卡普林（Caplin）在1974年首次提出并进行了系统研究。这里说的危机，和我们日常生活中所说的危机有一些不同。日常生活中的危机更多的是指难以处理的突发事件。我们现在谈到的危机虽然与此有关，但是却涉及个体的心理问题。当然，作为一个心理学词汇，危机的准确定义一直是被众科学家所争论的。这里就介绍几种常见的心理学中的危机的定义。卡普林认为，危机是当一个人碰到难以用常规处理机制解决的机体内外部问题的时候，出现的一种失衡状态。而在里查德森（Richardson）看来，危机是一种因为面对压力诱发情境时处理能力不足、应对困难的技巧不足而产生的绝望心态。另有一种对危机的定义是：危机是一种认识，当事人错误地认为某个事件是其个人资源和应付机制无法解决的困难，并因不及时缓解而导致情感、认知和行为的功能失调。而我国的学者将危机定义为：一个人在正常生活过程中突然出现了意想不到的危险事件，带来了个人无法克服的困难，可能导致个人身心混乱的状态。

我们发现，不管是从个体反应还是个体心态上定义危机，都说到了危机的一个特点：个体遇到了难以解决的问题。而不管如何定义危机，我们都容易发现危机的特点在于它们往往是突发的、出乎意料的以及有害的。很多研究表明，危机还和抑郁、社会心理问题、精神症状有关，甚至有些患有人格障碍的病人因代谢严重失调而产生了心理危机。心理危机常常使当事人陷入痛苦不安、麻木不仁等状态，甚至伴随绝望、焦虑、抑郁等心理问题。因此，如果不能得到很快控制和及时缓解，危机很可能会导致人们在认知、情感和行为上出现功能失调，甚至会出现社会功能的混乱。由此可见，一个人面对一个突发的、阻碍其人生目标发展的挫折时，发现用常用的解决问题的办法难以逾越这个障碍，危机就产生了，而与之伴随的则是危机带来的一系列危害。

同时，也有人根据危机的特点以及引发因素把危机分成了几类。其中，心理学家布拉默把危机分成了发展性危机、境遇性危机和存在性危机三类。

发展性危机指的是个体在正常的发展过程中，因经历某些急剧变化或转变而产生的身心失衡状态。此类危机的引发因素很常见，如新员工入职不适应、不喜欢所做的工作、没有足够的升职空间等。显而易见，组织中的心理危机很多属于这种类型，因此，我们要关注这类危机。

境遇性危机是当个体经历到罕见或超常的，个人无法预料且无法控制的事件时产生的心理危机。这类危机的特点是，除了基本的随机性、突发性外，危机发生时伴随的结果往往还是震撼性的、强烈的甚至是灾害性的。这类危机的引发因素其实也比较常见，如个人的突然失恋、突然染上重病或者是经历了地震等天灾人祸。同时，从汶川地震等灾难中我们也可以看到，因为此类危机的引发因素过于强烈，受害者往往很难痊愈，甚至会患上抑郁、创伤后应激障碍等精神病症。因此，我们也不能忽视这类危机的产生及危害。

存在性危机是指个体伴随着人生重要事件，如人生的目的、责任、自由等问题出现的内部冲突和焦虑状态。此类危机的引发因素也不少见，如是否要继续在同个岗位工作、是否要继续某段婚姻关系等。这类危机也常常在企业中产生。

二、危机干预

危机干预属于广义的心理治疗方法，是一种即时的人际互动及帮助，它能帮助耗尽了常规处理资源的人们恢复自我决定力及自信心。危机干预者旨在通过鼓励个体思考，明晰自己的想法、感受以及选择来寻找解决危机的办法，以帮助个体恢复危机爆发之前的身心状态。由此可见，危机干预是通过危机干预人员与受助群体间的互动来实现治疗结果的心理咨询与治疗的技术。危机干预的重点是个人对情绪的反应，以及处理日常问题的能力上的长期改变。

危机是个体与外部中某些因素畸变所产生的不良后果。因此，危机及其产生的后果也与发生危机的个体有关的推断就不难理解了。我们常常发现，不同的人面对同样的危机情境，表现得往往大相径庭。有的人无所适从，时时感受到危机并认为难以度过，急需心理工作者的帮助；有的人则镇定自若，善于应付，似乎不太需要心理工作者对其进行危机干预。对此我们不难理解，因为心理危机的发生，除了客观的危机情境作用外，还应该涉及个体的人格特征。

心理学家布罗克对这类不同人应对相同危机的不同经历的现象进行了系统的研究，并提出危机人格理论。该理论认为，容易陷入危机状态的个体，在人格特征上都具有一些特异性及相似性。①注意力明显缺乏，在日常生活中不善于审时度势。处理问题时只看表面，从不考虑问题的实质。所以这种人在日常交往中和处理问题时容易出现应付和处理不当的问题。②表现出过分内向、沉默寡言的社会倾向性。过分内省的人格特征，使他们一旦遇到危机情境，往往瞻前顾后，总是联想到事情的不良后果，这种人往往需要他人的帮助。③在情绪、情感上具有明显的不稳定性，自信心低。面临困难时总是依赖他人的援助，独立处理问题的能力极差。

由此可见，这类人若是没有危机干预的帮助，定然难以走出困境，产生极其有害的后果。

心理工作者把常见的寻求危机干预的当事人遇到的危机分为四类：丧失重要资源、适应问题、矛盾冲突以及人际关系紧张。

丧失重要资源包括人员、财产、地位、职业、情感、尊严等，这类问题多见于当事人遭受创伤事件打击，或者经历重大人生事件后。例如，2008年汶川地震的幸存者很多都患上了创伤后应激障碍，出现了创伤性再体验症状、回避和麻木类症状、警觉性增高症状等典型反应。受害者常常不自主地回忆灾害事件，极力回避相关报道以及出现过度警觉等症状，给受害者的精神健康带来了极大的伤害。这些可以说是没有及时正确处理好危机而造成的后果。从小的方面看，一次失业、一次失恋甚至是不小心丢失了钟爱的物品都可能成为诱发危机的导火索。其中，拥有特定人格特质的人群可能更容易患上抑郁、焦虑等病症。

适应问题多指对新的环境需要重新适应时遇到的心理应激，如新员工入职、跳槽或组织变革等问题，这些问题处理不好就很容易引发心理危机。

矛盾冲突指面临急需做出决断的矛盾时产生的心理冲突。这类问题多见于在商海打拼、在金融市场沉浮的人。他们每天面临的是能够产生巨大利益的抉择。用一个比喻来说明，就是他们掌握着通向天堂或地域的钥匙。他们承受的压力可想而知，长此以往，他们也许会因为经受不住压力而产生心理危机。

顾名思义，人际关系紧张指持续的或严重的人际关系纠纷极易造成心理危机。这在组织中也非常常见。

三、危机干预模式

回顾现有研究，危机干预模式一般有以下三种类型。

（一）平衡模式

平衡模式，是最纯粹的危机干预模式。正如前文所说，危机中的人们处理问题的能力不足，身心进入了失衡状态。而平衡模式旨在让人们恢复到发生危机前的平衡状态，让情绪恢复正常，获得处理眼前困难的能力。一般来说，平衡模式适用于早期干预。因为这时人们通常处于心理上的认知、情绪甚至行为的失衡状态。此时，人们原有的应对问题的机制以及解决问题的资源不足以帮助他们走出困境。他们失去了对自身的控制，分不清问题的方向而且不能做出适当的选择。因此，平衡模式下的危机干预的着眼点是稳定病人的情绪和心理状态，逐步调整求助者至平衡状态，帮助其恢复处理危机的资源。同时要注意的是，因为求助者处于不稳定的情绪状态，因此，除非他在帮助下获得了一定的应付能力，否则主要精力还是应集中在稳定求助者的心理和情绪方面。在求助者重新达到了某种程度的稳定之前，不能采取也不应采取其他措施。例如，除非病人已同意活下去是值得的，而且这种思想稳定持续至少一个星期，否则挖掘求助者产生自杀意念的原因就没有多少好处，反而容易起相反的作用。

（二）认知模式

前文提到了一些心理学家对危机的定义及看法。但是，仍然有许多人对此持不同的看法。此处介绍一种对危机的新的认知。有的人认为危机是根植于对事件和围绕事件的境遇的错误思维，而不是事件本身或与事件和境遇有关。也就是说，并不是事件本身导致人们陷入危机，丧失了处理资源，不能恰当应对危机，而是人们对危机的错误认知导致他们难以应对危机。当人们遇到危机时，如果不及时调整其错误的思维，就很容易陷入否定自身的怪圈，从而更加陷入危机。危机干预的认知模式就是基于这样一种认知。因此，该模式的干预原则是，干预者通过改变求助者的思维方式，尤其是通过认识其认知中的非理性和自我否定部分，帮助其获得理性和强化思维中的理性和自强成分。通过这种方法，人们能够获得正确控制生活中危机的方法。而危机干预的认知模式的工作任务就是通过练习把个人的消极、被动、否定的思想变成积极、主动、肯定的思想。认知模式最适宜用于稳定下来并回到了平衡状态的求助者，因此是危机干预中的中后期阶段。此时求助者已经在平衡模式下的干预中恢复了平衡状态，可以接受进一步的干预了。例如，求助者已经认同活下去是值得的，此时就可以挖掘求助者产生的自杀意念，并引导其发现并改正其中存在的错误思维，从而进一步坚定其取消自杀意念的想法。

（三）心理社会转变模式

从社会心理学的角度来看，人是遗传以及从社会环境中学习的产物，因为人总是变化的、发展的和成长的。既然人本身及其所处的环境都是不断变化的而人又是遗传与环境交互影响下的产物，那么，人们遇到的危机就可能是来自本身或者外界的。因此，这种模式下危机干预的目的是与求助者合作，通过谈话等方式了解与测定求助者与危机有关的内外部困难，并帮助他们重新构造应对现有危机的策略。与此同时，干预者还要建议求助者更改当前应对危机的方法、态度和行为，并提供新的有效的应对危机的模式。与认知模式类似，心理社会转变模式最适合已经稳定下来的求助者。例如，求助者的自杀意念稳定下来后，干预者可以引导其思考引起危机的内外部原因，并从这两方面入手，对症下药，进一步解决危机。

四、危机干预的步骤

危机干预有许多流派，各个流派都有自己的危机干预步骤。当然，这些步骤在方向上是一致的，只不过各有侧重。一般来说，危机干预的步骤可分为四个阶段。

（一）评估问题

危机干预工作者在危机干预的初期，必须全面了解和评价危机当事人危机产生的有关诱因以及寻求心理帮助的动机，同时与求助者建立良好的工作与信任关系。在这一阶段，危机干预工作者需要了解求助人目前存在的问题是什么，诱因是什么，首先需要解决的问题是什么以及次要解决的问题是什么。同时，他们还要了解如果不及时处理，什么问题将会是导致非常严重的躯体或心理伤害，什么问题最容易立即解决。除了危机干预工作者以外，还有什么人能帮助求助者处理危机。为了保证危机干预产生良好效果，干预者还要了解妨碍干预效果的影响因素可能有哪些以及什么方式可以减轻它们的影响。而使用什么技术或方法能在最短的时间内达到最佳的干预效果等问题，就需要干预者通过经验与知识来判断。另外，干预者还需要评估求助者自杀或自伤的可能性。如果有严重的自杀或他杀倾向，干预者就需要考虑建议求助者去精神科会诊，必要时进行住院治疗。

（二）制订治疗性干预计划

在全面了解引发危机当事人危机的诱发事件和目前所处的危机水平之后，干预者应该着手制订干预计划。需要注意的是，危机干预不注重塑造求助者的人格以应对危机（事实上这也很难完成），而是注重帮助求助者恢复到危机前的心理平衡水平。在这一阶段，干预者需要了解危机对当事人生活造成损害的程度以及这种损害对他人及当事人周围环境所产生的影响。此时，还要肯定当事人的长处（优点），确定适合他所用的有效应对技巧以及能够给他帮助的家庭成员或社会支持系统。最后，明确危机干预的目标。

（三）进行干预

这是危机干预处理的最主要阶段，主要包括以下四个方面的工作。①帮助当事人正确理解和认识自己的危机。当事人往往没有看到生活中发生的逆境与自己心理失衡所出现的不适之间的联系，干预者可以采用比较直接有效的方法使其认识这两者间的关系。②帮助当事人疏泄被压抑的情感。这阶段可以采用交谈、疏泄等技术。同时，危机干预中比较注重共情，若是危机干预者可以引导当事人进入积极的心理状态，干预效果更佳。但是，此时要注意心理咨询工作的大忌，就是不能过度共情。若是干预者被求助者影响而陷入了他的消极心理状态，那么对干预者及当事人都是一种伤害。③学习应对方式。帮助求助者总结过去成功的应对逆境的技巧，学习新的应对方式，减轻逆境遭遇对心理平衡的影响。④建立新的社交天地。如果危机是由于失去亲人（如死亡、分离等）或者人际关系破裂（离婚、失恋等）所造成的，那么建立新的人际关系则是干预的有效方式之一。

（四）新危机的解决和随访

一般经过4～8周的危机干预，大多数病人的情绪危机会得到解决或缓解。此时应及时中断治疗，以减少病人对治疗师的依赖性。在结束阶段，应注意强化病人多应用刚刚学会的新的应对技巧，鼓励和支持他在今后面临逆境或重大挫折时，应用新的应对方式和有关社会支持系统来独立解决和处理问题，从而避免或减少危机的发生。

其实，不管是危机干预的哪个流派，干预的步骤都大同小异（王卫红，2006）。一是确定问题。从心理诊断的角度，干预者需要科学地确定求助者的问题性质和严重程度。二是保障安全。干预者要注意有自杀意念的求助者的安全。三是提供支持。干预者多运用倾听的方法来告诉求助者，有人在帮助他。四是提出并验证可变通的应对方式。由于求助者在危机状态下思维较平时更加混乱，所以他们难以灵活判断什么是有助于自己走出困境的选择。因此，干预者就要扮演提供解决办法的角色。五是制订计划。干预者与求助者一起制订计划，按步骤来矫正其情绪失衡状态。六是获得承诺，采取积极的应对方式。由于走出危机的计划是求助者与干预者共同商量，从现实出发制订的，所以这些计划是求助者能力范围内的，可以完成的。此时，干预者可以与求助者共同制订计划，积极应对危机。

五、危机干预的应用案例

从20世纪20年代开始兴起的员工援助计划（Employee Assistant Plan，EAP），从根本上把心理健康从个体层面拓展到组织和社会层面。EAP是一项为工作场所中个人、组织提供咨询服务的工作，它能够帮助管理者了解员工的心理健康状况和职业发展关心的问题，并提出一系列辅导措施来帮助员工解决这些问题。为帮助员工解决工作中各种心理问题及应对由此引发的危机事件，危机干预是一项有效的心理支持途径。在组织危机的情境下，员工会出现各种各样的情绪问题、心理危机，在很大程度上影响组织的发展。员工潜在的心理问题处理不当极有可能导致危机事件，如冲突、静坐、上访、暴力、罢工等。转型时期的组织兼并、重组、裁员、新管理手段的运用等带来的冲击使得组织内员工长期处于心理亚健康状态。工作不安全感与工作倦怠的不断滋生，已经成为危及员工个人健康与组织健康的关键因素。

国外企业把员工帮助计划作为建立员工心理支持和干预系统、帮助员工解决变革中各种心理问题及应对由此引发的危机事件的一种有效途径，并取得了广泛的认可。员工帮助计划被引入企业后，在企业发展的各个阶段及员工面对的各种情境中都有用武之地，针对组织中的常见问题，如企业内冲突、裁员、员工对变革的不确定性等引发的压力进行干预，具体包括设计员工的沟通流程、预防和及时处理各种危机行为，提供有效的员工沟通、裁员会谈、面对变化的心理辅导等。因此，EAP框架下的心理危机干预主要是为各种紧急、重大事项，如办公场所的暴力、自杀、裁员、精神疾病等提供干预服务，且主要针对个人。

国内普遍认同的EAP框架下的员工心理危机干预主要分三个步骤：危机前干预、危机中干预和危机后干预（李鹤展，秦亚平，2011）。

（一）危机前干预

企业应在危机发生之前对员工提前进行危机干预培训、文字媒体宣传。把危机当成生活的一部分来看待，虽然危机不是我们想看到的，但我们应该未雨绸缪，以防万一。要在企业内部建立一个互相支持的体系，使每一个员工都觉得生活在一个有力的支持系统中，提高员工的安全感。要建立一个有力的专业支持体系，就是拥有企业自己的心理援助顾问，让员工知道在困难时可以第一时间得到专业的帮助。这些信息都会慢慢植入潜意识，大大提高员工的危机防御能力。

（二）危机中干预

危机中干预即危机的现场处理，最重要的是及时性，最好在危机事件发生之后的24～48小时内进行干预。应激事件如果没有得到及时处理，会转变成慢性心理疾病，增加解决的困难。因此，现场处理除了有序的干预、防止危机扩散外，更重要的就是立刻启动危机干预程序。一般此时需要一个有力量的人物在场，如企业的核心人物，或者专业的心理专家，可以起到稳定军心的作用。

（三）危机后干预

预后处理往往是最重要也是最容易忽视的环节。目前国内企业管理层由于对心理层面的重视度不高，往往看到事情没有在现实中进一步持续，就认为危机已经过去。殊不知，很多危机干预的工作才刚开始。因为一些危机的影响一旦产生后，并不会立刻表现出来，特别在行动上看不出什么不同，但会在以后的生活中对员工产生长远而潜移默化的影响，这就需要干预者对其进行进一步的跟踪观察和及时干预。

在危机干预的过程中，经常使用的危机干预技术主要有以下三个。

1. 想象技术

想象技术并不是简单的想象，它是结合NLP、意象对话、引导式想象及自我催眠，借以减轻重复出现的“白日梦魇”或反复出现的灾难影像（这些往往是使许多人承受暴露于创伤与暴力的痛苦根源）。用反复的练习来积极地改变内在意象，许多人可以消除或至少可以减弱这些侵入的影像，如暴露疗法。

2. 重新生活

以实用的具体方法来辨识出在创伤中被破坏的平衡——如工作、经济来源、心爱的人、乐观的感觉、计划未来的能力等——那些是个案所曾经拥有的，同时也找出剩余可用的资源与支持系统以帮助人们重建他们的生活。

3. 情感释放技术

通过角色扮演、艺术治疗和心理剧的形式把压抑的情绪释放出来，或者像清除垃圾一样把内心负面的情绪倾倒出来，这往往能把隐藏在创伤者内心的积极力量唤醒，把注意力放在目前的生活和以后的计划中，摆脱过去情境的困扰，如紧急事件应激晤谈。

张西超（2015）认为，突发自然灾害（如地震）、重大工伤事故、职场暴力、自杀、猝死、裁员降薪等各类危机事件已成为组织管理中的重大挑战。因此，企业构建成熟的EAP三级危机干预模式具有重要意义，可以为组织提供全面的危机管理及干预服务，帮助员工及其周围人群恢复心理平衡，安全度过危机，维护组织公众形象（见图11-3）。

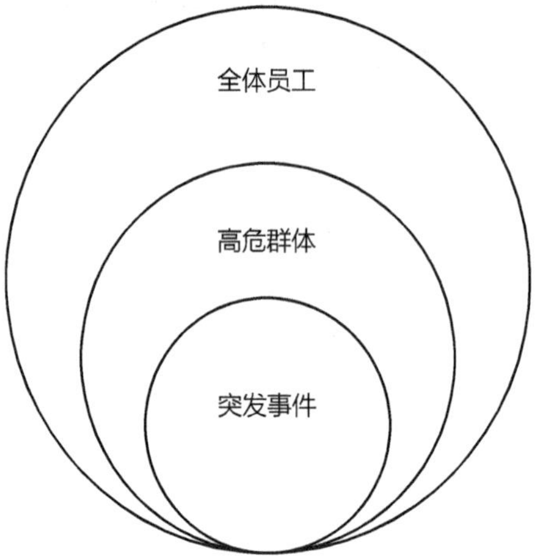

图11-3 EAP三级危机干预模式

基本概念

1. 自杀
2. 心理痛苦
3. 危机干预

本章要点

要点一：自杀的危险因素

自杀行为具有复杂性，它是多种诱因相互作用的结果，这些诱因包括生物学因素、社会学因素、心理学因素，以及其他风险因素，如经济状况、维特效应等。

要点二：危机干预模式

危机干预模式主要有三种：平衡模式、认知模式、心理社会转变模式。平衡模式是最纯粹的干预模式，旨在让人们恢复到发生危机前的平衡状态，让情绪恢复正常，获得处理眼前困难的能力。认知模式的干预原则是，干预者通过改变求助者的思维方式，尤其是通过认识其认知中的非理性和自我否定部分，帮助其获得理性和强化思维中的理性和自强成分。心理社会转变模式的目的是与求助者合作，通过谈话等方式了解与测定求助者与危机有关的内外部困难，并帮助他们重新构造应对现有危机的策略。

要点三：危机干预的步骤

危机干预的步骤为：评估问题、制订治疗性干预计划、进行干预、新危机的解决和随访。

思考题

1. 列举自杀的生物学、心理学以及社会学的风险因素。
2. 酒精滥用是自杀的风险因素之一，这对于企业对员工的管理有何启示？
3. 基于自杀的应激—易感模型，对自杀行为的出现做一个比较完整的解释。
4. 思考企业可以做哪些事情以减少员工自杀的发生。

推荐阅读

库少雄．自杀：理解与应对．北京：人民出版社，2011.

第十二章 员工帮助计划

学习目标

1. 理解员工帮助计划的基本内涵。

2. 掌握员工帮助计划的规划、实施和效果评估过程。

3. 了解员工帮助计划的应用。

章节导引

近年来，中国石油海外社会安全和HSE管理工作注重开发“心”能源，关注“心”经济，通过实施员工帮助计划（Employee Assistance Program，EAP）打造心理素质过硬、具有强烈使命感和责任感的海外管理者及员工队伍，为集团公司国际业务安全有效发展提供长效保障。中国石油海外油气项目所在的35个国家中，被确定为高风险的有22个。在这些国家，海外员工心理健康和压力应对能力对海外项目可持续发展的意义尤为重要。2008年11月，中国石油开始与国际EAP专业公司合作，组织和引导涉外单位有序实施EAP，成为国内首家实施EAP服务项目的央企。2014年，中国石油又作为国内首个实施员工远程心理咨询系统的央企，启动了网络互联平台对EAP服务项目的优化和发展，为身处高压力、高风险工作环境的海外员工打开了又一扇心灵之门。据悉，实施员工帮助计划6年来，中国石油共组织26名专家到12个国家的海外项目进行咨询服务，开展心理健康普及培训12万人次，建立了向全员延伸，向现场延伸，向员工家属延伸，向经营管理延伸，向预防干预延伸的五种推进模式。同时，通过开通服务热线与搭建网络共享平台，提升EAP服务效率，为1.6万名海外员工建立了专属账号，使EAP成为海外员工的幸福线、成长线和生命线。通过实施EAP服务，海外项目掌握了员工心理健康状况，有针对性地改善了海外员工心理健康总体水平。集团公司海外员工SCL−90（心理健康症状）常模的建立，为准确反映海外员工心理健康状况创建了系统性的科学参照，越来越多的员工对待心理问题更加理性，员工心理健康状况不断好转，整体健康危险行为比例明显下降。实施EAP还使海外企业摸清了不同职位员工的心理健康状况和压力源，以及休假周期和安全事故对海外员工心理健康状况的影响。长城钻探等公司还根据EAP调查结果调整休假制度，取得了较好的效果。

第一节 员工帮助计划概述

信息化和网络化时代下的办公环境，使得组织群体心理和员工个体心理发生潜在变化，对团队和员工行为造成负面影响，这已经成为制约现代人力资源管理的关键性因素。例如，移动办公导致“组织支持感受缺失”和“游牧心态”；网络化沟通和服务导致“情绪枯竭”和“孤独感受”，信息共享和电子监控引发“个人隐私恐惧”。加之我国大背景下新人辈出、竞争残酷，职业心理健康问题日益突出。

本节将从员工帮助计划的定义、基本要素、预期目标、服务范围、模式等方面来介绍，使读者对其有更深入的了解。

一、员工帮助计划的定义

员工帮助计划（EAP）起源于美国19世纪70年代以来在企业推行的一种福利方案，最初原因是针对组织内部职员出现酗酒与滥用药物等行为的矫正和帮助，美国一些组织管理者注意到当时广泛存在的员工酗酒问题可能已经影响个人情绪和组织绩效，于是聘请相关心理专家帮助员工解决酗酒等不良生活习惯问题，慢慢衍生出员工帮助计划，以帮助员工解决社会、心理、经济和健康方面的问题。

随着经济的日益发展，EAP越来越多地被使用，企业为EAP投入1美元，可节省运营成本5～16美元。据报道，世界500强企业中，有大致80％的企业采取一定的措施。企业将EAP的实施服务对象延伸到员工的家庭、亲友，使员工无后顾之忧，能够积极地投入工作，提高个人工作效率。

1991年，库珀等人实施的英国邮局EAP项目表明，咨询前后员工的某些表现有明显不同，员工的缺勤天数明显下降。有研究者对18项有关EAP的影响维度进行了研究分析，结果发现，员工帮助计划与工作压力、员工缺勤率和离职率呈显著负相关，与工作投入、工作绩效呈正相关。研究表明，不同的个人以及企业因素对员工帮助、员工工作满意度、工作压力有着不同的影响；员工帮助计划中的心理及生活EAP对员工工作压力有显著反向影响，对工作满意度有显著正向影响；工作满意度对员工工作压力有显著反向影响，并分别在员工帮助各维度与员工工作压力中起中介作用。另外，有研究也发现，组织提供EAP的相关帮助项目会影响员工态度，员工的态度会影响其组织承诺感的高低，对组织帮助态度积极的员工，当获得员工帮助计划的帮助之后，其组织承诺感就会显著提高。EAP能够有效地改善员工工作条件和环境，促进员工人际交往，使员工感觉到组织对其工作和生活的关心，能够明显地减轻员工的内部与外部压力。它能够解决企业员工心理和个人问题，提供相关方案；帮助企业发现问题，降低因员工心理问题带来的管理成本，增强组织有效性，带来更大的经济效益；同时带来很多非财务的收益，如提升员工士气，改善组织氛围，改善沟通和人际关系，建立尊重员工价值的文化，帮助企业更好地应对变革和危机。

关于员工帮助计划的定义，众多学者进行了自己的阐述。有学者（Bohlander，1999）认为，EAP是企业通过为员工提供诊断、辅导、咨询等服务，解决员工在社会、心理、经济和健康方面的问题，消除员工各方面的困扰，最终达到预防问题发生、提高员工生活质量的目的。

还有学者指出，EAP是利用公司的政策或一套程序，来对某些直接或间接影响工作效率的员工个人或情绪问题，给予识别和反应。它提供员工咨询、资讯以及转介去接受适当的治疗和支持服务。格洛里亚（Gloria）认为，EAP是由管理者、工会团体或员工协会与咨询顾问公司、心理健康服务机构或个人签约，为员工提供服务。

有学者（Spetch，2015）的定义则更多地在EAP的方法上展开，认为EAP是工作人员运用适当的知识和方法，在企业内提供相关服务，以协助员工处理个人、家庭和工作上的困扰或问题。这里的知识和方法包括心理学、跨文化管理等相关知识，以及会谈沟通、团体辅导、活动策划与执行、调查、评估、压力松弛、转介等实务技术。

员工援助计划是组织出资为员工及其家属设置的一套系统的、长期的福利与支持项目。它根据企业具体情况，通过专业人员对组织进行诊断，提供专业指导、培训和咨询，为企业管理者和员工提供管理以及个人心理帮助的专家解决方案。

从上面的定义可以看出，目前学者比较认同的EAP定义是由组织为员工设置的一套系统的、长期的服务项目；通过专业人员对组织的诊断和建议，以及对员工及其直系亲属提供的专业咨询、指导和培训，旨在改善组织环境和范围，解决员工及其家庭成员各种心理和行为问题，提高员工在组织中的工作绩效（王雁飞，2005）。

二、员工帮助计划的基本元素

由于组织的行业特性和员工的特质存在较大差异，员工面临的个人问题以及组织对EAP的预期目标不同，导致EAP在不同组织中的实施各有侧重。但是归纳相关研究和实践，我们可以发现，一个成功有效的员工帮助计划，必须具备以下基本元素。

（一）管理层的支持

高层管理者的认同和参与，可以为整个组织提供一个典范。中层管理者作为高管的代表，将对EAP报以最大的热情，其他管理层也都会全力支持相关工作。同时，在EAP的起步阶段，各个方面的促进都会得到充裕的经济支持，如健康指导、早期诊断以及初步训练等。此要素的重要程度在中国的EAP实务领域也得到很好的印证，如国家开发银行总行员工帮助计划、北京西门子通信网络股份有限公司员工帮助计划、联想集团客服本部员工帮助计划等。

（二）明确的政策程序

每一个提供EAP的企业，必须向员工说明EAP的公开程序和政策，让员工了解公司推动EAP的诚意和决心，其中应该包括以下方面：①员工存在的问题是可以被接纳的，不要回避，要有勇气去面对和解决问题；②充分支持员工为解决问题所做的努力，即同事和公司会给予支持和协助，并愿意通过聘请专业机构向面临困扰的员工提供保密的专业服务；③确保员工的安全感，不会因为曾向EAP寻求帮助而影响员工的绩效考核和晋升，同时个人资料要保密，不记入档案；④EAP的设立是为了帮助员工及其家人的，不会成为管理者的工具；⑤自愿原则。此外，要有执行程序的相关说明，如执行步骤、享受服务的注意事项、相关工作流程等。可能的话，公司还可以印成手册发给员工，同时寄给员工家属以示郑重，强化员工的参与信心。

（三）严格保密的制度

保密是EAP有效实施的基础，所有员工都有权为自己的问题去寻求帮助并获得保密的承诺。但是，仅向员工做出承诺是远远不够的，还需要将其落实到实际操作中。具体而言，在保密工作中要注意避免以下情况。

1. 预约时间安排不够紧密

通常，EAP为了保护员工的隐私，会将咨询室设置在远离企业的地方，这本身有利于保密。但是，如果同一公司的员工约见时间太近，碰面的概率就会增大。即使有些员工不介意被别人发现自己接受EAP咨询，但是消息一旦传到公司，EAP的保密信用也会大大降低。因此，那些负责预约的人员必须提高警惕，设置专门的人员进行协调，避免来自同一公司的、定期接受复诊的员工相遇。

2. 严格限制咨询时间

将咨询时间限制在“朝九晚五”，意味着员工不得不请假来接受咨询，这是很不利于保密的一项规定。由于大多数人都是自愿参与EAP计划的，他们一般将时间安排在下班后。因此，EAP保证24小时开放就显得非常重要。另外，要尽量避免在工作时间联系来访者。

3. 对来访者进行随机分组

随机分配的方式很容易破坏组中或者新进的来自相同公司的员工的隐私。因此，如果有相识的同事加入，必须提前告知。

4. 让治疗机构亲自确认雇员的问题所在

医院和治疗中心非常乐意接受转介的员工，但是他们经常要求打电话给当事人所在的组织，以了解他们的问题，这样就会使被转介的员工在面对电话转接员和管理者时感到难堪。因此，EAP协调人员应该与医院和相关机构进行充分沟通，为员工扫清一切障碍以使其能够接受安全有效的帮助。

5. 向转介人员透露不必要的信息

根据EAP的书面规定，只有员工是否接受转介，是否需要治疗，是否接受推荐的治疗这三类信息可以向转介人员透露，其他信息都应该保密。保密的过程非常复杂，但是宗旨很明确：尽全力为员工保密，取得来访者的信任，否则EAP就无法成功进行。

（四）完善的教育促进和培训

EAP的实施需要广大员工的参与，并不是由职能部门的几个专员就能达到目标的。因此，必须让公司上下全面系统地了解EAP，并明白个人和组织在这方面的共同利益，特别是与员工直接接触的基层主管，要特别为他们提供培训，提升他们发现和面对员工问题的能力；其他管理者要经过教育促进与培训，了解EAP的哲学、功能和做法；对于员工及其家属，要让他们了解EAP的政策、程序、方案内容。总体而言，要始终秉持全员参与的理念，进行经常性的、多形式的宣传介绍。

（五）财务支持和劳工保险

在美国的大多数EAP项目中，公司会为员工支付前三次的咨询费用。在五年之内保持费用不变，希望能够有更多的员工参与EAP计划并从中获益。有问题的员工可能会担心支付不起费用，但当他们知道有公司的财务支持时，会更倾向于接受服务并让家属参与。同时，公司可以考虑将EAP与劳工保险相结合，通过保险金的方式支付部分与EAP相关联的费用，可以降低实施成本。一般情况下，保险金只支付给心理治疗师和心理学家所提供的服务项目，但是很多问题由更专业的人员解决，治疗效果会更好，如家庭治疗师、药物滥用专家、营养专家、性问题专家等。EAP协调人员最好备一份专家名单，进行有效的转介，并建议保险公司接受这些专家。

（六）专业的EAP从业人员

一个合格的EAP从业人员应该具备以下几个方面的知识。一是对酗酒问题的认识和治疗。EAP最初出现就是为了让酗酒的员工尽快恢复工作能力（Roman，1983），在这一领域成功以后，再拓展到其他领域。到目前为止，EAP仍是酗酒问题最好的干预手段，失去这种优势会大大削弱EAP的效用。二是婚姻和家庭干预治疗。情感问题在EAP所接案例中占第二位。EAP从业人员对这一领域必须相当熟悉，并能通过转介获得足够资源来解决这一问题。三是一般情感障碍。EAP人员应该能识别一些情绪失调的症状，如抑郁、焦虑、压力大，要时刻准备干预和转介。四是其他典型问题。困扰员工的问题还有经济问题、法律问题等，从业人员也应有相应的涉猎和充足的资源。五是咨询技巧和个案管理。EAP协调人员要处理很多不同的业务，他们需要和当事人交谈，进行初步判断，进行咨询并掌握转介技术。因此，要让他们了解这一领域，知道一些基本的干预和治疗方法，还应该知道针对某种情况哪些专家更合适。

（七）广泛的服务项目

与EAP最初的理念不同，现在的员工帮助计划希望解决员工可能出现的一系列问题，包括酗酒、药物滥用、隐私、家庭、经济、心理健康、医疗及法律问题等。因此，一个成功的EAP应努力涵盖更多的领域，让员工可以因为各种影响工作和自身利益的问题向EAP寻求帮助。

（八）切实的记录、追踪和评估

每项与EAP有关的服务，都要保留及时、完整、准确的记录，以作为后期诊断、评估、追踪、督导以及研究的依据；要有适当的追踪服务，包括向来访者了解成效，关注转介员工的后续情况等。同时，对整体EAP项目的执行情况和相关人员的表现也要进行定期的评估，并将结果汇报给管理层。

三、员工帮助计划的预期目标

一个成功有效的EAP项目需要围绕个人和组织层面的需求展开，并在两个层面分别达成如下目标。

（一）员工个人层面

①促进员工身心健康，指导其提高生活品质。
②帮助员工解决工作、生活中的各种困扰。
③帮助员工缓解压力，降低压力对身心的负面影响。
④推进员工良好的人际和工作和谐关系。
⑤促进员工家庭和睦，改善夫妻和亲子关系。
⑥促进员工工作与生活的平衡。
⑦协助员工自我成长，引导生涯发展。

（二）组织整体层面

①丰富并完善福利制度，满足员工不断提升的需求，特别是心理需求。
②优化组织承诺，提高员工在组织中的幸福感。
③提高员工各项满意度指标，增强员工的向心力和凝聚力。
④改善组织的氛围，提升员工士气。
⑤降低各项关联管理成本，如离职率、缺勤率、意外事故所导致的损失等。
⑥通过对心理变量的干预改善组织绩效。

四、员工帮助计划的服务范围

按服务范围划分，员工帮助计划可以分为职业戒酒计划、职业健康促进计划、员工提升计划。

（一）职业戒酒计划

职业戒酒计划（Occupational Alcoholism Programs，OAP）最早可以追溯到1917年美国纽约梅西百货公司创立的员工咨询系统。20世纪初，美国一些企业注意到员工的酗酒、吸毒和其他药物滥用问题会影响员工和企业的绩效，于是他们开始聘请有关专家探讨如何解决这些问题。而且当时酗酒已经不再被认为是缺乏道德和精神堕落的表现，而被正式认定为一种疾病。这些因素都推动了职业戒酒计划的产生。从20世纪40年代开始，这项计划在许多美国企业中实施并普及。到了20世纪六七十年代，由于美国社会的剧烈变革，家庭暴力、离婚、精神抑郁等问题也对员工的工作表现造成越来越大的影响，于是很多OAP项目扩大了它的服务范围，提供了更多的帮助和服务，并且开始把服务对象扩展到员工家属。

（二）职业健康促进计划

职业健康促进计划（Occupational Health Promotion Programs，OHPP）是针对员工戒酒计划中员工帮助项目过于一般化，对员工心理和行为问题缺乏细致描述的不足而提出的。它是组织所采取的寻找并解决那些在工作场所内外引起员工健康隐患问题的措施和活动的总称，目的在于提高员工的身心健康水平，促进员工人际关系良性发展，增强工作环境中的合作行为，提高员工的适应性、健康水平以及主观幸福感，最终达到提高工作效率与组织绩效的目的。

（三）员工提升计划

从20世纪80年代开始，一些新概念的提出使得员工帮助计划上升为员工提升计划（Employee Enhancement Programs，EEP），它强调压力管理、全面健康的生活形态、人际关系管理等问题，致力于改善工作中和工作后可能逐渐引发未来健康问题的行为。

五、员工帮助计划的通用模式

按服务来源分，员工帮助计划可以分为以管理为基础的内部模式、以契约为基础的外部模式、以资源共享为基础的联合模式、以专业化和灵活性相结合的混合模式四种。

（一）内部模式

内部模式是指组织内部设置专门机构，由内部专职人员负责员工帮助计划项目的策划和组织实施。该模式的优点是：专职人员对公司的文化、潜在问题和员工特性有更深入的把握和理解，拟订方案更有针对性；有助于借助内部资源去执行实施项目；公司高层更关注员工帮助计划对组织需求的适应，内部模式在此方面显示出更大的弹性。该模式的主要缺点有：专职人员因为身处相同的环境，在设计方案的过程中难免带有主观性；组织要消耗一定的人力资源、时间和精力去执行计划；向同事直接提供帮助有可能因为觉察个人隐私受到威胁而影响服务的使用。

美国电话电报公司自20世纪70年代就运作着内部EAP机构。该机构的一位负责人这样分享他的经验："这种内部模式向员工发出一种信息，那就是组织是关心他们的，一个外部的EAP机构或许能够传递同样的信息，但是它不能保证这种信息的影响力。不过这种模式的缺点就是员工的信任问题。作为咨询和培训计划的一部分，使员工确信可以保密是非常重要的。然而，即使把EAP工作转移给组织外部机构负责，也无法保证这个问题能得到解决。人们可能不会像面对组织内部的EAP那样对保密问题时刻保持警惕，但是它仍然可能使一部分人离开，因为有一些人会认为，无论EAP以何种形式提供服务，只要它是和组织联系在一起的，信息就可能会泄露。"

（二）外部模式

外部模式是组织将EAP外包，由外部具有社会工作、心理咨询辅导等知识经验的专业人员或机构提供员工帮助计划。这种模式的优点是组织人力资源的耗费最少，组织只需要支付一定的报酬就可以得到全套的服务；同时由于工作人员完全是第三方，员工在接受服务时更能感受到隐私的安全性。但缺点是工作人员对组织缺乏了解，而且费用可能相对较高。

员工职业计划中心（COPE）是一家位于华盛顿的EAP专业服务组织，它为华盛顿地区45家公司的3.5万名员工提供EAP服务。COPE的主席唐纳德·菲利普（Donald Phillip）说："如果一个组织少于2000人，采取外部服务模式更经济；但是如果是人数大于2000人的大型组织，COPE会提供现场咨询员，为员工提供每周数小时的服务。"

（三）联合模式

联合模式是指若干组织联合成立一个专门为员工提供援助的机构，该中心专门配备了专职人员。这种服务模式可以最大程度地节约经费，但目前在中国难以实施。一方面是由于中国对EAP有明确需求的组织比较少，很难形成规模；另一方面，组织之间在人员配置、人员权限、薪酬福利待遇支付方面易发生分歧。国际员工帮助计划协会总部设在纽约的奥尔巴尼，它为该地区州政府周围的6个郡的企业服务，基本服务包括评估、短期咨询和转介，还会提供员工定位、主题研讨会以及管理培训，指导管理者如何将绩效问题归档。

（四）混合模式

混合模式是指组织内部EAP实施部门和外部的专业机构联合，共同为组织中的员工提供服务和帮助。这种模式应该是最理想的，既能保证工作人员的专业性、员工的信任度，又能有组织内部的联系人协助推进整体项目，并对质量进行监督。在全球拥有3万名职员的阿科公司（Atlantic Richfield Company）是混合模式的典范。德金（Durkin）是该企业在洛杉矶分部的一个内部EAP工作人员。他介绍说："我们27个地区的分部，各自内部的EAP与当地的服务供应商建立合约关系。在不同的地区我们会选择不同的合作者，这样你就有一些了解当地资源，并知道如何利用的合作伙伴。同时，EAP拥有企业内的成分是有好处的，因为你有一个了解EAP的员工来监督合作的运行，否则合约可能无法正常履行。"

第二节 员工帮助计划的具体实施

在了解了员工帮助计划的基础概念以后，我们需要了解它的具体实施和运行步骤。本节将从EAP的需求评估、流程规划、员工培训、员工咨询以及效果评估方面进行介绍。

一、需求评估

EAP想要达成最终的目标，首先要做的是分析员工和组织的需求。这就像是看病，要想标本兼治，首先要“对症”，只有找到病根，做对诊断，才好“下药”。EAP需求总体评估的目的就是找到员工急需解决的问题和企业继续改进的方面，在这个基础上我们才会有工作方向，并计划接下来的工作。

EAP需求评估是最重要的临床功能之一。评估过程可能持续几个小时到几个月的时间不等，其主要目的在于界定问题，并在客户和服务供应者之间达成共识。客户当前能意识到的通常只是实际潜在问题的一部分，而需求评估有利于揭露所有对企业当前和未来发展产生影响的潜在问题，有利于按重要性和解决方案的可行性重新组织问题，有利于建立初步的处理方案。简单而言，EAP需求评估就是帮助一个组织判断其是否需要EAP服务。它主要有以下四个目的：①为决策者提供建议，即是否需要相应的EAP服务；②向决策者提供一些当前的相关研究结果；③向决策者展示预期的投资和收益分析；④收集组织的一些基本数据，以便今后在评估EAP效果时作为对照。

下面我们将对EAP需求评估的具体过程做一个简单介绍。

首先是需求评估的准备阶段，这一阶段企业需要建立一个平衡各专业人才的评估团队，并有一个负责人带领整个团队设定目标和时间表。

接下来，我们就需要对评估的内容进行一个界定，主要涉及两个方面：员工层面和组织层面。当然，组织层面又包括整个企业以及企业内部的不同部门和团队。

（一）员工层面的评估

1. 企业员工需要

生存需要是员工最基本的需要，在企业中主要表现为员工的工资、奖金、福利，以及工作环境的安全、稳定等因素是否满足了员工的“生存”和“安全”需要。最基本的需要得不到满足，离职、跳槽等就会成为员工缓解压力状态的应对方式。因此，企业确保合理的薪酬设计、稳定的员工福利以及安全的工作环境是非常重要的。但是，生存需要在很多情况下并非员工最主要的压力源，一味提高员工的薪酬水平，也并不能提高员工的满意度。奖金等物质因素只是“保健因素”，在得到时不会表现出满意，而在得不到时却会表现出不满意。因此，生存需要是首要考察因素，但一旦得到满足，它就不应该再成为最主要的影响因素。

个人发展需要有很多表现形式，从职业发展的角度来说，晋升前景是企业员工最主要的职业压力之一。能够明确感知自己职业发展前景的员工，在心理健康、身体健康、工作满意度、团队效能、组织承诺等方面都显著优于对自己职业发展前景不明确的员工。这种职业发展前景不明可能是由晋升制度不公平、员工对晋升规则缺乏了解、员工自身缺乏有效的生涯发展规划等原因造成的。因此，使企业晋升制度公平、公正、公开，为员工制订职业发展规划，是解决员工职业发展压力，提高员工忠诚度的重要途径。

人际交往需要也是影响员工工作和生活的重要心理变量。企业中的人际主要包括同事之间的关系和上下级关系两种。企业同事关系融洽，整体的组织氛围积极，会使员工对本企业的组织承诺很高，愿意为企业贡献自己的力量，并容易在工作场所发挥自己的潜能。上下级之间的关系也是对员工重要的关系变量。领导的能力和领导风格都直接对员工的工作情绪产生很大的影响。领导的关心、鼓励可以让员工感到自己随时受到领导的关注，对维持、建立他们自身的价值有很大的作用。

不同阶段、不同特点的员工也有不同的人际交往需要。新员工的重点可能是适应团队，而老员工或中层领导的重点是促进、协调团队的交流。一般员工更多的是进行同事和领导交流，中层领导进行上下级交流，而高层领导则更多地与下级进行交流。

家庭生活是影响员工心理稳定的重要方面。夫妻之间的矛盾、子女的教育问题、父母的赡养问题都可能引起员工的负面情绪，而这些情绪很容易迁徙到工作中来。因此，员工的家庭需要也是企业应该关心并重视的。

不同阶段的员工有不同的需求。新进入的员工主要需求是适应，包括对人际关系、自己的业务、公司的运作体系的适应。如果人际支持体系建立得好，对业务和公司运营熟悉得好，他今后就能承受工作中的压力，充分发挥自己的潜力。对于年轻员工，他们主要关注个人的职业发展，这时他们已经基本构建起自己的发展路线，更关注组织架构是否合理，是否有充足的晋升机会，能否发挥自己的潜能。对于中年员工，职业发展基本稳定，家庭成为他们的主要需要，他们更多地考虑家庭中出现的各种问题，希望有更多的时间和家人相处。如果家庭出现矛盾，对中年员工的影响是最大的。面临退休的员工则更多地关心退休后生活的保障和安排。他们普遍关心自己的健康状况，定期检查对他们来说已经必不可少。公司对退休人员的生活保障是他们时刻关注的问题，一些小的变动若不解释清楚也会引发他们的负面情绪。但同时他们也重视自己在公司中的地位，对公司业务有一种责任感，喜欢提出参考意见，也希望被别人采纳。

2. 员工自身特点

员工的特点也是需求总体评估中不可缺少的，主要评估员工的学历、人格和年龄等生理和心理特点。充分考虑到本企业员工与其他企业的不同之处，在确立EAP执行步骤时可以做相应的调整。例如，对于不同学历的员工，培训师应该采取的语言、宣传品的文字风格都不同。高学历员工对各项服务提供者的专业资格、工作经验有很高的要求。此外，员工的人格和年龄评估也很重要，如员工年龄普遍偏大的企业进行EAP时要尽量稳重；员工人格比较民主的企业，工作开展要充分征求员工的意见。

（二）组织层面的评估

组织层面的评估主要为了实现两个目的：一是设定专门解决组织自身问题的目标；二是配合员工的需要，考虑如何充分利用现有资源来优化预定的计划。组织层面的评估应该把组织内部和外部的信息结合起来进行评估。

1. 内部评估

许多企业内部都有丰富的数据可以帮助他们分析是否需要引入员工帮助计划，但决策者往往会忽视这些数据的重要性。例如，出勤记录是直接反映员工工作动机和生产效率的指标，人员变动如离职、解雇以及企业对员工的处罚都是反映企业内部状况的指标。这些指标近年来有没有发生显著的改变，原因又是什么，这些问题都值得去探究。另外，工伤事故的发生率、卫生保健津贴的支出变化，都可能与员工的心理健康问题相关联，这些也是值得注意的指标。其他统计指标还可以考虑员工的工作质量、工作绩效变化等。

2. 外部评估

你的企业需要进行何种水平的EAP投资？要想回答这个问题，最好的方式还需要看看周围的环境和人。在国家层面，有关工作场所的药物滥用、各种预防和干预措施的花费和收益等全国性的研究和调查都可以对企业的EAP投资准备提供有用的信息。全国范围的信息有助于企业规划宏观框架，同时还需要更贴近当地现状的信息来帮助企业决策，尤其是同行业领域的其他企业的信息是最有影响的。看看谁曾经做过成功的EAP，咨询相关的负责人，看看他们启动EAP的原因是什么，如何决定进行何种水平的EAP，有哪些成功或失败的经验。企业之间其实是很愿意分享自己的EAP经验的，即使是竞争对手之间。

在确定了需求评估的内容后，我们还需要了解评估的方法。常见的有管理者现场观察、问卷调查、访谈、员工焦点访谈等。另外，我们还需要对EAP服务进行一个服务定位。一般而言，以成本规避为目标的EAP服务定位在问题预防上，而成本遏制的EAP服务则定位在及时有效的干预上。

二、流程规划

对于EAP的流程规划，有研究者提出了理性思考模型，其流程如图12-1所示。

（一）现状觉察

任何EAP项目的产生，都起源于对某些现状的觉察。不论是希望解决问题，还是进一步提升、发展员工的素质，都必须先觉察到现状，对企业各层的员工有深入的了解，对已经出现或可能出现的问题进行准确诊断和预测。

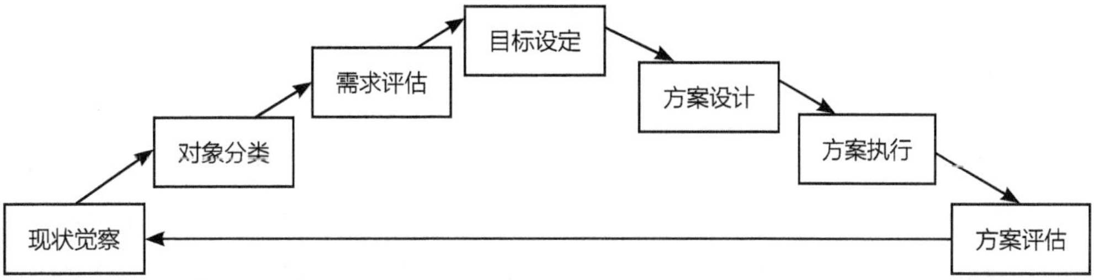

图12-1　EAP的理性思考模型

（二）对象分类

接下来要了解当前出现的状况与哪些人有关。例如，觉察到员工对组织的满意度有所下降，希望探明其中的原因。但这样的判断还不够具体，需要对员工进一步分析，要看看具体哪些员工可能具备这样的特点，以明确对象的范围，可能是新员工难以适应新环境致使满意度下降，也可能是老员工因为职业发展受挫产生不满，针对不同的情况要有不同的处理对策。

（三）需求评估

准确区分对象后，就要进一步了解他们的需求，明确他们的问题是什么。这一过程可以通过调查和访谈完成。调查和访谈的对象应该涉及相关的重要他人，如同事和部门负责人。掌握初步情况后，还应了解组织现有的相关服务及其成效。另外，对于现有的资料，如以前的相关调查和记录，也要加以充分利用。只有从多渠道获取信息，才能准确掌握企业真正需要的服务是什么。

（四）目标设定

接着就要根据需求设定相应的目标。目标是方案执行的方向，也是过程评估和效果评估的标准。首先，要有一个整体目标，一个概括性的结果陈述。然后，要具体设定阶段目标，阶段目标要具体、可操作、可观测。例如，在2015年，员工出勤率增加20%。

（五）方案设计

针对阶段目标预拟出各种可能的方案，并进行优化。应该尽可能多地准备应对不同情境和突发事故的方案，以供比较和选择，同时在最大限度上避免方案实施后的风险。接下来要对每一个方案进行可能的成本和效益分析，并进行比较。没有任何方案可以在实施前做到万无一失，也没有一个方案是百益无一害的。因此，需要权衡利弊，择优而录。

（六）方案执行

根据上一阶段的分析结果，要选定一个最优的方案作为行动方案。为了慎重起见，选定的EAP方案可以先在几个部门试行，经过一段时间的观察，对原有方案进行修订、改进，然后再在企业全面实施。尤其EAP在国内作为一个新兴行业，对不同的企业而言，项目实施尚未有据可循，可供参考的先例也不多，局部试行的方式不失为一种好的选择。

（七）方案评估

评估包括过程评估和结果评估。对于EAP服务各个阶段、各项内容，要进行即时性的评估，有助于及时调整、修订方案，避免偏离目标。项目过程还应通过大量回访对各环节进行评估。整个项目完成后，还需要有一个总体的结果评价。它是对预期目标的一个检验，也是对下一步工作的建议。

结果评估有反馈的效果，作为下次执行的参考。找到结果和目标之间的差距，就会使企业产生新的需求，也可能需要重新或者继续进行下一步的EAP规划。

三、员工培训

员工培训是企业文化的重要组成部分，对员工进行科学系统的培训是最有发展眼光的战略投资，它是提升员工素质的重要手段，是传播企业文化、理念的重要渠道，也是增强企业稳定性、凝聚力和竞争力的重要保证。EAP的经典培训包括职业心理健康、压力管理、时间管理、人际沟通、工作和家庭平衡等多个领域，在提高员工个人价值的同时，能够实现企业管理效能和经济效益的提升。

（一）培训内容

一个完整的EAP心理培训体系，培训内容要服务于培训要达到的目标，既要科学系统，又要有适用性，还要考虑超前性。应考虑到不同层次的培训对象在工作和生活各方面的实际需求，而且还要随着组织的发展不断更新培训内容。

近年来，一些心理学研究、咨询与培训的专业机构和专业人员注意将心理学理论知识与企业实际情况相结合，陆续开发出新的培训课程。下面对目前国内常见的企业心理培训做一些介绍。同时我们相信，随着企业对员工心理问题的重视程度不断加强，培训的深度和广度会不断延伸。

1. 职业心理健康培训

职业心理健康培训的对象包括各级管理者和所有基层员工，内容主要是传授心理健康的基本知识，帮助员工建立科学的心理健康概念，培养健康、良好的自我形象，形成健康的思维和行为方式，预防并科学处理职业倦怠和心理枯竭现象。

2. 压力管理培训

一旦个体长期处于压力状态下，就会出现各种身心疾病和行为问题，使企业蒙受巨大损失。通过压力管理课程，员工将学习识别压力的征兆和症状，识别不同的压力源，分析影响压力的因素，掌握压力的应对和干预策略，制定有效的自我压力管理方案，学会一套有效的放松方案，建立健康的生活方式。

3. 工作和生活协调培训

这一课程促进员工了解人生的意义，认清影响工作和生活平衡的因素，明晰自己的事业和生活目标，合理协调工作和家庭生活。

4. 积极情绪培训

常言道“笑一笑十年少，愁一愁白了头”。这形象说明了情绪与心理健康的关系。如何改变工作中的消极情绪，学会认识并控制自我情绪状态，掌握情绪表达的技巧和方法，学会轻松快乐地工作和学习，是积极情绪培训的目标。

5. 子女教育培训

这是对家长的培训和再教育，主要包括分析现代社会对人才的需求和现代家庭的特点，澄清家庭教育中常见的认识偏差和行为误区，解决各种教育方面的困惑，引导父母梳理现代教育观，以科学健康的方式教育孩子成才做人。

6. 交互作用分析/人际关系能力培训

这一培训由美国心理学家埃里克·伯尔尼（Eric Berne）在20世纪50年代创立，早在西方企业中被广泛应用于企业中的沟通问题。其目的在于帮助员工了解和掌握人格的自我心理诊断，增强自我觉察，提高突破自我限制的能力，辨识沟通误区，促进良好的人际关系。

7. 态度培训

员工工作态度对组织绩效和员工士气有很大影响，通过培训建立组织和员工之间的信任，培养员工对组织的忠诚。这既是一种指导，也是一种约束。

8. 时间管理培训

此类课程不仅是工作时间的管理方法，还是传授生活时间的管理方法。良好的时间管理能力是提高工作效率的关键，因此，个人和组织都很喜欢这种培训。

9. 团队建设与MBTI

MBTI是目前很流行的并被证明行之有效的团队建设工具，有利于增进员工的自我意识和团队合作精神。它帮助员工了解本人和其他成员的人格特点，学会以新的视角看待沟通，减少团队冲突，提高效率。

10. 培训咨询式的管理者

这一培训的对象是中高层管理者，旨在增强他们“以人为本”的管理理念，培训他们与职场相适应的基本咨询技巧，引导他们更多关注、鼓励员工，给予更多机会来帮助员工增长知识、经验和技能，不断提高团队效能。

（二）培训方法

要使培训达到理想的效果，必须根据不同组织、不同员工、不同主题选择不同的培训方法。培训方法可谓多种多样，下面介绍一些常见的培训方法及其优缺点、适用范围。

1. 课堂讲授法

课堂讲授法是一种传统的教育培训方法，也是培训中应用最广的一种。在企业培训中，经常开设的专题讲座就是采用讲授法进行的培训。它是指培训师通过语言表达（包括口头语言和态势语言），系统地向受训者讲解某些概念、知识、方法和原理，期望受训者受到感染，能够记住其中的特定知识和重要观念的方法。

课堂讲授法成本最低，最节约时间；对培训设施环境要求比较宽松，教室、餐厅、会场均可作为培训基地；有利于系统讲解和接受知识；易于掌握和控制培训的时间进度；有利于更深入地理解难度大的内容；可以同时对多人进行教育培训。并且，它可以作为其他培训方法的辅助手段，如行为模拟和技术培训，讲师可以在培训前向受训者传递有关培训目的、概念模型和关键行为的信息。

课堂讲授法的不足在于其内容具有强制性，不易引起受训者的注意；讲师面对多名受训者，无法顾及个体差异；受训者主动参与度低，相互之间缺乏讨论交流，只能被动、有限度的思考、理解和吸收，学过的知识不易被巩固，特别是信息的沟通与效果受讲师水平影响很大。如果讲师课程内容逻辑性强，主题突出，语言生动，善于启发和带动，受训者互动较好，那么整体培训效果就会较好。如果讲师把握得不够好，单向灌输，絮絮叨叨，则会引起受训者的厌烦情绪。

另外，在讲授过程中可以运用电视机、录像、投影仪、幻灯机等视听教学设备，激发受训者多种感觉通道（视、听、嗅、味、触）去体会，做到看、听、想、问相结合，生动形象且给人以亲切感，能引起受训者的注意，加深学习印象，提高教授效果。

2. 研讨法

研讨法是在培训师的指导下，通过培训师与受训者之间或受训者之间的讨论解决疑难问题的培训方法。它注重受训者独立钻研的能力，提倡受训者提问、探讨和争辩。

参加研讨培训的人数一般不宜超过30人，否则容易失控。研讨法又可以采取不同的形式。例如，可以是某人先发表演讲，然后其余人就其演讲涉及的主题进行讨论；可以是某几个人先进行讨论，再让原先的听众自由参与进行讨论；可以将全部受训者分成小组进行小组讨论；也可以将受训者分成意见对立的两组进行辩论，这种方法能有效练习洞察力、分析力和说服能力。

研讨法的参与性很强，受训者能主动提出问题，表达个人感受，有助于激发学习兴趣。在讨论中取长补短，互相学习，有利于知识和经验的交流，有利于帮助受训者加深对问题的全面认识和理解，增强其学识，特别是思维成熟度。但研讨法不易组织和控制，研讨成功与否，很大程度上依赖于之前的计划和准备工作，如确定研讨目标、明确受训人数、选择适当的地点等。研讨主题的挑选也可谓众口难调，要找到一个有代表性、启发性，又难度适中的主题很有挑战性。另外，它对主持者的要求很高，主持者需要娴熟地引导听众、启发思考，激励他们积极参与，要善于控制时间进度，善于调节可能的冲突，还要善于在适当时机进行画龙点睛式的总结。最后，研讨法与课堂讲授法相比，不利于受训者系统地掌握知识、提高技能。

3. 角色扮演法

角色扮演一般包括角色认知和角色实践。角色认知是扮演者要对角色规范和角色要求有一定的认识和理解，角色实践则是在一定情境下扮演者进行角色扮演的实际过程。简言之，角色扮演就是“好似在演出”。在培训教学中，给一组人提出一个工作情境，要求一些成员担任角色并演出，其余人在台下观看。表演结束后，进行情况汇报，扮演者、观看者和讲师共同讨论。

角色扮演给受训者提供一个在逼真而没有实际风险的环境中去体验、练习各种技能的机会。而且能够得到及时的反馈，从而提高解决实际工作中可能问题的能力。

由于角色扮演使受训者成为注意焦点，受训者能保持直率、没有焦虑地表演是很重要的。因此，角色扮演的物理环境应该是熟悉的、轻松自在的。灵活安排的座位较为理想，这样便于把房间布置成各种情境，也可以设置半圆形的观众座位。角色扮演对讲师也有一定的要求，讲师要事前明确目的、准备相关说明书和简要道具，主持并协调活动的进行。另外，在角色扮演期间，讲师要记录关键行为和语言。

事后汇报总结是角色扮演非常重要的过程。总结应由扮演者开始，表达自身的感想和收获，然后由听众发表他们的感受和观察建议。讲师应当总结这次角色扮演的重要事件、问题和解决问题的方法。

角色扮演有助于培训基本技能，提高观察能力和解决问题的能力，特别是可以训练言谈举止和态度仪容。但其缺点在于比较流于表面，角色可能与现实生活存在较大差距，其情境设计与实施的难度较大。

4. 案例分析法

案例分析法是围绕一定的培训目的，把实际工作中的真情实景加以典型化处理，编写成供学习者思考和判断的实例，用一定的视听媒介描述出来，通过独立研究或者相互讨论的方式，来提高学习者分析、解决问题的能力。

案例分析法的优点是提供了一个系统的思考模式，在案例学习中，能得到一些相关的知识和原则，利用一些典型的工作环境得到经验和锻炼机会，有利于今后实际问题的解决。正式培训中，培训讲师要充分调动受训者的积极性，安排足够的时间研读案例，引导其产生身临其境的感觉，提高他们案例分析的热情。在对案例的分析过程中，要注意控制进程，对离题的受训者要及时提醒，培训师要适当穿插总结，同时补充学生没有顾及的方面。

案例分析法更适用于中层以上的管理人员，目的在于培训他们良好的沟通、应变和决策能力，帮助他们在紧急情况下有效处理各种事件。

5. 游戏法

游戏法参与性强，生动活泼，寓教于乐，近年来被广泛应用于员工的压力管理、团队精神和创新精神的培养、人际沟通和潜力开发等领域。

游戏法的关键在于制定明确的规则，否则很容易演变成闹剧。受训者在培训中明确自己能做什么，不能做什么，领略到新鲜知识，从不同角度审视自己和他人，有助于激发对工作、生活的深度思考。游戏要提倡竞争，最终要分出结果。小组对抗或个人对抗的形式，既是为了促进参与、活跃气氛，也是为了使学员对培训内容和游戏本身产生更深刻的理解。

但游戏法的局限也很明显，它可能在嬉笑中冲淡培训主题，难以深入思考游戏背后的深刻含义；游戏可能将现实过分简单化，难免影响受训者对现实的理解，他们的决策也可能多余随便。

四、员工咨询

通过大范围的宣传，能够在组织内部营造一种心理健康导向的工作氛围，病逝管理者和员工在意识上发生某种转变。培训则进一步将意识上的转变深化到行为层面。但对于面临心理困扰的员工而言，真正能起到帮助作用的是专业的心理咨询。因此，在EAP实施过程中，心理咨询扮演着重要的角色。为使EAP达到预期效果，很多环节或多或少地需要EAP相关工作人员具备一定的咨询理论和技术。

（一）EAP心理咨询的特点

关于心理咨询的定义，不同流派有不同的观点。其中最具影响力的是罗杰斯的观点，他认为咨询是一个过程，其间咨询师与来访者的融洽关系能够给予来访者一种安全感，使其可以从容地放开自己，甚至可以正视自己过去否定的经验，然后把那些经验融合于已经转变了的自己，进行统合。换言之，咨询就是通过构建一个安全的情境和特殊的关系，使来访者对自己和环境获得清醒的认识，以达到成长、改变与适应的目的。

EAP的心理咨询不同于社会中专业的心理咨询机构，一般不会提供长期的治疗，如果员工有接受长期治疗的需要，会建议其转介。通常而言，EAP咨询师会帮助员工审视自己的生活，找出存在的问题，鼓励员工设计一个解决问题的行动方案并付诸实践。他们希望在短时间内有效帮助员工提高处理问题的能力。

EAP的咨询对象也包括员工的亲属。同时，EAP还会给组织管理人员提供培训，使他们学会面对出现问题的员工，并将他们举荐给咨询人员，这样使EAP的功能得到充分发挥。

（二）咨询关系的建立

良好咨询关系的建立在咨询中起基础而决定性的作用，为来访者创立了一个相互尊重、信任、能够自由开放地沟通的气氛。咨询师在整个咨询过程中，都会利用一些技术来建立良好的咨询关系，相关技术主要有以下几种。

1. 真诚

真诚是指咨询师坦诚面对来访者，开诚布公、直截了当地表达自己的想法，这是咨询关系建立的基础。真诚的核心是表里如一，心口一致。在咨询师的真诚面前，来访者可以坦白表露自己的软弱、失败而无所顾忌。另外，真诚提供的榜样作用能让来访者去模仿和内化，从而起到促进其改变的积极效果。咨询师对真诚的传递首先需要自我表露，自愿、适度地拿自己的亲身感受、经验与来访者分享。另外，调动非言语技术与言语相互配合，协调一致，也可以传递真诚。

2. 共情

共情的含义是设身处地的、感同身受的态度和能力。共情的态度，指咨询师保持一种敏感，能站在对方的立场去观察体悟。共情的能力指的是咨询师深入来访者的内心世界，并运用有关技巧将自己的理解和反馈传递给对方。

3. 接纳和尊重

接纳也被称为无条件的积极关注，它是指咨询师对来访者整体性的尊重，尊重其潜能和价值，相信他能向好的方向转变。接纳的技巧即微笑、点头、专注。尊重则表示对来访者保持非评判的态度，你可以不赞成他的消极品质和行为，但只能对事不对人，不能对他整个人进行价值否定。尊重也代表接受、允许来访者有自己的行为准则和价值标准，不强加改变。这体现了一种平等和非权威主义。

4. 建议和指导

建议指咨询师提供一些参考信息来协助来访者判断和决策，常用于就业、升学等领域；指导则更加直接，是直接告诉来访者如何去做某事。提供建议和指导时，要注意不要提得过多，也不要强加给来访者，措辞要委婉。另外，建议要具体、明确，便于理解和执行。

5. 沉默的处理

咨询师要善于辨别沉默的原因，从而采取针对性的方法。对于领悟性的沉默，即来访者的内省反应，咨询师最好也保持沉默，在等待中注视着对方，以免分散其注意力。这是一种鼓励，让来访者掌握继续思考或交流的主动权。这种沉默的典型反应是目光凝视空间某一点。对于自发性沉默，即不知下面该说什么好，往往会伴发双方的压力，此时来访者的目光游移，也可能以疑问的目光看着咨询师。此时咨询师可以提问“你可以告诉我现在正在想什么吗?”或者“你还有什么要说的吗?”来填补空白。对于冲突性沉默，即来访者内心感到矛盾、冲突，纠结于是否开口的情况，常常伴随较强的情绪体验，如羞愧、害怕等，此时咨询师要注意辨别情绪表现，给予鼓励、保证、抚慰，以真诚的态度向其表明，不管是什么都准备倾听，并且会正视并努力解决这个问题。

6. 总结

总结就是一次会谈结束之前，把双方谈话的主要内容、咨询师的观点等做一个概括。它能给来访者一种运动感，感到在探索问题方面取得进展，也能让双方有一个重新审视谈话内容的机会，为下一次会谈做准备。

7. 咨询场所的设计

如何安排咨询场所，很大程度上影响咨询关系的建立。咨询室的布置要舒适、安静、柔和、温馨，且有私密性，从地理位置的选择到物件摆放，都是很有讲究的。人性化的咨询室能给来访者以安全感和平静舒畅的心情，可以使来访者思维集中，不易被外界干扰打断，并有利于潜意识介入，发挥咨询的效果。

（三）心理咨询的种类

1. 个别咨询

个别咨询即一对一的咨询，形式包括面谈、电话和网络咨询。这种方式无第三人在场，来访者顾虑相对较少，氛围安全开放，是常见类型。

2. 团体咨询

团体咨询是将同类问题的求助者组成小组进行共同的分享讨论、指导及矫治。来访者之间可以互相支持、互相影响，形成心理安慰和稳定的情绪。在EAP项目中，团体咨询应用于工作团队，可以促进交流沟通，提高团队凝聚力。但是，团体咨询对咨询师的协调和引导能力要求较高，很难全面顾及个体差异，成员也难以暴露个人深层次的问题。

3. 家庭治疗

家庭治疗是来访者和主要家庭成员一起接受咨询，咨询师通过对来访者与家人之间的互动方式的观察，全面直观地了解问题所在，促进他们的交流和理解，以达到解决问题的目的。家庭治疗对咨询师的要求也比较高，需要咨询师关注双方谈话的各种细节，还要善于掌控局势，避免家庭成员无尽的指责和争吵。

（四）心理咨询的工作流程

1. 咨询工作的促进

由于我国特殊的社会文化背景，咨询工作的顺利开展需要相关人员做大量的推进工作，否则项目可能难以被员工接受和认可。可以通过手册、海报、网络等形式帮助员工由浅入深地了解和接受咨询，改变他们“只有精神病患者才需要接受咨询”的错误认识，使其相信EAP的咨询服务是提供给那些遭受工作压力、对自我角色认识不清、与家人存在矛盾、子女教育、婚姻情感等问题的正常员工的，只是为了帮助员工以更好的状态投入工作。同时，还需要将咨询的具体操作流程告知员工，避免由于不确定带来的恐惧，也方便他们寻求帮助。另外，EAP工作人员需要将咨询所能解决的各种问题进行详细描述，并列举出各种问题的具体症状，这样员工在遇到问题或发现自己存在类似症状时及时向EAP机构寻求帮助。最后，EAP机构需要向部门管理者寻求支持，他们的参与度往往关系着项目的成败。管理者给员工以充分的关注，细心观察他们在工作中的异常和低效表现，鼓励、推荐这些员工寻求咨询。

2. 咨询工作的展开

与基本的心理咨询相近，包括关系建立、评估、干预、终止等阶段。

3. 来访者的档案管理

为了追踪单个来访者的咨询进展，个案管理员需要进行个案记录和文件撰写，这包括对来访者各方面详尽的记录，重点的记录内容有初次访谈、服务计划、咨询进程、结案。为了使个案管理更加系统、正规，EAP机构需要为这些文件和报告规定专门的格式。同时，个案管理员还需要定期向其他参与个案咨询的专业人员报告来访者的进展，并有最后的总结报告。因为EAP专家对来访者的咨询计划进行及时讨论，对咨询达到良好目标是很必要的，这涉及当事人的一些个人信息的泄露。因此，在咨询工作开始阶段就需要来访者签署信息公开许可表。EAP常常需要对工作效率和工作成效进行评价，这时，对个案的精确而系统的记录就显得非常重要。一方面，这些档案信息的收集和处理有助于对EAP工作的评价，另一方面也有助于工作人员提高服务效率和质量。

4. 转介和追踪

在EAP咨询结束以后，本着对员工负责的原则，也为了满足方案评估的需要，EAP仍需要对员工进行追踪，定时向本人及相关人员了解其工作情况。当咨询师认为来访者需要进行长期的心理治疗时，需要根据自己的深入了解，向来访者推荐适合的资源，进行相应的转介。在这之后仍需对员工持续关注，追踪后续情况并给予支持。

五、效果评估

随着EAP的推广，许多组织者认识到了对EAP进行系统评价的重要性和必要性。评估不仅提供一个机会让使用EAP的企业看到投资的回报，做了一项令人满意的投资；而且有助于体现EAP的价值，使它受到人们的关注、尊重和喜爱，同时它为EAP的严格实施提供了保障，其本身就是EAP整体的一部分。然而，人们对如何进行全面、总体框架上的评价并没有充分的认识，对各阶段评估技术的研究也并不重视。

（一）EAP效果评估概述

项目的评估，从根本上说，就是考察工作的实施是否达到了预期目标。对EAP的效果评估，与一般意义上的项目评估有很多相似之处，但由于人类心理的特殊性，它的效果很难直接用实际的经济指标来换算和衡量，因此，一些心理学、统计学和财务管理学的特殊方法被引入进来。一般而言，评估过程需要牢记以下几个问题：项目是否按计划执行了？项目目的是否达到了（关键变量的变化是否朝着期望的方向）？项目是否是最经济的？如果是一个好的项目评估，它能依靠数据证明服务的有效性、投入的价值性，能推动项目的改进和完善，并有助于EAP项目的推广。综合现有的研究可以发现，EAP效果评估主要从四个层面展开：①EAP的使用情况和满意度；②EAP对员工个人的影响；③EAP对组织运行的影响；④EAP的投资回报率。

（二）满意度和使用率的评估

使用率评估提供了什么人使用了什么服务以及使用程度的信息。关于使用率的统计，可以细化到各个服务项目，如使用咨询的人数、使用培训的人数。这个指标有利于了解EAP服务是否被员工接受。想要通过EAP服务在短期内就对关键变量，如生产效率，起到很大的作用是不大可能的，更何况影响生产效率的因素很多，很难单独分离出EAP的影响。因此，很多企业把EAP的使用率当作EAP评估的主要标准。且国外多把使用率定位在咨询服务上，设定标准一般为10%，即一年内如果有10%的员工使用了服务，就认为计划是有效的。但是在国内，咨询行业处于萌芽阶段，人们更愿意接受心理上相对安全的培训，因此，考虑将培训的使用率作为指标可能也是有效的，至于达到多少百分比才算成功，还缺少研究的定论。使用率的调查方法基本上依靠完备的档案记录系统支持。这需要执行小组在项目进行过程中建立追踪构架，对每个咨询个案和培训有详细的电子档案记录。

对于服务满意度的评估主要是为了更好地改进EAP的各项服务，提高服务人员的专业水平。如果服务满意度过低，EAP项目组可以对培训师和咨询师做出批判、扣除劳务费甚至撤换的惩罚。对于咨询服务，可以主要评估咨询服务的可获得性、服务本身的满意度和效果评价；对于培训则可以考虑评价课程设计、授课教师以及培训的时间地点和服务的安排。评估的方法主要考虑调查问卷。如果想更深层地了解和改进，也可以考虑访谈法。对于培训的评估，采用集体现场填写问卷是可行的，但是咨询是个人性很强的项目，回访要特别关注个人隐私的保护问题，采用电话或网络的形式，或者提前与来访者沟通接受回访的方式是更好的选择。为了最大限度地避免社会赞许性，可以由第三方效果评估人来完成以上工作。

（三）软性指标的评估

EAP对员工个人及组织运行的影响是很难用货币衡量的，这些影响包括个人情绪、技能的改变、企业整体氛围和凝聚力的改变等。软性指标在短时间内很难表现在生产力的直接提高上，它注重于潜移默化的心理层面，而目前国内的EAP项目多是半年到一年的短期项目，关注提高员工忠诚度、转型期的员工心理平稳过渡等。因此，软性指标的评估比较适宜，评估方法多采用问卷调查的形式。

（四）投资回报分析

用实际的货币或生产率等硬性指标来衡量EAP的效果，是最被企业所看重的，同时也是最难的。这里涉及我们需要选择合适的变量，并通过变量的改变来说明项目本身的效果，并将这种变化具体体现到货币方面，计算出投资回报率。

第三节 员工帮助计划的应用

EAP在企业各个发展阶段、员工面临的各种情境中都不乏用武之地。新进员工的入职培训、管理人员和员工之间的绩效沟通、企业内冲突的解决以及组织变革中常见的裁员问题的应对等，无一不需要员工帮助计划的协助。

一、裁员心理支持

（一）裁员给各类人群带来的心理影响

裁员会给组织的管理人员带来很大的压力，以何种方式宣布裁员信息，预料员工会有什么反应，应该采取什么措施应对各种问题，如何维护组织形象等都是他们需要考虑的。特别是做直接执行者或中层管理人员，面对上级的要求、下级的期待以及特殊的人际关系网，他们无比尴尬和困惑，但只能硬着头皮上阵。对于受到影响的员工，他们多对公司及其领导有颇多怨言，不仅是埋怨公司为什么裁掉自己，还有很多方面的问题。首先，既然我存在这样的问题，为什么领导不早告诉，并帮助我改正呢？其次，觉得受到了不公平待遇。另外，他们的自尊心和自信心受到打击，会出现沮丧、无助、前途渺茫的感觉，有些人甚至产生强烈的敌意和愤怒，出现一些过激行为。对于留任员工，他们虽然相对幸运，但是仍会产生复杂微妙的心理：一是不安全感和危机感影响员工的工作积极性，在动荡态势下很难保持一个平和心态去工作；二是裁员名单的公正性会影响留任员工对企业的信心，特别是一些任人唯亲、有宗派现象的企业；三是裁员操作是否人性化影响留任员工对企业的忠诚度。如果企业缺乏对员工应有的尊重，采取一小时走人式的裁员，必然会对其他员工带来不好的影响。

除了以上对管理者、被裁者及留任员工的负面心理影响外，裁员还可能导致组织的凝聚力下降、组织形象受损、员工关系恶化、企业生产效率下降等不良影响。因此，如果想让裁员发挥积极作用（降低人工成本、优化企业结构、促进企业生存发展），就要发挥裁员的艺术。如果将员工一裁了之，不负责任地抛向社会，不仅对员工是一种打击，对企业自身也是一种伤害。

（二）EAP提供的裁员心理服务

以服务对象分，对管理者可以进行培训，如如何和被裁员工进行沟通，如何安抚员工，跨文化融合，如何做好压力管理等；对被裁者也可以有一些培训，如如何做好压力管理、保持积极情绪，如何规划职业生涯，进一步求职面试等；另外还可以对被裁者提供心理咨询甚至危机干预服务。对留任者同样可以进行心理辅导和压力管理的培训。

裁员要做到以下几点：①调研、预测和建议，了解裁员对员工心理、士气和组织氛围的影响以及员工对裁员过程中对组织帮助的具体要求，从而为裁员方案的设计执行提供参考意见；②宣传发动，根据组织的裁员方案，以海报、手册、宣传栏等方式将裁员过程和裁员提供的补偿、培训或后续服务等告知组织人员；③教育培训，针对不同的群体有不同的目标和侧重点，具体情况不再赘述；④心理咨询，裁员过程中的心理咨询使得受到较大心理困扰的员工有机会得到帮助。形式可采用电话咨询、个人面询、团体辅导、危机干预、24小时服务等。

需要特别说明的是，以上所列条目是针对规模裁员而言的，若是个别辞退，则可通过一些暗示逐渐让被裁员工意识到将要发生的事情，正式通知不要当众宣布，在私底下还需要做大量的沟通和安抚，尽量让员工理解公司的决定，尽量降低对他今后职业生涯的影响。

二、绩效沟通心理服务

高绩效是任何一个企业单位都希望实现的目标。绩效沟通是绩效计划顺利执行以及绩效目标顺利实现的根本保障。通过沟通，才能设立共同认可的绩效目标，才能在履行目标的过程中不断勘误，提高效率，才能使绩效考核思想深入人心，考核结果令人信服。然而，在现代企业的绩效管理中，沟通却成了最薄弱、最易被忽视的一环。绩效沟通是个难题，经理和员工都比较回避这个过程。特别是对很多经理而言，他们不愿意把绩效结果摆上桌面来讨论，当被强制要求绩效沟通和反馈时，他们可能趁员工不在，“溜”进员工办公室把考核表放在桌上，又再次偷偷把员工签好字的考核表拿回去存档，就算完成了绩效沟通。这样避免了面对面的尴尬甚至可能的争吵，但是却为企业整体绩效的提高和长远发展埋下祸根。

EAP可以使原本艰难的绩效沟通变得顺利轻松。EAP可以提供“咨询式的管理者”培训项目，这是“人本主义”的管理思想所衍生出来的。通过培训，管理者可以培养以人为本的咨询观点，并通过角色扮演练习这些技巧。培训还会涉及绩效沟通的相应沟通技巧，并将咨询技巧应用于绩效沟通。

绩效沟通是一个管理者和员工互动的过程，目前一种称为交互作用分析的方法早已在西方企业中被广泛应用于解决企业中的沟通问题。通过这种培训课程使管理人员和各级员工掌握人格的心理诊断，增强自我觉察能力，改善自我性格的限制和缺陷；辨识沟通误区，把握沟通的窍门，利用Stroke技术促进良好人际关系，进行交互作用分析和练习等。

三、新员工成长

新员工是企业发展的新鲜血液，代表企业的明天和希望。但是，适应新环境需要一个过程，企业对新员工的期望和新员工对企业的希望之间常存在分歧，双方如何磨合达到双赢的目的是EAP关注的议题之一。EAP会从促进新员工自身努力以及促进企业改善氛围、提供帮助两方面开展工作。

EAP的新员工培训及咨询的中性环节就是帮助新员工调节自己的心态，实现从个人导向到团队导向、从情感导向到职业导向、从成长导向到责任导向的转变，防止一进入岗位就“不习惯”“看不惯”，然后由于不能适应环节胜任工作而出现盲目悲观，失去对工作的信心和克服困难的勇气。EAP帮助新员工客观分析利弊，增强对企业的责任感和主人翁意识，使新员工多投入、少计较，多主动、少等待，多耐心、少焦躁，积极面对和适应变化，实现有效发展。

EAP的另一个重点是帮助新员工建立归属感，建立心理契约。简言之，心理契约是员工和企业之间的隐性契约，指的是企业能清楚员工的发展期望，并尽量提供条件满足这种期望，而每一个员工相信企业能实现他们的期望，并为企业的发展全力奉献。

图12-2展现了企业和员工的心理契约违背过程，当员工的心理契约和实际体验到的组织时间产生差距时，在一些调节因素的影响下，会导致截然相反的结果。在企业中产生心理契约和现实的差距是很正常的，关键在于企业和员工如何产生积极的互动，从而增强组织文化的凝聚力，让员工对组织更忠诚，工作更主动。

那么，如何与员工建立牢固的心理契约呢？EAP专家可以通过帮助企业实施科学的职业生涯管理、营造以人为本的企业文化、设计有效的激励方式来进行。具体我们可以参照摩托罗拉公司在企业人力资源管理、员工个人需求这两个维度下，对企业心理契约的构建是如何做的。

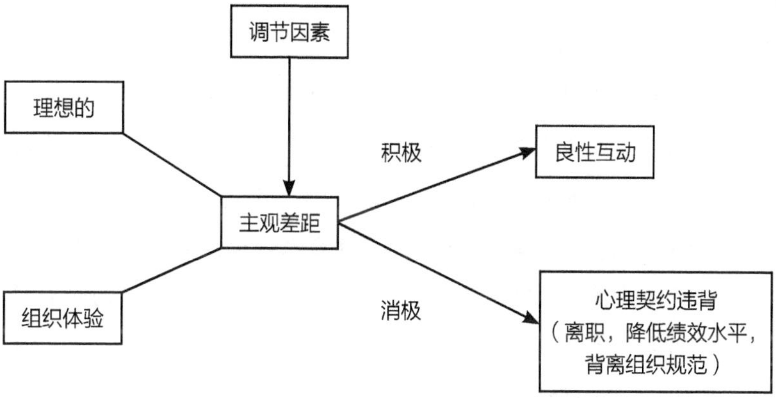

图12-2 企业—员工心理契约违背过程

案例

摩托罗拉以个人尊严为基础的企业心理契约构建方法

摩托罗拉创始人高尔文的儿子小高尔文说："摩托罗拉是一个家族企业，什么都能变，我们的信念不能变，就是对人保持不变的尊重。"整个公司的文化建立在两个基本信念上：一是对人保持不变的尊重；二是坚持高尚的操守。"肯定个人尊严"像一张大网，将全体员工织在一起。

肯定尊严的几个问题：

- 您是否拥有一份有意义，并对摩托罗拉公司的成功有贡献的工作？
- 您是否了解能胜任本职工作的行为，并具备使工作成功的知识？
- 您的培训是否已经确定，并得到适当安排以不断提高工作技能？

- 您是否了解您的职业前途，并且它令您受鼓舞，它确实可行而且正在付诸行动？
- 过去30天，您是否能获得有助于改善您的工作绩效，达成您的职业前途的中肯的反馈？
- 您的个人情况、性别、文化传统是否得到正确对待而不影响您的成功？

在雇佣中，摩托罗拉坚持的原则是人才至上、开放政策、直接沟通、参与管理、内部招聘系统、畅所欲言、总经理座谈会。

通过这些原则，让员工在企业中能够做到主动为公司发展出谋献策。

大声说“NO”：摩托罗拉在世界各地的员工每3个月接受一次“肯定个人尊严”的问卷调查，要求对六个问题都真实地回答是或否。每一个“NO”标志着在就业尊严上还存在某种缺陷，要敢于大声说出来。问卷调查的目的就是要真实解释就业尊严上的缺陷，实现就业尊严是员工和公司的共同责任。

情绪管理：①辞职面试。摩托罗拉对员工辞职也要面试，专门设有辞职面试表格，问他们为什么离开，如果时间能倒退，摩托罗拉要怎样做才能留住他。考虑到辞职时员工可能有所顾虑不会如实填写，人力资源部都会等员工离职一段时间后才询问。②员工意见调查。摩托罗拉人力资源部每年会做一个员工意见调查，100多个问题涉及工作环境、员工关系、上下级关系、酬劳、企业发展方向等，通过折现问题来反映员工在公司的整体感受。③摩托罗拉的道德专线。专门开设道德专线，提供信息、忠告和建议。员工可以利用它探讨疑惑和问题，它不仅用于处理紧急情况，还努力确保一切问题可以得到公正、谨慎、彻底的处理。

最后，对于新员工，帮助他们做好职业规划也很重要。职业生涯规划能帮助员工规划好时间，利用资源提升能力，使自己的工作有目标和动力，有效避免职业枯竭的产生。对组织而言，清晰的职业生涯规划管理可以帮助企业培养、储备人才，避免岗位空缺、人才断层现象，减少招聘和培养外来人员所需的费用。具体而言，EAP帮助员工做好职业生涯规划的步骤如下：①企业现有人力资源及生涯规划管理评估；②员工个人能力综合评定；③员工职业生涯规划制定；④职业生涯规划培训；⑤职业生涯规划咨询；⑥职业生涯规划管理体系规章制度建立。

四、企业内部冲突

职场冲突是企业内部发生的各式争议。这些争议如果处理得宜，可以产生正面效应，促进组织进步；如果处理不当势必造成负面影响，导致士气低落、业绩衰退。具体的冲突对团队的利与弊见表12-1。只要人是组织的参与者，那么冲突也会参与到组织中来。EAP也经常被要求去处理各种冲突。

表12-1　冲突对团队的利与弊

	消极影响	积极影响
对成员心理的影响	引起紧张、焦虑，使人消沉、痛苦，增加人际敌意	使坚强者从幻觉中清醒，从不能战胜对方中看到自己的弱点，发愤图强
对人际关系的影响	导致人与人之间的排斥、对立、威胁、攻击，使组织涣散，削弱凝聚力	加强对对方的注意，一旦发现对方的力量和智慧，就会增强彼此的吸引。团队间冲突能抑制内部冲突，提高内聚力
对工作动机的影响	使成员情绪消极，不愿服从指挥，破坏团结，减弱工作主动性	使成员发现与对方的不平衡及其竞争、优胜的动机，激发创造力
对工作协调的影响	导致人与人之间、团队与团队之间的互相封锁、互相拆台	使人注意到被忽略的不协调，发现对方的存在价值和需要，采取有利于各方的政策，加以协调
对组织效率的影响	互相扯皮、攻击，转移对工作的注意力，降低工作和决策效率，争夺财物资源，造成损耗和浪费	反映出认识的不正确，方案的不完善，要求人全面考虑问题，使决策更加周密
对组织生存发展的影响	双方互不关心对方及团队的利益，使组织内乱，诱发解体危机	迫使人们互相妥协让步，相互监督，调节利益关系，使双方在可能条件下都得到满足，维持内部平衡

EAP在降低冲突给员工及管理者带来的压力，提高管理者对员工冲突的解决能力以及促进员工对冲突的理解等方面发挥了重要的作用。

（一）情绪管理课程

很多人面临冲突不知如何解决，简单粗暴地付诸情绪发泄，结果往往很糟糕，致使不愉快重复发生。EAP会提供积极心态培训和情绪管理课程，传授有效的情绪控制和沟通技巧。这类课程主要分两个方面。①认识情绪。能了解、接纳自己的情绪是进一步控制情绪、想出建设性的方案来解决冲突的基础。这里认识情绪指的是挖掘深层次的情绪原因。例如，愤怒往往不是最原始的情绪，愤怒背后的原因可能是“恼羞”成怒，过度控制压抑或者不当的表达，都会对自己和他人造成伤害。②调节情绪。在理性认识自身情绪、人格特点，准确把握情绪和自身行为关系的基础上，还要学会自我情绪的调解，掌握一些基本的疏解技巧，提高自我情绪的社会适应性。

（二）沟通培训课程

法国人有句古话“了解一切就是原谅一切”。通过沟通，组织成员了解了彼此的意图，就可能达成谅解，产生一致行动，发挥整合效应。通过沟通技巧的培训，双方在学会互相尊重的基础上，以朋友的身份进行平等、真诚的交流，敞开心扉，会对冲突的顺利解决提供便利。针对企业管理人员，进行冲突管理技能的培训，帮助管理者理清冲突根源，探讨各种冲突处理方法，学习每种模式的使用时机，理解冲突处理时“过与不及”带来的后果。针对全体员工，开展MBTI和团队建设。MBTI测验能揭示员工的人格类型，有利于增进其自我认知以及对他人的理解，为有效沟通奠定基础。另外，团队成员还可以在测验结果中找到更有效的与其他成员合作的方式，学会以新的视角看待沟通，减少人际冲突。

基本概念

员工帮助计划

本章要点

要点一：员工帮助计划的基本元素和通用模式

员工帮助计划的基本元素包括管理层的支持，明确的政策程序，严格保密的制度，完善的教育促进和培训，财务支持和劳工保险，广泛的服务项目以及切实的记录、追踪和评估。

员工帮助计划的通用模式有以管理为基础的内部模式、以契约为基础的外部模式、以资源共享为基础的联合模式、以专业化和灵活性相结合的混合模式四种。

要点二：员工帮助计划的应用

员工帮助计划在企业各个发展阶段、员工面临的各种情境中都不乏用武之地。新进员工的入职培训、管理人员和员工之间的绩效沟通、企业内冲突的解决以及组织变革中常见的裁员问题的应对等，无一不需要员工帮助计划的协助。

思考题

1. 思考EAP的模式有哪些。
2. EAP的具体实施过程是什么?
3. EAP的应用有哪些?

推荐阅读

1. 张宏如. 中国情境下的员工帮助计划理论与实践. 北京:北京大学出版社,2015.
2. 赵然. 员工帮助计划:EAP咨询师手册. 北京:科学出版社,2010.
3. 张西超. 员工帮助计划(第2版). 北京:中国人民大学出版社,2015.

附　录

关于加强心理健康服务的指导意见

国卫疾控发〔2016〕77号

各省、自治区、直辖市卫生计生委、党委宣传部、综治办、发展改革委、教育厅（委、局）、科技厅（委）、公安厅（局）、民政厅（局）、司法厅（局）、财政厅（局）、人力资源社会保障厅（局）、文化厅（局）、工商局、新闻出版广电局、科学院、中医药局、工会、共青团省委、妇联、科协、残联、老龄办，新疆生产建设兵团卫生局、党委宣传部、综治办、发展改革委、教育局、科技局、公安局、民政局、司法局、财政局、人力资源社会保障局、文化局、工商局、新闻出版广电局、工会、共青团团委、妇联、科协、残联、老龄办；教育部各直属高校：

心理健康是影响经济社会发展的重大公共卫生问题和社会问题。为深入贯彻落实党的十八届五中全会和习近平总书记在全国卫生与健康大会上关于加强心理健康服务的要求，根据《精神卫生法》《“健康中国2030”规划纲要》和相关政策，现就加强心理健康服务、健全社会心理服务体系提出如下指导意见。

一、充分认识加强心理健康服务的重要意义

心理健康是人在成长和发展过程中，认知合理、情绪稳定、行为适当、人际和谐、适应变化的一种完好状态。心理健康服务是运用心理学及医学的理论和方法，预防或减少各类心理行为问题，促进心理健康，提高生活质量，主要包括心理健康宣传教育、心理咨询、心理疾病治疗、心理危机干预等。心理健康是健康的重要组成部分，关系广大人民群众幸福安康、影响社会和谐发展。加强心理健康服务、健全社会心理服务体系是改善公众心理健康水平、促进社会心态稳定和人际和谐、提升公众幸福感的关键措施，是培养良好道德风尚、促进经济社会协调发展、培育和践行社会主义核心价值观的基本要求，是实现国家长治久安的一项源头性、基础性工作。

党中央、国务院高度重视心理健康服务和社会心理服务体系建设工作。习近平总书记在2016年全国卫生与健康大会上提出，要加大心理健康问题基础性研究，做好心理健康知识和心理疾病科普工作，规范发展心理治疗、心理咨询等心理健康服务。《国民经济和社会发展第十三个五年规划纲要》明确提出要加强心理健康服务。《“健康中国2030”规划纲要》要求加强心理健康服务体系建设和规范化管理。近年来，各地区

各部门结合各自实际情况，从健全心理健康服务体系、搭建心理关爱服务平台、拓展心理健康服务领域、开展社会心理疏导和危机干预、建立专业化心理健康服务队伍等方面进行了积极探索，取得了一定成效，为进一步做好加强心理健康服务、健全社会心理服务体系工作奠定了基础。

当前，我国正处于经济社会快速转型期，人们的生活节奏明显加快，竞争压力不断加剧，个体心理行为问题及其引发的社会问题日益凸显，引起社会各界广泛关注。一方面，心理行为异常和常见精神障碍人数逐年增多，个人极端情绪引发的恶性案（事）件时有发生，成为影响社会稳定和公共安全的危险因素。另一方面，心理健康服务体系不健全，政策法规不完善，社会心理疏导工作机制尚未建立，服务和管理能力严重滞后。现有的心理健康服务状况远远不能满足人民群众的需求及经济建设的需要。加强心理健康服务、健全社会心理服务体系迫在眉睫。

加强心理健康服务，开展社会心理疏导，是维护和增进人民群众身心健康的重要内容，是社会主义核心价值观内化于心、外化于行的重要途径，是全面推进依法治国、促进社会和谐稳定的必然要求。各地区各部门要认真贯彻落实中央决策部署，从深化健康中国建设的战略高度，充分认识加强心理健康服务、健全社会心理服务体系的重要意义，坚持问题导向，增强责任意识，自觉履行促进群众心理健康责任，加强制度机制建设，为实现“两个一百年”奋斗目标和中华民族伟大复兴中国梦做出积极贡献。

二、总体要求

1. 指导思想。全面贯彻党的十八大和十八届三中、四中、五中、六中全会精神，深入学习贯彻习近平总书记系列重要讲话精神和治国理政新理念、新思想、新战略，按照《精神卫生法》《国民经济和社会发展第十三个五年规划纲要》等法律政策要求，落实健康中国建设战略部署，强化政府领导，明确部门职责，完善心理健康服务网络，加强心理健康人才队伍建设。加强重点人群心理健康服务，培育心理健康意识，最大限度满足人民群众心理健康服务需求，形成自尊自信、理性平和、积极向上的社会心态。

2. 基本原则。预防为主，以人为本。全面普及和传播心理健康知识，强化心理健康自我管理意识，加强人文关怀和生命教育，消除对心理问题的偏见与歧视，预防和减少个人极端案（事）件发生。

党政领导，共同参与。进一步强化党委政府加强心理健康服务、健全社会心理服务体系的领导责任，加强部门协调配合，促进全社会广泛参与，单位、家庭、个人尽力尽责。

立足国情，循序渐进。从我国基本国情和各地实际出发，将满足群众需求与长远制度建设相结合，逐步建立健全心理健康和社会心理服务体系。

分类指导，规范发展。坚持全民心理健康素养提高和个体心理疏导相结合，满足不同群体心理健康服务需求，促进心理健康服务科学、规范、有序发展。

3．基本目标。到2020年，全民心理健康意识明显提高。各领域各行业普遍开展心理健康教育及心理健康促进工作，加快建设心理健康服务网络，服务能力得到有效提升，心理健康服务纳入城乡基本公共服务体系，重点人群心理健康问题得到关注和及时疏导，社会心理服务体系初步建成。

到2030年，全民心理健康素养普遍提升。符合国情的心理健康服务体系基本健全，心理健康服务网络覆盖城乡，心理健康服务能力和规范化水平进一步提高，常见精神障碍防治和心理行为问题识别、干预水平显著提高，心理相关疾病发生的上升势头得到缓解。

三、大力发展各类心理健康服务

4．全面开展心理健康促进与教育。各地要结合培育和践行社会主义核心价值观，将提高公民心理健康素养作为精神文明建设的重要内容，充分发挥我国优秀传统文化对促进心理健康的积极作用。结合“世界精神卫生日”及心理健康相关主题活动等，广泛开展心理健康科普宣传。各级宣传和新闻出版广播电视部门要充分利用广播、电视、书刊、影视、动漫等传播形式，组织创作、播出心理健康宣传教育精品和公益广告，利用影视、综艺和娱乐节目的优势传播自尊自信、乐观向上的现代文明理念和心理健康意识。各地基层文化组织要采用群众喜闻乐见的形式，将心理健康知识融入群众文化生活。创新宣传方式，广泛运用门户网站、微信、微博、手机客户端等平台，传播心理健康知识，倡导健康生活方式，提升全民心理健康素养，培育良好社会心态。各类媒体要树立正确的舆论导向，在传播心理健康知识与相关事件报道中要注重科学性、适度性和稳定性，营造健康向上的社会心理氛围。倡导“每个人是自己心理健康第一责任人”的理念，引导公民在日常生活中有意识地营造积极心态，预防不良心态，学会调适情绪困扰与心理压力，积极自助。（国家卫生计生委、中宣部、文化部、新闻出版广电总局按职责分工负责）

5．积极推动心理咨询和心理治疗服务。充分发挥心理健康专业人员的引导和支持作用，帮助公民促进个性发展和人格完善，更好地进行人生选择，发展自身潜能，解决生活、学习、职业发展、婚姻、亲子、人际交往等方面的心理困扰，预防心理问题演变为心理疾病，促进和谐生活，提升幸福感。

倡导大众科学认识心理行为问题和心理疾病对健康的影响，将提高心理健康意识贯穿终生，逐步消除公众对心理疾病的病耻感，引导心理异常人群积极寻求专业心理咨询和治疗。各级各类医疗机构和专业心理健康服务机构要主动发现心理疾病患者，提供规范的心理疾病诊疗服务，减轻患者心理痛苦，促进患者康复。（国家卫生计生委、国家中医药局按职责分工负责）

6. 重视心理危机干预和心理援助工作。建立和完善心理健康教育、心理热线服务、心理评估、心理咨询、心理治疗、精神科治疗等衔接递进、密切合作的心理危机干预和心理援助服务模式，重视和发挥社会组织和社会工作者的作用。将心理危机干预和心理援助纳入各类突发事件应急预案和技术方案，加强心理危机干预和援助队伍的专业化、系统化建设，定期开展培训和演练。在突发事件发生时，立即开展有序、高效的个体危机干预和群体危机管理，重视自杀预防。在事件善后和恢复重建过程中，依托各地心理援助专业机构、社会工作服务机构、志愿服务组织和心理援助热线，对高危人群持续开展心理援助服务。（国家卫生计生委牵头，中央综治办、民政部等相关部门按职责分工负责）

四、加强重点人群心理健康服务

7. 普遍开展职业人群心理健康服务。各机关、企事业和其他用人单位要把心理健康教育融入员工思想政治工作，制定实施员工心理援助计划，为员工提供健康宣传、心理评估、教育培训、咨询辅导等服务，传授情绪管理、压力管理等自我心理调适方法和抑郁、焦虑等常见心理行为问题的识别方法，为员工主动寻求心理健康服务创造条件。对处于特定时期、特定岗位、经历特殊突发事件的员工，及时进行心理疏导和援助。（各部门分别负责）

8. 全面加强儿童青少年心理健康教育。学前教育机构应当关注和满足儿童心理发展需要，保持儿童积极的情绪状态，让儿童感受到尊重和接纳。特殊教育机构要针对学生身心特点开展心理健康教育，注重培养学生自尊、自信、自强、自立的心理品质。中小学校要重视学生的心理健康教育，培养积极乐观、健康向上的心理品质，促进学生身心可持续发展。高等院校要积极开设心理健康教育课程，开展心理健康教育活动；重视提升大学生的心理调适能力，保持良好的适应能力，重视自杀预防，开展心理危机干预。共青团等组织要与学校、家庭、社会携手，开展“培育积极的心理品质，培养良好的行为习惯”的心理健康促进活动，提高学生自我情绪调适能力，尤其要关心留守儿童、流动儿童心理健康，为遭受学生欺凌和校园暴力、家庭暴力、性侵犯

等儿童青少年提供及时的心理创伤干预。（教育部牵头，民政部、共青团中央、中国残联按职责分工负责）

9. 关注老年人、妇女、儿童和残疾人心理健康。各级政府及有关部门尤其是老龄办、妇联、残联和基层组织要将老年人、妇女、儿童和残疾人心理健康服务作为工作重点。充分利用老年大学、老年活动中心、基层老年协会、妇女之家、残疾人康复机构、有资质的社会组织等宣传心理健康知识。通过培训专兼职社会工作者和心理工作者、引入社会力量等多种途径，为空巢、丧偶、失能、失智、留守老年人、妇女、儿童、残疾人和计划生育特殊家庭提供心理辅导、情绪疏解、悲伤抚慰、家庭关系调适等心理健康服务。鼓励有条件的地区适当扩展老年活动场所，组织开展健康有益的老年文体活动，丰富广大老年人精神文化生活，在老年人生病住院、家庭出现重大变故时及时关心看望。加强对孕产期、更年期等特定时期妇女的心理关怀，对遭受性侵犯、家庭暴力等妇女及时提供心理援助。加强对流动、留守妇女和儿童的心理健康服务。鼓励婚姻登记机构、婚姻家庭纠纷调解组织等积极开展婚姻家庭辅导服务。发挥残疾人社区康复协调员、助残社会组织作用，依托城乡社区综合服务设施，广泛宣传心理健康知识，为残疾儿童家长、残疾人及其亲友提供心理疏导、康复经验交流等服务。通过开展“志愿助残阳光行动”“邻里守望”等群众性助残活动，为残疾人提供心理帮助。护理院、养老机构、残疾人福利机构、康复机构要积极引入社会工作者、心理咨询师等力量开展心理健康服务。（民政部、全国妇联、中国残联、全国老龄办按职责分工负责）

10. 重视特殊人群心理健康服务。健全政府、社会、家庭“三位一体”的帮扶体系，加强人文关怀和心理疏导，消除对特殊人群的歧视，帮助特殊人群融入社会。各地综治、公安、司法行政、民政、卫生计生等部门要高度关注流浪乞讨人员、服刑人员、刑满释放人员、强制隔离戒毒人员、社区矫正人员、社会吸毒人员、易肇事肇祸严重精神障碍患者等特殊人群的心理健康。加强心理疏导和危机干预，提高其承受挫折、适应环境能力，预防和减少极端案（事）件的发生。（中央综治办牵头，公安部、民政部、司法部、国家卫生计生委、中国残联按职责分工负责）

11. 加强严重精神障碍患者服务。各级综治、公安、民政、司法行政、卫生计生、残联等单位建立精神卫生综合管理小组，多渠道开展患者日常发现、登记、随访、危险性评估、服药指导等服务。动员社区组织、患者家属参与居家患者管理服务。做好基本医疗保险、城乡居民大病保险、医疗救助、疾病应急救助等制度的衔接，逐步提高患者医疗保障水平。做好贫困患者的社会救助工作。建立健全精神障碍社区康复服务体系，大力推广“社会化、综合性、开放式”的精神障碍康复模式，做好医疗康复和社区康复的有效衔接。（中央综治办、公安部、民政部、司法部、人力资源社会保障部、国家卫生计生委、中国残联按职责分工负责）

五、建立健全心理健康服务体系

12. 建立健全各部门各行业心理健康服务网络。各级机关和企事业单位依托本单位工会、共青团、妇联、人力资源部门、卫生室（或计生办），普遍设立心理健康辅导室，培养心理健康服务骨干队伍，配备专（兼）职心理健康辅导人员。教育系统要进一步完善学生心理健康服务体系，提高心理健康教育与咨询服务的专业化水平。每所高等院校均设立心理健康教育与咨询中心（室），按照师生比不少于1：4000配备从事心理辅导与咨询服务的专业教师。中小学校设立心理辅导室，并配备专职或兼职教师。学前教育和特殊教育机构要配备专（兼）职心理健康工作人员。公安、司法行政等部门要根据行业特点普遍设立心理服务机构，配备专业人员，成立危机干预专家组，对系统内人员和工作对象开展心理健康教育、心理健康评估和心理训练等服务。（各部门分别负责）

13. 搭建基层心理健康服务平台。将心理健康服务作为城乡社区服务的重要内容，依托城乡社区综合服务设施或基层综治中心建立心理咨询（辅导）室或社会工作室（站），配备心理辅导人员或社会工作者，协调组织志愿者，对社区居民开展心理健康宣传教育和心理疏导。各级政府及有关部门要发挥社会组织和社会工作者在婚姻家庭、邻里关系、矫治帮扶、心理疏导等服务方面的优势，进一步完善社区、社会组织、社会工作者三社联动机制，通过购买服务等形式引导社会组织、社会工作者、志愿者积极参与心理健康服务，为贫困弱势群体和经历重大生活变故群体提供心理健康服务，确保社区心理健康服务工作有场地、有设施、有保障。（中央综治办、民政部、国家卫生计生委按职责分工负责）

14. 鼓励培育社会化的心理健康服务机构。鼓励心理咨询专业人员创办社会心理健康服务机构。各级政府有关部门要积极支持培育专业化、规范化的心理咨询、辅导机构，通过购买社会心理机构的服务等形式，向各类机关、企事业单位和其他用人单位、基层组织及社区群众提供心理咨询服务，逐步扩大服务覆盖面，并为弱势群体提供公益性服务。社会心理咨询服务机构要加大服务技能和伦理道德的培训，提升服务能力和常见心理疾病的识别能力。（国家卫生计生委、民政部、工商总局按职责分工负责）

15. 加强医疗机构心理健康服务能力。卫生计生等部门要整合现有资源，进一步加强心理健康服务体系建设，支持省、市、县三级精神卫生专业机构提升心理健康服务能力，鼓励和引导综合医院开设精神（心理）科。基层医疗卫生机构普遍配备专职或兼职精神卫生防治人员。各级各类医疗机构在诊疗服务中加强人文关怀，普及心理咨询、治疗技术在临床诊疗中的应用。精神卫生专业机构要充分发挥引领示范作用，对各类临床科室医务人员开展心理健康知识和技能培训，注重提高抑郁、焦虑、老年痴呆、孤独症等心理行为问题和常见精神障碍的筛查识别、处置能力。要建立多学科心理和躯体疾病联络会诊制度，与高等院校和社会心理服务机构建立协作机制，实现双向转诊。妇幼保健机构要为妇女儿童开展心理健康教育，提供心理健康咨询与指导、心理疾病的筛查与转诊服务。各地要充分发挥中医药在心理健康服务中的作用，加强中医院相关科室建设和人才培养，促进中医心理学发展。基层医疗卫生机构和全科医师要大力开展心理健康宣传和服务工作，在专业机构指导下，探索为社区居民提供心理评估服务和心理咨询服务，逐步将儿童常见心理行为问题干预纳入儿童保健服务。监管场所和强制隔离戒毒场所的医疗机构应当根据需要积极创造条件，为被监管人员和强制隔离戒毒人员提供心理治疗、心理咨询和心理健康指导。（国家卫生计生委牵头，教育部、公安部、司法部、国家中医药局按职责分工负责）

六、加强心理健康人才队伍建设

16. 加强心理健康专业人才培养。教育部门要加大应用型心理健康专业人才培养力度，完善临床与咨询心理学、应用心理学等相关专业的学科建设，逐步形成学历教育、毕业后教育、继续教育相结合的心理健康专业人才培养制度。鼓励有条件的高等院校开设临床与咨询心理学相关专业，建设一批实践教学基地，探索符合我国特色的人才培养模式和教学方法。医学、教育、康复、社会工作等相关专业要加强心理学理论教学和实践技能培养，促进学生理论素养和实践技能的全面提升。依托具有资质和良好声誉的医疗机构、高等院校、科研院所及社会心理健康服务机构建立实践督导体系。（教育部牵头，民政部、国家卫生计生委、中科院配合）

17. 促进心理健康服务人才有序发展。人力资源社会保障部门要加强心理咨询师资格鉴定的规范管理，进一步完善全国统一的心理咨询师国家职业标准。加强对心理咨询师培训的管理，改进鉴定考核方式，加强实践操作技能考核。对理论知识考试和实践操作技能考核都合格的考生核发职业资格证书，并将其信息登记上网，向社会提供查询服务，加强监督管理。（人力资源社会保障部牵头）

卫生计生部门要进一步加强心理健康专业人员培养和使用的制度建设。各级各类医疗机构要重视心理健康专业人才培养，鼓励医疗机构引进临床与咨询心理、社会工作专业的人才，加强精神科医师、护士、心理治疗师、心理咨询师、康复师、医务社会工作者等综合服务团队建设。积极培育医务社会工作者队伍，充分发挥其在医患沟通、心理疏导、社会支持等方面优势，强化医疗服务中的人文关怀。（国家卫生计生委牵头）

各部门、各行业对所属心理健康服务机构和人员加强培训、继续教育及规范管理，制定本部门本行业心理健康服务标准和工作规范，明确岗位工作要求，定期进行考评。（各部门分别负责）

18. 完善心理健康服务人才激励机制。各有关部门要积极设立心理健康服务岗位，完善人才激励机制，逐步将心理健康服务人才纳入专业技术岗位设置与管理体系，畅通职业发展渠道，根据行业特点分类制定人才激励和保障政策。在医疗服务价格改革中，要注重体现心理治疗服务的技术劳务价值。要加大专业人才的培训和继续教育工作力度，帮助专业人才实现自我成长和能力提升。鼓励具有相关专业背景并热心大众心理健康服务的组织和个人，积极参加心理健康知识宣传普及等志愿服务。（国家发展改革委、民政部、财政部、人力资源社会保障部、国家卫生计生委按职责分工负责）

19. 发挥心理健康服务行业组织作用。在卫生计生行政部门指导下，建立跨专业、跨部门的国家心理健康服务专家组，充分发挥心理健康服务行业组织作用，对各部门各领域开展心理健康服务提供技术支持和指导。依托专家组和行业组织，制定心理健康服务机构和人员登记、评价、信息公开等工作制度，建立国家和区域心理健康服务机构和人员信息管理体系，将相关信息纳入国家企业信用信息公示系统和国家统一的信用信息共享交换平台。对各类心理健康机构服务情况适时向社会公布，逐步形成“优胜劣汰”的良性运行机制。要建设一批心理健康服务示范单位。心理健康服务行业组织要充分发挥桥梁纽带作用，协助政府部门制定行业技术标准和规范，建立行规行约和行业自律制度，向行业主管部门提出违规者惩戒和退出建议。要开展心理健康服务机构管理者和从业人员的继续教育，不断提升心理健康服务行业整体服务水平。发挥心理健康相关协会、学会等社团组织作用，加强心理健康学术交流、培训、科学研究等工作，促进心理健康服务规范发展。（国家卫生计生委牵头，民政部、科协、中科院等相关部门配合）

七、加强组织领导和工作保障

20. 加强组织领导。各级党委、政府要将加强心理健康服务、健全社会心理服务体系作为健康中国建设重要内容，纳入当地经济和社会发展规划，并作为政府目标管理和绩效考核的重要内容。要建立健全党政领导、卫生计生牵头、综治协调、部门各负其责、各方积极配合的心理健康服务和社会心理服务体系建设工作机制和目标责任制，推动形成部门齐抓共管、社会力量积极参与、单位家庭个人尽力尽责的工作格局。要把心理健康教育作为各级各类领导干部教育培训的重要内容，把良好的心理素质作为衡量干部综合能力的重要方面，全面提升党员领导干部的心理素质。（各相关部

门按职责分工负责）

21．明确部门职责。各部门各行业要做好本部门本行业内人员的心理健康教育和心理疏导等工作。卫生计生部门牵头心理健康服务相关工作，制定行业发展相关政策和服务规范，指导行业组织开展工作，并会同有关部门研究心理健康服务相关法律及制度建设问题。综治机构做好社会心理服务疏导和危机干预，并将其纳入综治（平安建设）考评内容。宣传、文化、新闻出版广播电视部门负责协调新闻媒体、各类文化组织开展心理健康宣传教育。发展改革部门负责将心理健康服务、社会心理服务体系建设纳入国民经济和社会发展规划，完善心理健康服务项目价格政策。教育部门负责完善心理健康相关学科建设，加强专业人才培养，健全各级教育机构心理健康服务体系，组织各级各类学校开展学生心理健康服务工作。科技部门加大对心理健康服务相关科学技术研究的支持力度，并加强科技成果转化。公安、司法行政部门负责完善系统内心理健康服务体系建设，建立重大警务任务前后心理危机干预机制，组织开展被监管人员和强制隔离戒毒人员的心理健康相关工作。民政部门负责引导与管理城乡社区组织、社会组织、社会工作者参与心理健康服务，推动心理健康领域社会工作专业人才队伍建设。财政部门加大心理健康服务投入并监督使用。人力资源社会保障部门负责心理咨询师职业资格鉴定工作的规范管理。工商部门对未经许可擅自从事心理咨询和心理治疗的机构，依有关主管部门提请，依法予以吊销营业执照。中医药管理部门负责指导中医医疗机构做好心理健康服务相关工作。工会、共青团、妇联、残联、老龄办等组织负责职业人群和儿童青少年、妇女、残疾人、老年人等特定工作对象的心理健康服务工作。各相关部门要根据本指导意见制定实施方案。（各相关部门按职责分工负责）

22．完善法规政策。不断完善心理健康服务的规范管理，研究心理健康服务相关法律问题，探索将心理健康专业人员和机构纳入法制化管理轨道，加快心理健康服务法制化建设。各地各部门要认真贯彻执行《精神卫生法》，并根据工作需要，及时制定加强心理健康服务、健全社会心理服务体系的相关制度和管理办法。鼓励各地结合本地实际情况，建立心理健康服务综合试点，充分发挥先行先试优势，不断改革创新，将实践探索得来的好经验好方法通过地方性法规、规章制度、政策等形式固化下来，为其他地区加强心理健康服务、健全社会心理服务体系提供示范引导。（国家卫生计生委牵头，相关部门配合）

23．强化基础保障。要积极落实基层组织开展心理健康服务和健全社会心理服务体系的相关政策，加大政府购买社会工作服务力度，完善政府购买社会工作服务成本核算制度与标准规范。要建立多元化资金筹措机制，积极开拓心理健康服务公益性事

业投融资渠道。鼓励社会资本投入心理健康服务领域。（民政部、财政部、国家卫生计生委按职责分工负责）

24. 加强行业监管。以规范心理健康服务行为、提高服务质量和提升服务水平为核心，完善心理健康服务监督机制，创新监管方式，推行属地化管理，规范心理健康服务机构从业行为，强化服务质量监管和日常监管。心理健康服务行业组织要定期对心理健康服务机构进行评估，将评估结果作为示范单位、实践基地建设和承接政府购买服务项目的重要依据。加强对心理健康数据安全的保护意识，建立健全数据安全保护机制，防范因违反伦理、安全意识不足等造成的信息泄露，保护个人隐私。（国家卫生计生委牵头，相关部门配合）

25. 加强心理健康相关科学研究。大力开展心理健康相关的基础和应用研究，开展本土化心理健康基础理论的研究和成果转化及应用。针对重点人群的心理行为问题和危害人民群众健康的重点心理疾病，开展生物、心理、社会因素综合研究和心理健康问题的早期识别与干预研究，推广应用效果明确的心理干预技术和方法；鼓励开展以中国传统文化、中医药为基础的心理健康相关理论和技术的实证研究，逐步形成有中国文化特色的心理学理论和临床服务规范。加强心理健康服务相关法律与政策等软科学研究，为政策法规制订实施提供科学依据。鼓励开展基于互联网技术的心理健康服务相关设备和产品研发，完善基础数据采集和平台建设。加强国际交流与合作，吸收借鉴国际先进科学技术及成功经验。（科技部牵头，教育部、国家卫生计生委、中科院、国家中医药局等相关部门配合）

国家卫生计生委	中宣部
中央综治办	国家发展改革委
教育部	科技部
公安部	民政部
司法部	财政部
人力资源社会保障部	文化部
工商总局	新闻出版广电总局
中科院	国家中医药局
全国总工会	共青团中央
全国妇联	中国科协
中国残联	全国老龄办

2016年12月30日

参考文献

1. 曹胡玲，王丽华，丁爱民. 三甲医院护士工作家庭冲突、自我效能感及组织承诺相关性分析. 齐鲁护理杂志，2015，21（7）：24-26.

2. 常向东，马丹英. 企业员工工作倦怠与自杀意念的相关性. 中国健康心理学杂志，2014，22（6）：847-850.

3. 陈家声，吴就君，张德聪，等. 职场心理健康促进系统模型的建构. 人力资源管理学报，2004，4（1）：29-47.

4. 陈欣，姚梦萍. 石油野外工作人员安全感、社会支持与工作家庭冲突的关系. 现代预防医学，2015，42（18）：3298-3301.

5. 陈忠卫，田素芹. 工作—家庭冲突双向性理论评述. 经济与管理，2012，26（7）：58-63.

6. 程苏. 职场排斥与抑郁：自我概念清晰性的中介作用. 中国健康心理学杂志，2011，19（4）：423-425.

7. 程卫民，周刚，王刚，等. 人不安全行为的心理测量与分析. 中国安全科学学报，2009，19（6）：29-34.

8. 慈小玉，吴金洪. 基于瑟利模型的地铁火灾原因及防控思路分析. 城市轨道交通研究，2012，15（11）：108-110.

9. 杜江红，李永鑫. 2004—2013年《职业健康心理学杂志》论文分析. 中国心理卫生杂志，2014，28（8）：602-607.

10. 杜江红，李永鑫. 职业健康心理学：基于Work and Stress的可视化分析. 心理研究，2014，7（1）：46-50.

11. 樊瑞莉. 论职业安全的内部性与外部性及其规制. 技术经济与管理研究，2012（3）：105-108.

12. 樊运晓，傅贵，朱亚威，等. 安全管理体系产生与发展综述. 中国安全科学学报，2015，25（8）：3-9.

13. 付美云，乐国安，马华维. 职场欺负研究的整合模型. 心理科学进展，2013，21（11）：2016-2026.

14. 郭月平，杨程甲，许明智. 企业员工人格特质与工作倦怠的关系. 中国健康心理学杂志，2015（4）：567-570.

15. 韩文辉，吴威威. 国外企业文化理论主要流派述评. 哈尔滨工业大学学报（社会科学版）2000，2（4）：121-125.

16. 郝家林，邱成，徐德蜀. 中国职业安全的现实问题. 中国安全科学学报，2005，15（12）：37-41.

17. 洪瑞斌，李志鸿，周志明，等. 从组织文化角度探究健康组织之意涵. 应用心理研究，2007（36）：151-191.

18. 黄杰，游旭群，王延松，等. 员工工作倦怠的发展模型：来自纵向研究的证据. 心理科学，2015，38（4）：911-915.

19. 黄文宏. 应用能量意外转移理论预防伤亡事故. 电力安全技术，2008，10（6）：25-26.

20. 黄攸立，刘筱. 国外工作场所负面人格特质研究述评. 心理科学进展，2011，19（1）：85-93.

21. 贾子若，杨书宏，宋守信. 安全绩效与工作压力、职业倦怠关系研究——以铁路机车司机为例. 中国安全科学学报，2013，23（6）：145-150.

22. 蒋畅和，赵云胜. 职业安全培训与教育存在问题及控制对策研究. 工业安全与环保，2012，38（3）：41-44.

23. 蒋奖，张雯，王卓，等. 工作场所排斥与员工心理健康、工作满意度的关系：性别的调节作用. 心理科学，2011，34（3）：686-691.

24. 王起全. 职业安全健康管理体系的历史沿革及其在国内的发展现状. 中国安全科学学报，2003，13（6）：76-79.

25. 焦大化. 职业安全健康管理体系简介. 铁道劳动安全卫生与环保，2002，29（4）：186-190.

26. 金家飞，刘崇瑞，李文勇，等. 工作时间与工作家庭冲突：基于性别差异的研究. 科研管理，2014，35（8）：44-50.

27. 李成彦. 组织文化研究综述. 学术交流，2006（6）：183-185.

28. 李鹤展，秦亚平. Eap框架下的心理危机干预的研究进展. 人力资源管理，2011（7）：24-28.

29. 李欢欢. 校园自杀的风险因素和干预研究. 北京：科学出版社，2015.

30. 李金波，许百华，左伍衡. 影响工作倦怠形成的组织情境因素分析. 中国临床心理学杂志，2006，14（2）：146-149.

31. 李明军，王振宏，刘亚. 中小学教师工作家庭冲突与职业倦怠的关系：自我决定动机的中介作用. 心理发展与教育，2015，31（3）：368-376.

32. 李宁琪，易小年. 组织公平、辱虐管理及员工工作倦怠关系实证研究. 科技与管理，2010，12（4）：46-49.

33. 李生盛. 建立与完善安全生产培训体系. 劳动保护，2004（1）：11-13.

34. 李永鑫，李艺敏. 工作倦怠评价标准的初步探讨. 心理科学，2006，29（1）：148-151.

35. 李永鑫，李艺敏. 职业健康心理学：一个新兴的应用心理学领域. 四川师范大学学报（社会科学版），2015，42（5）：146-152.

36. 李永鑫，吴明证. 工作倦怠的结构研究. 心理科学，2005，28（2）：454-457.

37. 李永鑫，务凯. 职业健康心理学的发展和展望. 中国心理卫生杂志，2008，22（6）：455-459.

38. 李永鑫，张阔. 工作倦怠研究的新趋势. 心理科学，2007，30（2）：478-482.

39. 李永鑫，张璐. 护士工作场所中的欺负行为及与工作倦怠、工作满意度、健康的关系. 中国心理卫生杂志，2010，24（8）：625-628.

40. 李永鑫，赵娜. 由冲突走向平衡：工作—家庭关系研究的新趋向. 河南大学学报（社会科学版），2009，49（1）：141-146.

41. 刘国愈，雷玲. 海因里希事故致因理论与安全思想因素分析. 安全与环境工程，2013，20（1）：138-142.

42. 刘小禹，刘军，许浚，等. 职场排斥对员工主动性行为的影响机制：基于自我验证理论的视角. 心理学报，2015，47（6）：826-836.

43. 刘新霞，黄国贤，陈浩，等. 中小企业员工职业安全氛围感知及安全态度与安全行为调查. 中国职业医学，2013，40（3）：233-236.

44. 陆佳芳，时勘，劳勒. 工作家庭冲突的初步研究. 应用心理学，2002，8（2）：45-50.

45. 罗良针，甘晴. 心理资本对工作家庭冲突的积极作用. 现代商贸工业，2015，36（7）：104-105.

46. 马静，徐勇. 职业安全研究现状及影响因素. 职业与健康，2007，23（1）：59.

47. 马静. 中小型企业职业人群的安全行为及其影响因素研究. 苏州：苏州大学，2007.

48. 马爽，王晨曦，胡婧，等. 地税基层公务员工作压力与工作满意度、离职意向的关系：心理资本的调节作用. 中国临床心理学杂志，2015，23（2）：326-329.

49. 毛畅果，孙健敏. 工作场所的不文明行为. 心理科学进展，2012，20（9）：1487-1494.

50. 欧阳帆. 基于博德事故因果连锁理论的内河水上交通事故成因分析. 水运管理，2007，29（12）：31-33.

51. 裴一，杨凤池，陈鹤元，等. 新疆克拉玛依社区居民自测健康评定量表的分析. 中国健康心理学杂志，2014，22（5）：718-721.

52. 秦红芳，刘晓明. 行动控制在农村教师工作压力与工作倦怠中的作用：PSI理论的分析视角. 心理发展与教育，2015，31（5）：633-640.

53. 任国友. 中美职业安全健康法对比. 中国安全科学学报，2009，19（7）：46.

54. 盛丽萍，李振明. 谈欧美等国家职业安全教育培训方法对我国的启示. 安全，2010，31（12）：32-35.

55. 时勘，郑蕊. 健康型组织建设的思考. 首都经济贸易大学学报，2007，9（1）：12-19.

56. 苏国胜，李欣，王洪雨，等. 中美职业安全培训法规及工作现状对比. 中国安全科学学报，2014，24（8）：125-131.

57. 唐昕辉，李君春，耿文秀. 国外工作倦怠观的理论探索. 心理科学，2005，28（5）：1185-1187.

58. 王馥芸，蒋艳菊，李永鑫．工作满意度对野外采油作业工人职业应激和家庭生活满意度中介作用分析．中国职业医学，2014，41（1）：77-80.

59. 王妹．农民工职业安全行为影响因素的实证研究：以石家庄市为例．石家庄：河北经贸大学，2012.

60. 王卫红．抑郁症、自杀与危机干预．重庆：重庆出版社，2006.

61. 王筱璐，王桢，时勘．工作场所中员工抑郁症状的发生机制及干预模式．管理评论，2009，21（1）：39-46.

62. 王彦，姚景鹏．生活质量——一种新型的健康测量工具．中华护理杂志，2001，36（5）：375-376.

63. 王雁飞．国外员工援助计划相关研究述评．心理科学进展，2005，13(2)：219-226.

64. 邬维娜，卢惠娟，王君俏，等．护理高职生职业安全与健康行为及相关因素分析．中国学校卫生，2009，30（9）：815-817.

65. 吴隆增，刘军，刘刚．辱虐管理与员工表现：传统性与信任的作用．心理学报，2009，6(6)：510-518.

66. 吴声声，宋守信．人本管理、工作压力与安全绩效的关系——基于电力企业的实证研究．中国安全科学学报，2012，22（10）：133-138.

67. 吴伟旋，许军，吴志华，等．自测健康评定量表应用于交通警察的验证性因子分析．中国卫生统计，2016，33（3）：445-447.

68. 项博实．企业职业健康安全培训的探索与创新．中国职工教育，2013（12）：19.

69. 谢地，何琴．职业安全规制问题研究：基于法经济学的视角．经济学家，2008（2）：47-54.

70. 谢义忠，曾垂凯，时勘．工作家庭冲突对电讯人员工作倦怠和心理健康的影响．心理科学，2007，30（4）：940-943.

71. 胥遥山，李永娟，王广曦，等．工作场所安全中的自动化过程．第十七届全国心理学学术会议论文摘要集，2014.

72. 许军，罗乐宣，赵静波，等．Srhms v1．0评价深圳特区人群健康状况的信度效度分析．中国临床心理学杂志，2006，14（4）：338-339.

73. 杨书宏．关于国家职业安全卫生培训的战略思考．中国安全科学学报，2001，11（5）：40-42.

74. 杨振宏，潘成林，惠雄鹏，等．国内外企业安全培训调查及模式的探讨．中国安全科学学报，2009，19（5）：61-66.

75. 于文军，肖永红，胡纪泽，等．高校专职辅导员工作压力与职业倦怠：角色认知的中介效应．中国健康心理学杂志，2015，26（6）：868-870.

76. 张宏如．中国情境下的员工帮助计划理论与实践．北京：北京大学出版社，2015.

77. 张慧英．职业健康心理学：形成、实务与发展．周口师范学院学报，2006，23（5）：130-134.

78. 张兰，陈敏，蔡文娟．职业病危害现状及职业健康监护的发展．职业与健康，2011，

27（16）：1900–1902.

79. 张西超. 员工帮助计划（第2版）. 北京：中国人民大学出版社，2015.

80. 张燕，马剑虹. 工作倦怠理论模型和相应干预措施. 中国健康心理学杂志，2006，14（3）：338–342.

81. 张勇. 主要发达国家职业安全培训与社会保障体系的构成对构建我国职业安全培训体系的启迪. 中国安全科学学报，2002，12（2）：58–62.

82. 赵安安，高尚仁. 台湾地区华人企业家长式领导风格与员工压力之关联. 应用心理研究，2005（27）：111–131.

83. 赵立祥，刘婷婷. 事故因果连锁理论评析. 经济论坛，2009（8）：96–97.

84. 赵然，石敏，陶梦轲，等. 员工帮助计划服务机构的运营现状及发展趋势. 首都经济贸易大学学报，2014，16（4）：95–99.

85. 赵然. 员工帮助计划：EAP咨询师手册. 北京：科学出版社，2010.

86. 赵曙明. 新经济时代的人力资源管理. 南京大学学报，2002，39（3）：34–42.

87. 赵永，吴林雄，郭美华，等. 火车司机职业安全态度与安全驾驶行为关系调查. 环境与职业医学，2014，31（6）：507–511.

88. 钟茂华，魏玉东，范维澄，等. 事故致因理论综述. 火灾科学，1999，8（3）：38–44.

89. 周博潇，朱红青. 变化—失误致灾模型与煤矿安全决策管理. 中国煤炭，2006，32（5）：65–67.

90. 周刚，程卫民，诸葛福民，等. 人因失误与人不安全行为相关原理的分析与探讨. 中国安全科学学报，2008，18（3）：10–15.

91. 朱元康，赵申苒，李永鑫. 积极视野下的职业健康心理学. 河南大学学报（医学版），2003，32（1）：66–70.

92. 宗莹，路铭. 职业安全氛围、态度、行为与工伤事故关系的实证研究. 中国医疗保险，2014（6）：64–66.

93. Abramson, L. Y., et al. (2002). Cognitive vulnerability–stress models of depression in a self–regulatory and psychobiological context. *Handbook of Depression*. New York:Guilford.

94. Abramson, L. Y., Metalsky, G. I., & Alloy, L. B. (1989). Hopelessness depression: a theory–based subtype of depression. *Psychological Review*, 96(2), 358–372.

95. Adkins, J. A. (1999). Promoting organizational health: The evolving practice of occupational health psychology. *Professional Psychology: Research and Practice*, 30(2), 129.

96. Agerbo, E., Nordentoft, M., & Mortensen, P. B. (2002). Familial, psychiatric, and socioeconomic risk factors for suicide in young people: nested case–control study. *Bmj*, 325(7355), 74.

97. Ajdacicgross, V., et al. (2008). Methods of suicide: international suicide patterns derived from the who mortality database. *Bulletin of the World Health Organisation*,

86(9), 726–732.

98. Allen, T. J., & Gerstberger, P. G. (1973). A field experiment to improve communications in a product engineering department: the nonterritorial office1. *Human Factors the Journal of the Human Factors & Ergonomics Society*, 15(5), 487–498.

99. Alvord, M. K., & Grados, J. J. (2005). Enhancing resilience in children: a proactive approach. *Professional Psychology Research & Practice*, 36(3), 238–245.

100. Andersson, L. M., & Pearson, C. M. (1999). Tit for tat? the spiraling effect of incivility in the workplace. *Academy of Management Review*, 24(3), 452–471.

101. Andrew R. Arthur. (2000). Employee assistance programmes: the emperor's new clothes of stress management? *British Journal of Guidance & Counselling*, 28(4), 549–559.

102. Appelberg, K., et al. (1991). Interpersonal conflicts at work and psychosocial characteristics of employees. *Social Science & Medicine*, 32(9), 1051–1056.

103. Ashforth, B. (1994). Petty tyranny in organizations. *Human Relations*, 47(7), 755–778.

104. Attridge, M. (2012). Employee Assistance Programs: Evidence and Current Trends. *Springer US*, 441–467.

105. Bakker, A. B., & Geurts, S. A. E. (2004). Toward a dual-process model of work-home interference. *Work & Occupations*, 31(3), 345–366.

106. Baltes, P. B. (1999). Theoretical propositions of life-span developmental psychology: on the dynamics between growth and decline. *Developmental Psychology*, 23(5), 60–80.

107. Barling, J., & Griffiths, A. (2003). A history of occupational health psychology. *American Psychological Association*, 19–31.

108. Baron, R. M., & Kenny, D. A. (1986). The moderator-mediator variable distinction in social psychological research: conceptual, strategic, and statistical considerations. *Journal of Personality & Social Psychology*, 51(6), 1173–1182.

109. Barone, D. (1995). Work stress conceived and researched transactionally. *Occupational stress: A handbook*, 29.

110. Bartfai, A., et al. (1990). Suicidal behavior and cognitive flexibility: design and verbal fluency after attempted suicide. *Suicide & life-threatening behavior*, 20(3), 254–266.

111. Bartolomé, F., & Evans, P. A. L. (1979). Professional lives versus private lives-shifting patterns of managerial commitment. *Organizational Dynamics*, 7(4), 3–29.

112. Bass, B. M., & Steidlmeier, P. (1999). Ethics, character, and authentic transformational leadership behavior-a systematic analysis of issues, alternatives, and approaches. *Leadership Quarterly volume*, 10(2), 181–217.

113. Bennett, J. B., & Lehman, W. E. K. (2001). Workplace substance abuse prevention and help seeking: comparing team-oriented and informational training. *Journal of Occupational Health Psychology*, 6(3), 243–254.

114. Bennett, W., Lance, C. E., & Woehr, D. J. (2007). Performance measurement: Current perspectives and future challenges. *Psychology Press*.

115. Bergmark, R. E. (1986). Employee assistance programs: trends and principles. *Journal of Business and Psychology*, 1(1), 59–68.

116. Berlyne, D. E. (1960). Conflict, arousal, and curiosity. *McGraw–Hill*, 108 (452): 109–110.

117. Bhagat, R. S., Allie, S. M., & Ford, D. L. (1995). Coping with stressful life events: An empirical analysis. *Occupational stress: A handbook*, 93–112.

118. Biner, P. M., Butler, D. L., Lovegrove, T. E., & Burns, R. L. (1993). Windowlessness in the workplace. *Environment & Behavior*, 25, 205–227.

119. Blonk, R. W., et al. (2006). Return to work: A comparison of two cognitive behavioural interventions in cases of work–related psychological complaints among the self–employed. *Work & Stress*, 20(2), 129–144.

120. Blum, T. C., & Roman, P. M. (1988). Purveyor organizations and the implementation of employee assistance programs. *The Journal of Applied Behavioral Science: A Publication of the NTL Institute*, 24(4), 397–411.

121. Bohlander, R. W. (1999). Differentiation of self, need fulfillment and psychological well–being in married men. *Psychological Reports*, 84(2), 1274–1280.

122. Bolger, N., Davis, A., & Rafaeli, E. (2003). Diary methods: Capturing life as it is lived. *Annual review of psychology*, 54(1), 579–616.

123. Bond, J. T., et al. (1998). The 1997 national study of the changing workforce. *Bulletin of the Oxford University Institute of Economics & Statistics*, 9(7), 228–253.

124. Bonnes, M., Secchiaroli, G., & Montagna, C. (1995). Environmental psychology: a psycho–social introduction. *Sage*.

125. Borges, G., & Rosovsky, H. (1996). Suicide attempts and alcohol consumption in an emergency room sample. *J Stud Alcohol*, 57(5), 543–548.

126. Borges, G., Walters, E. E., & Kessler, R. C. (2000). Associations of substance use, abuse, and dependence with subsequent suicidal behavior. *American Journal of Epidemiology*, 151(8), 781–789.

127. Boubekri, M., Hull, R. B., & Boyer, L. L. (1991). Impact of window size and sunlight penetration on office workers' mood and satisfaction a novel way of assessing sunlight. *Environment & Behavior*, 23(23), 474–493.

128. Brehm, J. W. (1966). A theory of psychological reactance. *Academic Press*, 81(81), 130–131.

129. Brehm, S. S., & Brehm, J. W. (1981). Psychological reactance: a theory of freedom and control. *Nurs Stand*, 27.

130. Brent, D. A., & Bridge, J. (2003). Firearms availability and suicide: evidence, interventions, and future directions. *American Behavioral Scientist*, 46(9), 1192–1210.

131. Bridge, J. A., Goldstein, T. R., & Brent, D. A. (2006). Adolescent suicide and suicidal behavior. *Journal of Child Psychology and Psychiatry*, 47(3–4), 372.

132. Burke, R. J. (1988). Some antecedents and consequences of work-family conflict. *Journal of Social Behavior & Personality.*

133. Burke, R. J., & Greenglass, E. R. (1999). Work-family congruence and work-family concerns among nursing staff. *Canadian Journal of Nursing Leadership*, 12(2).

134. Burt, C. D. B. (2015). Measuring New Employee Safety-Related Variables. *New Employee Safety.*

135. Bussing, A., & Glaser, J. (1999). Work stressors in nursing in the course of redesign: Implications for burnout and interactional stress. *European Journal of Work and Organizational Psychology*, 8(3), 401–426.

136. Butler, D. L., & Biner, P. M. (1989). Effects of setting on window preferences and factors associated with those preferences. *Environment & Behavior*, 21(1), 17–31.

137. Canter, D. V., & Craik, K. H. (1981). Environmental psychology.*Handbook of Psychology*, 1(1), 1–11.

138. Caplan, R. D., et al. (1989). Job seeking, reemployment, and mental health: a randomized field experiment in coping with job loss. *Journal of Applied Psychology*, 74(5), 759–769.

139. Carlopio, J. R., & Gardner, D. (1992). Direct and interactive effects of the physical work environment on attitudes. *Environment & Behavior*, 24(5), 579–601.

140. Carlson, D. S., & Perrewe, P. L. (1999). The role of social support in the stressor-strain relationship: an examination of work-family conflict.*Journal of Management*, 25(4), 513–540.

141. Carlson, D. S., et al. (2000). Construction and initial validation of a multidimensional measure of work-family conflict. *Journal of Vocational Behavior*, 56(2), 249–276.

142. Cheyne, A., & Cox, S. (1998). Modeling safety climate in the prediction of levels of safety activity. *Work & Stress: An International Journal of Work Health & Organizations*, 12(3), 255–271.

143. Clark, S. C. (2001). Work cultures and work/family balance. *Journal of*

Vocational Behavior, 58(3), 348–365.

144. Clarks, S. C. (2000). Work/family Border Theory: A New Theory of Trust, Organizational Commitment and Personal Need Non-Fulfilment. *Human Relations*, 53(6), 747.

145. Cohen, L. H., et al. (2005). Daily affective reactivity as a prospective predictor of depressive symptoms. *Journal of Personality*, 73(6), 1687–1713.

146. Cooper, C. L., & Payne, R. (1988). Causes, coping, and consequences of stress at work . *John Wiley & Sons*. ltd.

147. Cortina, L. M., & Magley, V. J. (2009). Patterns and profiles of response to incivility in the workplace. *Journal of Occupational Health Psychology*, 14(3), 272–288.

148. Crouter, A. C. (1984). Spillover from family to work: the neglected side of the work–family interface. *Human Relations*, 37(6), 425–441.

149. Daalen, G. V., Willemsen, T. M., & Sanders, K. (2006). Reducing work–family conflict through different sources of social support. *Journal of Vocational Behavior*, 69(3), 462–476.

150. Dalton, D. R., & Mesch, D. J. (1991). On the extent and reduction of avoidable absenteeism: an assessment of absence policy provisions*Journal of Applied Psychology*, 76(6), 810–817.

151. De Lange, A. H., Taris, T. W., Jansen, P., Kompier, M. A., Houtman, I. L., & Bongers, P. M. (2010). On the relationships among work characteristics and learning - related behavior: Does age matter? *Journal of Organizational Behavior*, 31(7), 925–950.

152. De, V. W., et al. (2008). Individual and group cognitive–behavioral treatment for work–related stress complaints and sickness absence: a randomized controlled trial. *Journal of Occupational Health Psychology*, 13(3), 214–231.

153. Demerouti, E., et al. (2001). The job demands–resources model of burnout. *J Appl Psychol*, 86(3), 499–512.

154. Dewel, P. J. (1989). Examining the nature of work stress: Individual evaluations of stressful experiences and coping. *Human Relations*, 42(11), 993–1013.

155. Dieter Zapf, Carmen Knorz, & Matthias Kulla. (2008). On the relationship between mobbing factors, and job content, social work environment, and health outcomes. *European Journal of Work & Organizational Psychology*, 5(2), 215–237.

156. Djurkovic, N., Mccormack, D., & Casimir, G. (2004). The physical and psychological effects of workplace bullying and their relationship to intention to leave: a test of the psychosomatic and disability hypotheses*International Journal of Organization Theory & Behavior*, (4), 469–497.

157. Djurkovic, N., Mccormack, D., & Casimir, G. (2006). Neuroticism and the psychosomatic model of workplace bullying. *Journal of Managerial Psychology*, 21(1), 73–88.

158. Donald, R. (1983). Hopkins, Princes and Peasants: Smallpox in History. *University of Chicago Press*, 172, 221.

159. Dorpat, T. L., & Boswell, J. W. (1963). An evaluation of suicidal intent in suicide attempts. *Comprehensive Psychiatry*, 4(2), 117–125.

160. Dubin, R. (1956). Industrial workers' worlds: A study of the "central life interests" of industrial workers. *Social problems*, 3(3), 131–142.

161. Dubin, R., & Champoux, J. E. (1977). Central life interests and job satisfaction. *Organizational Behavior & Human Performance*, 18(2), 366–377.

162. Dumais, A., et al. (2005). Is violent method of suicide a behavioral marker of lifetime aggression? *American Journal of Psychiatry*, 162(7), 1375–1378.

163. Durkheim, E., Spaulding, J. A., & Simpson, G. (2010). Suicide. *New York: Free Press.*

164. Duvall, K., & Benedict, J. O. (1992). The relationships between privacy and different components of job satisfaction. *Environment & Behavior*, 24(5), 670–679.

165. Dworkin, A. G. (2001). Perspectives on teacher burnout and school reform. *International Education Journal.*

166. Eagle, B. W., Miles, E. W., & Icenogle, M. L. (1997). Interrole conflicts and the permeability of work and family domains: Are there gender differences?*Journal of Vocational Behavior*, 50(2), 168–184.

167. Eby, et al. A. (2005). Work and family research in io/ob: content analysis and review of the literature (1980 - 2002) . *Journal of Vocational Behavior*, 66(1), 124–197.

168. Eddleston, M. (2000). Patterns and problems of deliberate self-poisoning in the developing world. *Qjm Monthly Journal of the Association of Physicians*, 93(11), 715

169. Einarsen, S., & Raknes, B. I. (1997). Harassment in the workplace and the victimization of men. *Violence & Victims*, 12(3), 247–263.

170. Elo, A. L., et al. (2008). Evaluation of an organizational stress management program in a municipal public works organization. *Journal of Occupational Health Psychology*, 13(1), 10–23.

171. Else Ouweneel, A. P., Taris, T. W., van Zolingen, S. J., & Schreurs, P. J. (2009). How task characteristics and social support relate to managerial learning: empirical evidence from Dutch home care. *The Journal of psychology*, 143(1), 28–44.

172. Enzmann, D., et al. (1998). Dimensionality and validity of the burnout measure. *Journal of Occupational and Organizational Psychology*, 71(4), 331–351.

173. Evans, G. W., & Johnson, D. (2000). Stress and open-office noise.*Journal of Applied Psychology*, 85(5), 779.

174. Evans, G. W., & Lepore, S. J. (1993). Nonauditory effects of noise on children: a critical review. *Childrens Environments*, 10(1), 31–51.

175. Evans, G. W., & Mccoy, J. M. (1998). When buildings don't work: the role of architecture in human health. *Journal of Environmental Psychology*, 18(1), 85–94.

176. Evans, G. W., Stokols, D., & Krantz, D. S. (1986).Environmental Stress and Health. *Springer US*.

177. Fan, L. B., et al. (2015). Work and home stress: associations with anxiety and depression symptoms. *Occupational Medicine*, 65(2).

178. Farber, B. A. (2000). Treatment strategies for different types of teacher burnout. *Journal of Clinical Psychology*, 56(5), 675–689.

179. Fisher, C. D., & Gitelson, R. (1983). A meta–analysis of the correlates of role conflict and ambiguity. *Journal of Applied Psychology*, 68(2), 320–333.

180. Folkman, S. (1984). Stress, appraisal, and coping. *Springer Publishing Company LLC*.

181. Folkman, S., & Lazarus, R. S. (1985). If it changes it must be a process: study of emotion and coping during three stages of a college examination. *Journal of Personality & Social Psychology*, 48(1), 150–170.

182. Frankenhaeuser, M., & Johansson, G. (1986). Stress at work: psychobiological and psychosocial aspects. *Applied Psychology*, 35(3), 287–299.

183. French, J. R., Caplan, R. D., & Van Harrison, R. (1982). The mechanisms of job stress and strain. Chichester [Sussex]; New York: J. Wiley.

184. French, M. T., Dunlap, L. J., Roman, P. M., & Steele, P. D. (1997). Factors that influence the use and perceptions of employee assistance programs at six worksites. *Journal of Occupational Health Psychology*, 2(4), 312–324.

185. Freudenberger, H. J. (1974). Staff burn - out. *Journal of Social Issues*, 30(1), 159–165.

186. Fromm–Reichmann, F. (1948). Notes on the development of treatment of schizophrenics by psychoanalytic psychotherapy. *Psychiatry*, 11(3), 263–273.

187. Frone, M. R (2003). Work–family Balance. Handbook of Occupational Health Psychology. Washington, DC: American Psychological Association.

188. Frone, M. R., et al. (1992). Antecedents and outcomes of work–family conflict: testing a model of the work–family interface. *Journal of Applied Psychology*, 77(1), 65–78.

189. Frone, M. R., et al. (1997). Developing and testing an integrative model of the work - family interface. *Journal of Vocational Behavior*, 50(2), 145–167.

190. Furnham, A. (1997). The psychology of behaviour at work – the individual in the organization. *Travail Humain*, 61(2), 201–203.

191. Gabris, G. T., & Ihrke, D. M. (2001). Does performance appraisal contribute to heightened levels of employee burnout? *Public Personnel Management*, 30(2), 157–172.

192. Ganster, D. C., Fusilier, M. R., & Mayes, B. T. (1986). Role of social support in the experience of stress at work. *Journal of Applied Psychology*, 71(1), 102–110.

193. George, J. M., & Jones, G. R. (2000). The role of time in theory and theory building. *Journal of management*, 26(4), 657–684.

194. Geurts, S. A. E. (2000). SWING: Survey work - home interference Nijmegen. *Background information and preliminary English version. Department of Work and Organizational Psychology*, *University of Nijmegen.*

195. Geurts, S. A. E., & Evangelia, D. (2002). Work/nonwork interface: A review of theories and findings. *The Handbook of Work and Health Psychology*, *Second Edition.*

196. Glendon, A. I., & Litherland, D. K. (2001). Safety climate factors, group differences and safety behaviour in road construction. *Safety Science*, 39(3), 157–188.

197. Gorgievski–Duijvesteijn, et al. (2005). Finances and well–being: a dynamic equilibrium model of resources. *J Occup Health Psychol*, 10(3), 210–224.

198. Grandey, A. A., & Cropanzano, R. (1999). The conservation of resources model applied to work–family conflict and strain*Journal of Vocational Behavior*, 54(2), 350–370.

199. Greenhaus, J. H., & Beutell, N. J. (1985). Sources of conflict between work and family roles. *Academy of Management Review*, 10(1), 76–88.

200. Grzywacz, J. G., & Marks, N. F. (2000). Reconceptualizing the work–family interface: an ecological perspective on the correlates of positive and negative spillover between work and family. *Journal of Occupational Health Psychology*, 5(1), 111–126.

201. Gumpert, D. E., & Boyd, D. P. (1984). The loneliness of the smallbusiness owner. *Harvard Business Review*, 62(6), 18.

202. Gutek, B. A., et al. (1991). Rational versus gender role explanations for work–family conflict. *Journal of Applied Psychology*,76(4), 560–568.

203. Gutek, et al. (1999). Distinguishing between service relationships and encounters. *Journal of Applied Psychology*, 84(2), 218–233.

204. Hackett, R. D., & Bycio, P. (1996). An evaluation of employee absenteeism as a coping mechanism among hospital nurses. *Journal of Occupational and Organizational Psychology*, 69(4), 327–338.

205. Harris, K. J., et al. (2007). An investigation of abusive supervision as a predictor of performance and the meaning of work as a moderator of the relationship. *Leadership Quarterly*, 18(3), 252–263.

206. Hart, P. M., Wearing, A. J., Conn, M., Carter, N. L., & Dingle, A. R. K. (2000). Development of the school organizational health questionnaire: a measure for assessing teacher morale and school organizational climate. *British Journal of Educational Psychology*, 70(2), 211–228.

207. Hawton, K., Zahl, D., & Weatherall, R. (2003). Suicide following deliberate self-harm: long-term follow-up of patients who presented to a general hospital. *British Journal of Psychiatry*, 182(6), 537.

208. Hedge, A. (1982). The open plan office: a systematic investigation of employee reactions to their work environment.*Environment & Behavior*, 14(5), 519–542.

209. Heerwagen, J. H. (1986). Adaptations to windowlessness a study of the use of visual decor in windowed and windowless offices. *Environment & Behavior*, 18(5), 623–639.

210. Heinrich, H. W. (1931). Industrial accident prevention: a scientific approach. *Industrial & Labor Relations Review*, 4(4), 609.

211. Hektner, J. M., Schmidt, J. A., & Csikszentmihalyi, M. (2007). Experience sampling method: Measuring the quality of everyday life. *Sage*.

212. Hendrix, W. H., et al. (1995). Antecedents and organizational effectiveness outcomes of employee stress and health. *Occupational stress: A handbook*, 73, 92.

213. Higgins et al. (1994). Impact of life-cycle stage and gender on the ability to balance work and family responsibilities. *Family relations*, 144–150.

214. Hiramatsu, K., et al. (1997). A survey on health effects due to aircraft noise on residents living around kadena air base in the ryukyus. *Journal of Sound & Vibration*, 205(4), 451–460.

215. Hishimoto, A., et al. (2006). Association between a functional polymorphism in the renin-angiotensin system and completed suicide.*Journal of Neural Transmission*, 113(12), 1915–1920.

216. Hitlan, R. T., Cliffton, R. J., & Desoto, M. C. (2006). Perceived exclusion in the workplace: the moderating effects of gender on work-related attitudes and psychological health. *North American Journal of Psychology*, 8(2), 1–20.

217. Hobfoll, S. E. (1989). Conservation of resources. a new attempt at conceptualizing stress. *American Psychologist*, 44(3), 513–524.

218. Hoel, H., et al. (2006). Workplace bullying. *Human Resources*, 46(12), 131–133.

219. Hogan, R., Curphy, G. J., & Hogan, J. (1994). What we know about leadership. effectiveness and personality. *American Psychologist*, 49(6), 493.

220. Horesh, N., & Apter, A. (2006). Self-disclosure, depression, anxiety, and suicidal behavior in adolescent psychiatric inpatients. *Crisis the Journal of Crisis Intervention & Suicide Prevention*, 27(2), 66–71.

221. Horesh, N., et al. (1996). Coping styles and suicide risk. *Acta Psychiatrica Scandinavia*, 93(6), 489–493.

222. House, R.., Rousseau, D. M., & Thomas-Hunt, M. (1995). The meso paradigm: a framework for the integration of micro and macro organizational behavior. *Research in Organizational Behavior*, 17, 71-114.

223. Hulst, M. V. D., & Geurts, S. (2001). Associations between overtime and psychological health in high and low reward jobs. *Work & Stress: an International Journal of Work Health & Organisations*, 15(3), 227-240.

224. Tomas, J. M., Melia, J.L., & Oliver. A. (1999). A cross-validation of a structural equation model of accidents: organizational and psychological variables as predictors of work safety. *Work & Stress*, 13(1), 49-58.

225. John Berridge, & Cary L. Cooper. (1993). Stress and coping in us organizations: the role of the employee assistance programme. *Work & Stress*, 7(1), 89-102.

226. Joyce Hogan, & Jeff Foster. (2013). Multifaceted personality predictors of workplace safety performance: more than conscientiousness. *Human Performance*, 26(1), 20-43.

227. Kabanoff, B. (1980). Work and nonwork: a review of models, methods, and findings. *Psychological Bulletin*, 60-77.

228. Kabanoff, B., & O'Brien, G. E. (1980). Work and leisure: a task attributes analysis. *Journal of Applied Psychology*, 65(5), 596-609.

229. Kahn, R. L., & Byosiere, P. (1990). Stress in organizations. *Marvin Dunnette Handbook of Industrial & Organizational Psychology*.

230. Karasek, R. A. (1979). Job demands, job decision latitude, and mental strain: implications for job redesign. *Administrative Science Quarterly*,24(2), 285-308.

231. Karasek, R., &Theorell, T.(1990). Healthy work: Stress, productivity, and the reconstruction of working life. *The American journal of Public Health*, 80, 1013-1014.

232. Kasl, S. V., & Cooper, C. L. (1987). Stress and health: issues in research methodology. *Wiley series on studies in occupational stress*.

233. Kessler R. C., Turner J B, House J S. (1987). Intervening progress in the relationship between unemployment and health. *Psychological Medicine*, 17, 949-961.

234. Kinman, G., & Jones, F. (2005). Lay representations of workplace stress: What do people really mean when they say they are stressed?*Work & Stress*, 19(2), 101-120.

235. Kinnunen, U., & Mauno, S. (1998). Antecedents and outcomes of work family conflict among employed women and men in Finland. *Human Relations*, 51(2), 157-177.

236. Kirchmeyer, C. & Cohen, A. (1999). Different strategies for managing the work non-work interface: a test for unique pathways to work outcomes. *Work & Stress: An International Journal of Work Health & Organisations*, 13(1), 59-73.

237. Kirchmeyer, C. (1993). Nonwork-to-work spillover: a more balanced view of the experiences and coping of professional women and men. *Sex Roles*, 28(9-10), 531-552.

238. Kivimaki, M., Elovainio, M., & Vahtera, J. (2000). Workplace bullying and sickness absence in hospital staff. *Occupational & Environmental Medicine*, 57(10), 656-660.

239. Kotzé, M., & Steyn, L. (2013). The role of psychological factors in workplace safety. *Ergonomics*, 56(12), 1928-1939.

240. Kozlowski, S. W. J., & Klein, K. J. (2012). A multilevel approach to theory and research in organizations: Contextual, temporal, and emergent processes. *K Klein & S Kozlowski, Multilevel Theory, Research, & Methods in Organizations: Foundations, Extensions, & New Directions*.

241. Lambert, S. J. (1990). Processes linking work and family: a critical review and research agenda. *Human Relations*, 43(3), 239-257.

242. Lazarus, R. S. (1966). Psychological stress and the coping process. *Science*, 156.

243. Lazarus, R. S. (1993). Coping theory and research: past, present, and future. *Psychosomatic medicine*, 55(3), 234-247.

244. Lazarus, R. S. (1995). Psychological stress in the workplace. *Occupational stress: A handbook*, 1, 3-14.

245. Lazarus, R. S., & Folkman, S. (1984). Stress, apraisas and coping. Lazarus, R. S. (1995). Psychological stress in the workplace. *Occupational stress: A handbook*, 1, 3-14.

246. Lazarus, R. S., & Launier, R. (1978). Stress-related transactions between person and environment. *Perspectives in interactional psychology*, 287-327.

247. Lazarus, R. S., et al. (1985). Stress and adaptational outcomes. The problem of confounded measures.*American Psychologist*, 40(7), 770.

248. Leather, P., Beale, D., & Sullivan, L. (2003). Noise, psychosocial stress and their interaction in the workplace. *Journal of Environmental Psychology*, 23(02), 213-222.

249. Leather, P., Beale, D., Santos, A., Watts, J., & Lee, L. (2003). Outcomes of environmental appraisal of different hospital waiting areas.*Environment & Behavior*, 35(6), 842-869.

250. Lee, S. Y., & Brand, J. L. (2005). Effects of control over office workspace on perceptions of the work environment and work outcomes. *Journal of Environmental Psychology*, 25(3), 323-333.

251. Leiter, M. P., & Durup, M. J. (1996). Work, home, and in-between: a longitudinal study of spillover. *Journal of Applied Behavioral Science*, 32, 29-47.

252. Leka, S., & Houdmont, J. (2011). Occupational health psychology.*Occupational Medicine*, 14(2), 101-104.

253. Leland, N. E., Crum, K., Phipps, S., Roberts, P., & Gage, B. (2015). Advancing the value and quality of occupational therapy in health service delivery. *American Journal*

of Occupational Therapy Official Publication of the American Occupational Therapy Association, 69(1), 1-7

254. Lerner et al. (2004). The clinical and occupational correlates of work productivity loss among employed patients with depression. *Journal of Occupational & Environmental Medicine*, 46(6 Suppl), S46.

255. Lewinsohn, P. M., Rohde, P., & Seeley, J. R. (1994). Psychosocial risk factors for future adolescent suicide attempts. *Journal of Consulting & Clinical Psychology*, 62(2), 297-305.

256. Li, H., et al. (2014). Clarifying the role of psychological pain in the risks of suicidal ideation and suicidal acts among patients with major depressive episodes. *Suicide & life-threatening behavior*, 44(1), 78-88.

257. Maher, A., & Hippel, C. V. (2005). Individual differences in employee reactions to open-plan offices. *Journal of Environmental Psychology*, 25(2), 219-229.

258. Maiti, J., et al. (2009). Severity analysis of indian coal mine accidents - a retrospective study for 100 years. *Safety Science*, 47(7), 1033-1042.

259. Malach, P. A. (2002). A psychoanalytic-existential approach to burnout: demonstrated in the cases of a nurse, a teacher, and a manager. *Psychotherapy Theory Research & Practice*, 39(1), 103-113.

260. Mann, J. J., et al. (1999). Toward a clinical model of suicidal behavior in psychiatric patients. *American Journal of Psychiatry*, 156(2), 181-189.

261. Mann, S. (2003). Why ceos fail: the 11 behaviors that can derail your climb to the top. *Leadership & Organization Development Journal*, 24(8), 473-473.

262. Marks, S. R. (1977). Multiple roles and role strain: some notes on human energy, time and commitment. *American Sociological Review*, 42(6), 921-936.

263. Marmot, M., & Theorell, T. (1988). Social class and cardiovascular disease: the contribution of work. *International Journal of Health Services*, 18(4), 659-674.

264. Mary C. Finnegan, & Linda Zener Solomon. (1981). Work attitudes in windowed vs. windowless environments. *Journal of Social Psychology*, 115(2), 291-292.

265. Maslach, C., & Goldberg, J. (1998). Prevention of burnout: new perspectives. *Applied & Preventive Psychology*, 7(1), 63-74.

266. Maslach, C., & Jackson, S. E. (1981). The measurement of experienced burnout. *Journal of Organizational Behavior*, 2(2), 99-113.

267. Maslach, C., Schaufeli, W. B., & Leiter, M. P. (2001). Job burnout. *Annual Review of Psychology*, 52(1), 397-422.

268. Maurizio Pompili, M. D., Lester, D., Leenaars, A. A., Roberto Tatarelli, M. D., & Paolo Girardi, M. D. (2008). Psychache and suicide: a preliminary investigation. *Suicide*

and Life-Threatening Behavior, 38(1), 116-121.

269. Mcguffin, P., Marusic, A., & Farmer, A. (2001). What can psychiatric genetics offer suicidology? *Crisis*, 22(2), 61-65.

270. McGurk, S. R., Mueser, K. T., & Pascaris, A. (2005). Cognitive training and supported employment for persons with severe mental illness: one-year results from a randomized controlled trial. *Schizophrenia bulletin*, 31(4), 898-909.

271. Mee, S., et al. (2006). Psychological pain: a review of evidence. *Journal of Psychiatric Research*, 40(8), 680-690.

272. Mehrabian, A. (1977). A questionnaire measure of individual differences in stimulus screening and associated differences in arousability.*Environmental Psychology & Nonverbal Behavior*, 1(2), 89-103.

273. Meijman, T. F., & Mulder, G. (1998). Psychological aspects of workload. *Handbook of Work and Organizational Psychology*, 5-33.

274. Milgram, S. (1970). The experience of living in cities. *Science*, 167(3924).

275. Miller, G. (1957). The adoption of inoculation for smallpox in England and France. *University of Pennsylvania Press*.

276. Moen, P., & Yu, Y. (2000). Effective work/life strategies: working couples, work conditions, gender, and life quality. *Social Problems*, 47(3), 291-326.

277. Moscoso, S., & Salgado, J. F. (2004). "Dark side" personality styles as predictors of task, contextual, and job performance. *International Journal of Selection and Assessment*, 12(4), 356-362.

278. Motowidlo, S. J., Packard, J. S., & Manning, M. R. (1986). Occupational stress: its causes and consequences for job performance. *Journal of Applied Psychology*, 71(4), 618-629.

279. Mueser, K. T., & Bond, G. R. (2000). Psychosocial treatment approaches for schizophrenia. *Current Opinion in Psychiatry*, 13(1), 27-35.

280. Murphy, G. E., & Wetzel, R. D. (1990). The lifetime risk of suicide in alcoholism. *Arch Gen Psychiatry*, 47(4), 383-392.

281. Namie, G. (2003). Workplace bullying: Escalated incivility. Ivey Business Journal, 68(2), 1-6.

282. Narayanan, L., et al. (1999). A cross-cultural comparison of job stressors and reactions among employees holding comparable jobs in two countries. *International Journal of Stress Management*, 6(3), 197-212.

283. Neal, A., Griffin, M. A., & Hart, P. M. (2000). The impact of organizational climate on safety climate and individual behavior. *Safety Science*, 34(1-3), 99-109.

284. Netemeyer, R. G., et al. (1996). Development and validation of work-family conflict and family-work conflict scales*Journal of Applied Psychology*, 81(4), 400-410.

285. Oishi, A. S., et al. (2015). Do part-time jobs mitigate workers' work - family conflict and enhance wellbeing? New evidence from four east-asian societies. *Social Indicators Research*, 121(1), 5-25.

286. Olié, E., et al. (2010). Higher psychological pain during a major depressive episode may be a factor of vulnerability to suicidal ideation and act. *Journal of Affective Disorders*, 120(3), 226-230.

287. Oliver, A., Cheyne, A., Tomás, J. M., & Cox, S. (2002). The effects of organizational and individual factors on occupational accidents. *Journal of Occupational & Organizational Psychology*, 75(4), 473-488.

288. Oquendo, M. A., et al. (2003). Positron emission tomography of regional brain metabolic responses to a serotonergic challenge and lethality of suicide attempts in major depression. *Archives of General Psychiatry*, 60(1), 14-22.

289. Ozcelik, H., & Barsade, S. (2011). Work loneliness and employee performance. Academy of Management Annual Meeting Proceedings, (1), 1-6.

290. Parasuraman, S., et al. (1996). Work and family variables, entrepreneurial career success, and psychological well-being. *Journal of Vocational Behavior*, 48(3), 275-300.

291. Parker, S. K., Chmiel, N., & Wall, T. D. (1997). Work characteristics and employee well-being within a context of strategic downsizing. *Journal of occupational health psychology*, 2(4), 289.

292. Parkes, K. R. (1985). Stressful episodes reported by first-year student nurses: A descriptive account. *Social Science & Medicine*, 20(9), 945-953.

293. Parkes, K. R., Styles, E. A., & Broadbent, D. E. (1990) Work preferences as moderators of the effects of paced and unpaced work on mood and cognitive performance: A laboratory simulation of mechanized letter sorting. *Human Factors: The Journal of the Human Factors and Ergonomics Society*, 32(2), 197-216.

294. Patterson, A. A., & Holden, R. R. (2012). Psychache and suicide ideation among men who are homeless: a test of shneidman's model. *Suicide and Life-Threatening Behavior*, 42(2), 147-156.

295. Paul A. Kurzman PhD. (2013). Employee assistance programs for the new millennium: emergence of the comprehensive model. *Social Work in Mental Health*, 11(5), 381-403.

296. Pearson, C. M., & Porath, C. L. (2005). On the nature, consequences and remedies of workplace incivility: No time for "nice"? Think again. *The Academy of Management Executive*, 19(1), 7-18.

297. Pearson, C. M., Andersson, L. M., & Wegner, J. W. (2001). When workers flout convention: A study of workplace incivility. *Human Relations*, 54(11), 1387-1419.

298. Peplau, L. A., & Cutrona, C. E. (1980). The revised UCLA Loneliness Scale: Concurrent and discriminant validity evidence. *Journal of personality and social psychology*, 39(3), 472–480.

299. Pines, A., & Aronson, E. (1989). Why managers burn out. *Sales and Marketing management*, 141(2), 34–44.

300. Preuss, U. W., et al. (2002). Comparison of 3190 alcohol–dependent individuals with and without suicide attempts. *Alcoholism Clinical & Experimental Research*, 26(4), 471–477.

301. Probst, T. M. (2002). Layoffs and tradeoffs: production, quality, and safety demands under the threat of job loss. *Journal of Occupational Health Psychology*, 7(3), 211.

302. Quick, J. C., & Quick, J. D. (1984). Organizational stress and preventive management. *McGraw–Hill College*.

303. Quine, L. (2001). Workplace bullying in nurses*Journal of Health Psychology*, 6(1), 73–84.

304. Rahman, A. R. (1998). Development of the world health organization whoqol–bref quality of life assessment. The whoqol group. *Psychological Medicine*, 28(3), 551.

305. Rayner, C. (1999). From research to implementation: Finding leverage for prevention. *International Journal of Manpower*, 20(1–2), 28–38.

306. Reason, J. (1990). Human error. *Cambridge university press*.

307. Reddy, Y. M. (2005). The joyful organization: understanding organizational health, diseases and joy. *South Asian Journal of Management*, 12(3), 89–91.

308. Reis, H. T., & Gable, S. L. (2000). Event–sampling and other methods for studying everyday experience. *Handbook of research methods in social and personality psychology*, 190–222.

309. Reisch, T., et al. (2010). An fmri study on mental pain and suicidal behavior. *Journal of Affective Disorders*, 126(1–2), 321.

310. Rijk, A. E., Blanc, P. M. L., Schaufeli, W. B., & Jonge, J. (1998). Active coping and need for control as moderators of the job demand - control model: Effects on burnout. *Journal of Occupational and Organizational Psychology*,71(1), 1–18.

311. Riso, L. P., Miyatake, R. K., & Thase, M. E. (2002). The search for determinants of chronic depression: a review of six factors. *Journal of affective disorders*, 70(2), 103–115.

312. Roe, R. A. (2008). Time in applied psychology: The study of "what happens" rather than "what is" . *European Psychologist*, 13(1), 37–52.

313. Roman, P. M. (1983). Employee assistance programs in Australia and the United States: comparisons of origin, structure, and the role of behavioral science research.

Journal of Applied Behavioral Science, 19(3), 367.

314. Rossow, I. (1996). Alcohol and suicide—beyond the link at the individual level. *Addiction*, 91(10), 1413.

315. Sacks, R., Perlman, A., & Barak, R. (2013). Construction safety training using immersive virtual reality. *Construction Management and Economics*,31(9), 1005–1017.

316. Salminen, S., & Tallberg, T. (1996). Human errors in fatal and serious occupational accidents in Finland. *Ergonomics*, 39(7), 980.

317. Samuel Aryee, et al. (2007). Examining the Mediating and Moderating Influences on the Relationships between Abusive Supervision and Contextual Performance in a Chinese Context. *Abusive Supervision.*

318. Sarason, S. B. (1983). Schooling in America: Scapegoat and salvation. New York: Free Press; London: Collier Macmillan.

319. Schmit, M. J., Kihm, J. A., & Robie, C. (2000). Development of a global measure of personality. *Personnel Psychology*, 53(1), 153.

320. Shai, D. (2002). Working women/cloistered men: A family development approach to marriage arrangements among ultra–orthodox Jews. *Journal of Comparative Family Studies*, 97–115.

321. Shneidman, E. S. (1999). The psychological pain assessment scale. *Suicide and life–threatening behavior*, 29(4), 287–294.

322. Sieber, S. D. (1974). Toward a theory of role accumulation. *American Sociological Review*, 39(4), 567–578.

323. Sims, R. L., & Sun, P. (2012). Witnessing workplace bullying and the Chinese manufacturing employee. *Journal of Managerial Psychology*, 27(1), 9–26.

324. Siu, O. L. (2006). Resilience. *Peking U Business Review*, 21(4), 72–74.

325. Snyder, C. R. (1999). *Coping: The psychology of what works.* Oxford University Press.

326. Sonnenfeld, J. (1966). Variable values in space and landscape: an inquiry into the nature of environmental necessity. *Journal of Social Issues*, 22(4), 71–82.

327. Spector, P. E. (1987). Interactive effects of perceived control and job stressors on affective reactions and health outcomes for clerical workers. *Work & Stress*, 1(2), 155–162.

328. Spetch, A. T. (2015). Direction of influence between mental health, absenteeism, and presenteeism during eap counseling. *Dissertations & Theses – Gradworks.*

329. Squelch, A. P. (2001). Virtual reality for mine safety training in South Africa. *Journal–South African Institute of Mining and Metallurgy*, 101(4), 209–216.

330. Stack, S. (1993). The effect of modernization on suicide in Finland: 1800–1984.

Sociological Perspectives, 36(2), 137–148.

331. Ståle Einarsen, & Anders Skogstad. (1996). Bullying at work: epidemiological findings in public and private organizations. *European Journal of Work and organizational Psychology*, 5(2), 185–201.

332. Ståle Einarsen, Bjorn Inge Raknes, & Stig Berge Matthiesen. (1994). Bullying and harassment at work and their relationships to work environment quality: an exploratory study. *European Journal of Work and organizational Psychology*, 4(4), 381–401.

333. Steele, P. D., & Hubbard, R. L. (1985). Management styles, perceptions of substance abuse, and employee assistance programs in organizations. *The Journal of Applied Behavioral Science: A Publication of the NTL Institute*, 21(3), 271–286.

334. Summers, T. P., Decotiis, T. A., & Denisi, A. S. (1995). A field study of some antecedents and consequences of felt job stress. *Occupational stress: A handbook*, 113–128.

335. Tandon, R., Keshavan, M. S., & Nasrallah, H. A. (2008). Schizophrenia, "just the facts" what we know in 2008. 2. Epidemiology and etiology. *Schizophrenia research*, 102(1), 1–18.

336. Taris, T. W., et al. (2003). Learning new behaviour patterns: A longitudinal test of Karasek's active learning hypothesis among Dutch teachers. *Work & Stress*, 17(1), 1–20.

337. Tepper, B. J., Duffy, M. K., Hoobler, J., & Ensley, M. D. (2004). Moderators of the relationships between coworkers' organizational citizenship behavior and fellow employees' attitudes. *Journal of Applied Psychology*, 89(3).

338. Tepper. B. J. (2000). Consequences of abusive supervision. *Academy of Management Journal*, 43(2), 178–190.

339. Thorsteinsson, E. B., Brown, R. F., & Richards, C. (2014). The relationship between work-stress, psychological stress and staff health and work outcomes in office workers. *Psychology*, 5(10), 1301–1311.

340. Tisak, J., & Tisak, M. S. (2000). Permanency and ephemerality of psychological measures with application to organizational commitment. *Psychological Methods*, 5(2), 175.

341. Totterdell, P., & Parkinson, B. (1999). Use and effectiveness of self-regulation strategies for improving mood in a group of trainee teachers. *J Occup Health Psychol*, 4(3), 219–232.

342. Trist, E. L., & Bamforth, K. W. (1951). Some social and psychological consequences of the longwall method of coal-getting. *Human Relations*, 4(1), 3–38.

343. Van der Doef, M., & Maes, S. (1999). The job demand-control (-support) model